교육과정
패러다임
쉬프트

교육과정
패러다임
쉬프트

윤성한 지음

발간사

학교교육이 제 나름의 아름다운 빛깔로 드러날 수 있기를…

21세기를 흔히 지식정보화 시대라고 한다. 지식의 양이 폭발적으로 증가하고 있어 이제는 지식의 단순 습득만으로는 이러한 시대를 따라가기가 매우 힘들어졌다. 지식의 습득이 목적이 아니라 지식을 정보로 활용하여 새로운 지식을 창출할 수 있어야 하는 시대가 된 것이다.

다소 과장된 표현이기는 하나 과거에는 하나를 가르치면 열을 알았는데 지금은 열을 가르쳐주면 그저 하나를 알면 잘 안다는 우스갯소리가 있다. 과거의 교육이 의미 이해 중심의 교육이었다면 오늘날의 교육은 그저 단순한 암기식 교육임을 에둘러 비판한 말이다.

암기로 습득된 지식은 서로 배타적으로 기억될 뿐 그것들 사이의 상호작용으로 시너지 효과를 내는 경우나 새로운 지식 창출을 위해 정보로 활용되는 경우는 별로 없다. 그런데도 학교 교육은 여전히 지식 내용 전달이 주류이며, 그 중심에 교과서가 있다. 그저 모든 학생들이 외우고 또 외우는 데 몰두할 뿐이다. 이는 명백히 지식정보화 시대를 역행하는 일이 아닐 수 없다.

한동안 교육계에서 획일적인 암기식 교육, 즉 '붕어빵 교육'에서 탈피해야 한다는 자성의 목소리가 있었다. 그러나 그 목소리는 한

때의 미풍으로 그쳤고, 학교는 여전히 과거의 교육 방식에서 벗어나지 못하고 있다.

교실수업 개선이라는 말이 학교교육에서 회자된 지는 오래다. 이 말의 참 의미는 지식 전달 중심의 교육에서 지식 활용 중심의 교육으로의 변화에서 찾아볼 수 있다.

이런 점에서 교실수업 개선은 현재의 교수-학습 방법에 대한 반성이 그 출발점이다. 학습은 교수에 종속적이므로 교실수업 개선은 결국 교수 방법의 변화가 핵심이다. 교수 방법의 변화는 전적으로 교사의 몫이다. 교사의 인식 전환이 없다면 교실수업 개선은 그저 공염불에 불과하다.

교사의 인식 전환은 학생 개개인에 대한 깊이 있는 이해와 그에 맞는 교육활동을 전개하는 것으로 방향 지어져야 한다. 이는 결국 학교 교육과정 운영의 다양성과 연관된다. 따라서 학교 교육과정에 대한 깊이 있는 논의와 이해가 필요하나, 이는 교사들에게 별 호응을 받지 못하고 있는 것이 현실이다. 학교 교육과정은 그저 학교 교육의 구색 맞추기에 불과한 장식처럼 되어 버렸다.

교실수업 개선은 이러한 인식을 벗어날 때 비로소 가능한 일이다.

특히, 2009 개정 교육과정은 학년군, 교과군, 교육과정 자율화 등 과거와는 상당히 다른 모습을 하고 있다. 이러한 용어들이 그 나름의 의미를 갖기 위해서는 교수 방법이 필연적으로 변해야 한다.

이러한 저간의 사정을 고려할 때, 무엇인가 교육과정 운영과 관련해 교사들의 인식 변화를 위한 단초를 제공할 필요가 있다는 생각에서 이 책을 내게 되었다.

필자는 그동안 교육과학기술연수원, 시·도교육청, 연수원, 교육지원청, 학교 등 경향 각지에서 교장, 교감, 전문직, 수석교사, 교사들을 대상으로 교육과정과 관련한 다양한 강의를 할 기회를 가졌었다.

이 책은 자연스럽게 그러한 강의 자료들이 바탕이 되었다. 따라서 이 책은 그동안 강의에 참여하여 의견을 주신 모든 선생님들, 필자가 몸담고 있는 초등교육과정 연구회 및 포럼의 회원 선생님들께 참으로 많은 신세를 졌다.

이 책은 처음부터 출판을 목적으로 쓴 것이 아니라 강의 원고를 다듬어 묶은 것이므로 글의 행간에 다소 거친 표현도 있을 법하다. 그런 부끄러움에도 불구하고 이 책을 세상에 낸 것은 교사가 교육과정이라는 생각과 함께 다양한 학교 교육과정 운영으로 학교가 제 나름의 아름다운 빛깔을 드러내는 데 일조할 것으로 기대하기 때문이다.

원고를 정리하는 과정에서 그동안 간과했던 많은 것들을 새롭게 알게 된 즐거움이 크다. 그런 만큼 많은 분들의 질정을 기대한다.

이 책이 세상에 나올 수 있도록 기꺼이 출판을 허락하신 출판사 관계자들에게 감사드린다.

아울러 늘 힘을 북돋아 주고 함께 해준 가족들에게 특별한 감사를 전한다.

2013. 6. 낙섬골에서

윤성한

contents

Chapter 6 학급 교육과정의 운영 ·················· **207**

학교 교육과정의 이해

Ⅰ. 교육과정

1. 교육과정에 대한 정의

교육과정이라는 용어는 영어의 curriculum을 번역한 용어이다. curriculum은 라틴어의 currere(뛴다)에서 유래되었다. curriculum은 말이 달리고, 사람이 뛰는 경주의 코스(Course of Race)를 의미하며, 교육 분야에서 학생이 일정한 목표를 향해 달리는 경로라는 뜻으로 해석된다. 뛰는 과정에는 반드시 내용이 수반된다. 즉 무엇인가 학습하고 경험하는 내용이 필요한 것이다. 따라서 curriculum이라는 말은 교육에 전용되어 일정한 순서로 배열된 학습의 course와 더불어 학습 내용이나 경험 내용을 의미하게 되었다.[1]

현대적 의미의 교육과정이라는 용어는 추상적인 개념이기 때문에 그 의미 자체가 모호하고 사람마다 그들의 철학적 배경 또는 견해나 필요에 따라 제각기 조금씩 다른 정의를 내렸다.[2] Hutchins, R. M.(1936)와 같은 항존주의자는 '시·공간을 초월하여 불변하는 지식에 관한 내용의 계열적, 체계적인 조직'을 교육과정으로 보고 있으나, Hollis & Campbell(1935) 등은 코스나 계열로 보지 않고 '학교나 교사들의 지도하에 학생들이 가지는 모든 경험'으로 넓게 정의하고 있다. 또한 Saylor & Alexander(1935)는 '한 학교가 학생들에게 제공하는 광범위한 교육 목표들과 이와 관련되는 상세한 교육 목표들의 성취를 위하

---

1) 함수곤 외, 『교육과정 개발의 이론과 실제』, 서울: 교육과학사, 2003, pp.13~14.

2) 서울대학교 교육연구소 편, 『교육학 대백과 사전 ①』, 서울: 하우동설, 1998, pp.544~545; 이영덕, 『교육의 과정』, 서울: 배영사, 1994; 곽병선, 『교육과정』, 서울: 배영사, 1997; 함수곤 외, 위의 책. p.20.

여 일련의 학습 경험을 제공하기 위한 계획'으로 정의하고 있으며, Taba, H.(1992)는 "교육과정은 학습을 위한 계획이다. 교육과정은 보통 교육 목표와 교육 목적의 진술을 포함한다. 이는 어떤 내용의 선정과 조직을 수반하고, 교육 목표나 내용의 조직을 통해서 어떤 형태의 학습과 교수를 의미하거나 나타내주며, 학습 결과의 평가 계획을 포함하게 된다"고 정의하고 있으며, 이영덕도 대체로 같은 맥락이라고 할 수 있다. 곽병선은 교육과정을 "학습자에게 교육적 성취를 의도하여 학교에서 유효할 수 있도록 지식, 사고의 양식, 공동체 경험, 생활경험 등 문화의 내용을 재구성한 모든 수순의 계획"으로 정의하고 있다.

어떠한 정의를 따르더라도 대체로 교육과정은 명사적 의미(학습 내용)와 동사적 의미(학습 경험)를 동시에 가지고 있음을 볼 수 있다. 명사적 의미로 한정할 경우 그 주된 내용은 교과서이며, 지식 전달이 그 핵심 과제가 된다. 그러나 동사적 의미로 이해할 경우 학생들의 다양한 학습 경험이 포함됨으로써 교육과정 운영은 훨씬 다양한 모습을 하게 된다. 학생 중심 교육과정이라는 말도 이러한 범주에 해당한다. 결국 교육과정을 어떻게 정의하든 명사적인 의미와 동사적인 의미를 함께 담을 수 있어야 한다. 그런 의미에서 함수곤 등은 교육과정을 "교육 목표, 내용, 방법, 운영 방안, 평가에 관한 종합적인 계획이 담긴 문서"로 정의하고 있으며, 여기서는 주로 이러한 정의를 따르도록 하였다.

2. 교육과정 형태

오늘날 대부분 국가들의 교육과정은 문서화된 형태[3]를 띠고 있다. 전통적으로 교사들에게 교육과정 편성에 대한 전권을 부여하였던 영국에서도 그것은 마찬가지다.

교육 계획은 두 가지 측면에서 살펴볼 수 있는데, 하나는 교육과정을 문서로 보는 것이고, 다른 하나는 문서화되지 않은 계획으로 보는 견해이다.

첫 번째 경우, 교육과정을 문서로 본다는 것은 교육과정을 실재하는 구체물로 여긴다는 의미이다. 문서화된 서류는 수업계획안에서 교육과정 지침서까지를 포함한다. 어떤 문서는 비교적 간단하여 특정 학년에서 다룰 교과의 주요 내용이 담겨 있으며, 어떤 문서는 상당히 복잡하고 정교한 것들로서 교사들을 위한 배경설명과 교수전략이나 학습 환경의 배열, 보충자료, 외부자원, 그리고 평가방안 등이 포함되기도 한다. 우리나라의 교육과정도 이러한 입장에 있다.

두 번째 경우, 교육과정이 문서화되지 않은 교육 계획을 포함한다는 것은 교사들이 수업에서 순간적으로 아이디어가 떠오르거나 예상치 못한 환경요인들로 인해 어쩔 수 없이 계획을 변경하기도 하는데, 이러한 경우 변경된 계획까지 교육과정으로 보아야 한다는 입장이다.

이러한 계획에 대한 모든 주장들, 즉 문서화된 것이든 비문서적인 것이든 이들의 공통점은 계획된 활동이라는 점이다. 그러나 문서화

---

3) 함수곤, 위의 4책, 20.

되지 않은 교육 계획까지 교육과정으로 볼 경우, 학교에서 행하는 교사의 모든 행위가 자칫 교육과정이라는 이름으로 정당성을 갖게 된다는 점에서 문제가 있을 수 있다.

Ⅱ. 교육과정의 수준

학교에서 운영되는 교육과정은 법규에 근거하고 있다. 초·중등학교 교육은 '교육기본법'과 '초·중등교육법'에 따라 운영되고 있다.[4] 그리고 시·도 교육감은 이를 근거로 하여 지역의 실정에 적합한 기준과 내용을 정할 수 있도록 하고 있다. 따라서 우리나라의 초·중등학교 교육에서 적용되고 있는 교육과정은 '문서화된 계획'으로서의 의미를 지니고 있다.

문서화된 계획은 제정, 고시 또는 공포된 순서에 따라 제1차 교육과정부터 제7차 교육과정을 거쳐 현재는 2009 개정 교육과정까지 고시되었다.

우리나라 법규 문서에서 교육과정이라는 용어를 처음으로 사용한 것은 문교부령 제35호(1954.4.20.)로 공포된 '국민학교, 중학교, 고등학교, 사범학교 시간 배당 기준령'으로 여기서는 교육과정을 "각 학교의 교과목 및 기타 교육활동의 편제를 말한다"고 규정하였다. 교육과정의 성격은 제6차 교육과정에 이르러서 처음으로 명시되어 국가 수준에서 문서로 고시하는 교육과정의 법제적인 개념을 분명하

---

4) 교육기본법 제2조에는 우리나라의 교육 이념이 제시되어 있으며, 초·중등교육법 제23조에는 초·중등학교 교육과정의 기준과 내용에 관한 기본적인 사항을 교육과학기술부장관이 정하도록 규정하고 있다.

게 밝혀두었다. 제7차 교육과정은 제6차 교육과정과 마찬가지로 교육 법규에 의거하여 고시한 국가 수준의 '기준'임을 명시하고 있다.

이 교육과정은 교육 내용을 결정하는 주체에 따라 '국가 수준의 교육과정 기준', '지역 수준의 교육과정 편성·운영 지침', '학교 수준의 교육과정' 등 세 가지 수준의 교육과정으로 구분해볼 수 있다.

1. 국가 수준의 교육과정

국가 수준의 교육과정이란 교육에 대한 국가의 의도를 담은 문서 내용을 말한다. 우리나라는 초·중등학교의 교육 목적과 교육 목표를 달성하기 위해서 초·중등교육법 제23조 제2항에 의거하여5) 교육부장관이 문서로 결정, 고시한 교육 내용에 관한 전국 공통의 일반적인 기준이 '국가 수준의 교육과정'6)이다.

이 기준에는 초·중등학교에서 편성, 운영하여야 할 학교 교육과정의 교육 목표, 내용, 방법과 운영, 평가 등에 관한 국가 수준의 기준 및 기본 지침이 제시되어 있다.

초·중등교육법에 의거해서 고시하는 국가 수준의 교육과정은 학교 교육과정의 기준으로서 법적 구속력을 가지게 된다.

교육부는 국가수준의 교육과정을 다음과 같이 정의하고 있다.7)

이 교육과정은 초·중등교육법 제23조 제2항에 의거하여 고시하는 것으로, 초·중등학교의 교육 목적과 교육 목표를 달성하기 위한

---

5) 초·중등교육법 제23조 제2항의 전반부에 명시되어 있다.

6) 현재 사용되고 있는 국가 수준의 교육과정은 교육과학기술부 고시 제2009-41호 및 그 이후에 부분 개정된 것들이다.

7) 교육부, 『초등학교 교육과정 해설(Ⅰ)』, 교육부 고시 제 1997-145호, 1997, p.32.

국가 수준이 교육과정이며, 초·중등학교에서 편성·운영하여야 할 학교 교육과정의 공통적·일반적인 기준을 제시한 것이다.

① 국가 수준의 공통성과 지역, 학교, 개인 수준의 다양성을 동시에 추구하는 교육과정이다.

② 학습자의 자율성과 창의성을 신장하기 위한 학생 중심의 교육과정이다.

③ 교육청과 학교, 교원, 학생, 학부모가 함께 실현해가는 교육과정이다.

④ 학교 교육 체제를 교육과정 중심으로 개선하기 위한 교육과정이다.

⑤ 교육의 과정과 결과의 질적 수준을 유지, 관리하기 위한 교육과정이다.

2. 지역 수준의 교육과정

국가 수준의 교육과정 기준은 전국의 모든 학교에서 편성·운영하여야 할 교육 내용의 공통적·일반적인 기준이다. 따라서 각 지역의 특수성과 각 학교의 다양한 요구와 필요를 국가 수준의 교육과정에 모두 반영한다는 것은 거의 불가능하다.

이러한 점에서 시·도교육청 수준에서는 국가 수준의 교육과정을 근간으로 하여 국가 수준 교육과정에서 제시하기 힘든 사항, 즉 그 지역의 특수성과 학교의 실정, 학생의 실태, 학부모 및 지역 사회의 요구, 그리고 해당 지역과 학교의 교육 여건 등에 알맞게 정하고, 그 지역의 교육 중점 등을 설정하여 관내의 각급 학교가 학교 교육과정을 편성·운영할 때 준거로 삼도록 할 필요가 있다. 이를 위해 시·도별로 각급 학교의 교육과정 편성·운영 지침을 제시하고 있다.

　시·도교육청에서의 교육과정 편성과 운영에 관한 역할·기능은 교육기본법, 초·중등교육법, 지방교육자치에 관한 법률 및 교육부 고시 교육과정 등을 근거로 하게 된다.[8]

　교육 지원청에서는 실천 중심의 장학자료를 발간 보급하여 학교 교육과정 편성·운영에 도움을 주고 있다.

3. 학교 수준의 교육과정

　학생들에게 '어떠한 교육 목표를 어떠한 교육 내용과 방법을 통하여 어떻게 구체적으로 성취시키고 평가할 것인가' 하는 것은 의도적이고 계획적인 학교 교육에서 가장 핵심적인 일이다. 이러한 학교 교육의 프로그램을 담은 문서가 학교 수준의 교육과정이다.

　학교 교육과정은 국가 수준의 교육과정 기준과 시·도의 교육과정 편성·운영 지침을 근거로 하여 지역의 특수성과 학교의 실정 및 실태에 알맞게 각 학교별로 마련한 '의도적인 교육 실천 계획'을 의미한다. 즉 그 학교가 수용하고 있는 학생에게 책임지고 실현하여야 할 교육 목표, 내용, 방법, 평가 등에 관한 실천 가능한 구체적인 실

---

8) 그 내용은 다음과 같다.
　○교육기본법(제5조 제1항): 국가 및 지방자치단체는 교육의 자주성 및 전문성을 보장하여야 하며, 지역의 실정에 맞는 교육의 실시를 위한 시책을 수립, 실시하여야 한다.
　○초·중등교육법(제23조 제2항): 교육감은 교육부장관이 정한 교육과정의 범위 안에서 지역의 실정에 적합한 기준과 내용을 정할 수 있다.
　○지방 교육 자치에 관한 법률(제27조 제6호): 교육감의 관장 사무, ⑥ 교육과정의 운영에 관한 사항
　○교육부 고시 제1997-16호(총론 제4장의 편성·운영 지침): 시·도는 이 교육과정에 의거하여 다음 사항이 포함된 각급 학교 교육과정 편성·운영 지침을 작성하고, 이를 관내의 지역 교육청과 각급 학교에 제시한다.

행 교육과정이고, 특색 있는 당해 학교의 교육 설계도이며, 상세한 교육 운영 세부 실천 계획이다.

학교 교육과정에는 해당 학교의 교육 목표와 교육 중점, 경영 철학, 전통, 특성 등이 치밀하게 반영되어 있고, 그 학교의 창의적이고 독특한 교육 내용, 방법과 운영 방식이 특색 있게 나타나 있어 각 학교가 제각기 다양한 교육의 모습을 보일 수 있게 편성·운영되어야 한다.

단위 학교 수준의 학교 교육과정을 편성·운영하는 법적 근거는 교육법 제150조이다.[9]

Ⅲ. 학교 교육과정

1. 교육 계획과 학교 교육과정

한 해의 처음은 그해의 살림을 꾸려나갈 세밀한 계획으로부터 시작된다. 계획을 세밀하게 한다는 것은 운영의 효율을 높이기 위한 것이다. 학교에서 이루어지는 교육활동 계획은 학교 교육 계획에 담기게 된다.

학교 교육 계획 수립은 대체로 11월 말 또는 12월 초의 교육활동 전반에 대한 기초조사로부터 시작된다. 겨울방학에 기초조사 자료를 토대로 학교에 따라서 교무부장 또는 연구부장이 주축이 되어서 그 일을 하게 된다. 전 직원의 참여라는 것은 설문조사 정도를 제외하

---

9) 교육법 제150조는 "각 학교는 소정의 교육과정을 수업해야 한다"라고 규정하고 있다.

고는 거의 없는 편이다. 그러므로 실제로 어떤 계획들이 어떻게 담기는지는 알 길이 없다. 그도 그럴 것이 학교의 교육 계획이라는 것이 전년도에 비해 크게 달라지는 것이 별로 없기 때문이기도 하다.

학교 교육 계획 수립에 대한 협의도 참으로 단순하다. 대체로 다음과 같은 식이다.

> "내년 교육 계획 수립은 어떻게 하지? 교육청에서는 이런저런 주문이 많던데."
> "교육청에서는 매년 하는 말이지요, 뭐. 지난해와 별로 다른 것이 없는 것 같은데 부분적으로 수정해서 사용하면 됩니다."
> "그럼, 교무부장과 연구부장이 알아서 잘 만들어보세요."

좀 과장되게 말하면 학교의 교육 계획이 마련되는 동안 선생님들은 그 작업이 어떻게 이루어지는지 관심이 없다. 그 결과 학교의 교육 계획서는 그 수명이 3월 한 달을 넘지 못한다.

왜 그런 일이 벌어질까? 그리고 그런 일에 대해 왜 아무도 의문을 제기하지 않을까?

초·중등교육법 어디에도 교육 계획이라는 용어는 등장하지 않는다. 초·중등교육법 제23조에는 "학교는 교육과정을 운영하여야 한다"라는 규정만이 있을 뿐이다. '운영하여야 한다'는 말은 임의조항이 아니라 강제조항이다. 따라서 모든 학교에서는 교육과정을 운영해야 하며, 이를 위한 구체적인 계획을 마련해야 하는 것이다. 그런데도 모든 학교에서는 학교 교육 계획이라는 용어를 일상적으로 사용하고 있다. 그리고 아무도 여기에 대해 의문을 갖지 않는다. 그 학교 교육 계획의 한구석에 지난해와 별반 다르지 않은 교육과정 편성·

운영 계획이 자리하고 있을 뿐이다.

교육 계획이라는 용어는 학교에 교육과정 편성·운영에 대한 자율권이 주어져 있지 않았던 시기에 학교 경영을 위해 마련되었던 교육 프로그램으로 흔히 학교 경영계획이라는 이름표를 달고 있었다. 그 시기는 5차 교육과정 적용기까지를 말하는데, 학교에서 교육과정 편성을 별도로 할 필요가 없었다. 국가 수준에서 주당 수업 시수를 정해주고 교과·학년 목표뿐만 아니라 단원목표·차시목표를 정해주었으므로 교사는 이를 그대로 수업에 적용만 하면 되었다. 전국의 모든 교육이 획일화되고 일사불란하게 움직였다. 이 시기의 교육은 지식 내용의 전달이 전부였다고 할 수 있다. 그러나 지식의 양적 팽창으로 더 이상 그러한 형태의 교육이 가능하지 않게 되었다. 더구나 컴퓨터의 일상적인 보급은 마침내 지식을 가르친다는 일을 무망한 것으로 만들어버렸다. 이러한 변화에 발맞추어 나타난 것이 학교 교육과정 편성·운영에 대한 자율권이다. 중앙 정부에서 하던 역할의 일부가 학교에 주어져 제한적이기는 하지만 자율적인 교육과정의 편성과 운영이 가능하게 된 것이다. 학교장들은 그 의미를 충분히 감지하지 못하였다. 학교장들의 관심은 교육과정 편성·운영보다는 학교 경영에 치우쳐 있었다. 따라서 학교 경영은 교무실 중심이 아니라 행정실 중심이 되어 버렸다. 자연히 학교 교육과정 편성·운영 계획보다 경영계획에 관심이 갈 수밖에 없었다. 이러한 저간의 사정이 학교 교육 계획을 탄생시켰고 그 속에는 경영계획과 학교 교육과정의 편성·운영 계획을 함께 담게 되는 이원화된 체제의 모습을 띠게 되었다.

이렇게 본다면 이제 학교에서는 교육 계획이 아니라 교육과정을 그 핵심의 자리로 옮겨와야 한다. 경영계획이 꼭 필요하다면 그것은 학교 교육과정 편성·운영 계획을 지원하는 정도의 계획이면 충분하다.

사실 이러한 용어가 그리 중요한 것은 아니다. 그러함에도 용어를 길게 말하는 것은 그 용어가 담고 있는 의미를 명확히 함으로써 보다 교육과정에 관심을 갖도록 하기 위한 것이다. 그러한 관심이 모든 교사들에게 공유될 때, 그 학교의 교육과정(교육 계획이라고 할지라도)이 3월 한 달이 지나기 전에 제 수명을 다하는 일은 없을 것이다.

2. 학교 교육과정과 학급 교육과정

학교 교육과정의 편성·운영 계획은 그 학교 교육활동의 모든 것을 규정한다. 당연히 학교마다 교육활동 여건이 다르므로 특정 학교의 교육과정 편성·운영 계획은 그 학교에만 고유한 계획이다. 학교마다 처한 여건이 다름에도 불구하고 밑그림이 서로 비슷하다면 우리는 아직도 붕어빵 교육에서 벗어나지 못하고 있음을 증명하는 것밖에 되지 않는다. 7차 교육과정 이래로 교육과정은 만들어가는 교육과정이라고 성격을 규정하고 있으며, 편성·운영에 대한 자율권이 점차 학교로 위임되고 있는 추세이다.

계획의 수립은 치밀할수록 좋다. 그런데 대체로 우리의 사고는 치밀한 계획보다 현실적인 부딪침에 비중을 크게 두는 경향이 있다. 계획은 그야말로 계획에 머물러 있는 경우가 허다하다. 그러나 학교가 지닌 각종 여건을 면밀히 검토해보면 그 학교의 교육활동을 어떻게 꾸려나가야 할지에 대한 밑그림은 충분히 그릴 수 있다. 결국 학교 교육과정 편성·운영 계획을 수립하는 일은 학교의 제반 여건을 검토하고 이를 교육활동에 접목하는 일로부터 시작된다고 하겠다. 그러자면 자연스럽게 학교의 제반 여건을 치밀하게 검토하는 일이 선행되어야 한다.

그런데도 우리는 이 일들을 참으로 쉽게 하고 있다. 그저 매년 이루어지는 통과의례 정도로 치부되고 있는 느낌이 짙다.

예를 들면, 학급에는 수많은 영역에서 우수아가 존재할 수 있다. 교사는 어떤 형태이든 그 학생들을 위하여 활동의 장을 제공해줄 수 있어야 한다. 그러나 그것은 교과 진도와는 상관없는 일이므로 관심 영역 밖에 있다. 그리고 아직도 대다수의 교사가 선호하는 일제식의 수업 방식에 맞지 않는다. 교사의 방식이 아니라 학생들의 방식으로 수업을 한다면 학생들이 더욱 학습에 흥미를 갖지 않을까? 강의보다는 조작활동이 더욱 수업을 윤기 있게 한다는 것을 모르는 교사는 없다. 활동적인 수업을 전개하는 것이 학생들을 더욱 즐겁게 한다는 것을 모르는 교사는 없다. 이런 점에서 본다면 수업 방식에 대한 검토가 우선되어야 하는 일이다. 교사가 선호하고 학생들이 선호하는 학습 방법이 무엇인지를 고민해보아야 한다. 지역사회에 산재된 자원들을 어떻게 학습 소재로 활용할 수 있을지도 고민해보아야 한다. 이러한 다양한 조건들을 수업에 용해시켜 나가는 것이 바로 교육과정의 진정한 운영이 아니겠는가? 이를 위해 교육과정 편성·운영 계획을 수립하게 되는 것이다.

이러한 교육과정 편성·운영 계획이 매년 학기가 시작되기 전에 수립되어야 하는 것은 교육과정 운영이 매년 동일할 수가 없기 때문이다. 매년 반복되는 일이기는 하지만 교육과정 운영 대상 학생이 다르고, 학부모의 요구가 다르고, 교사 여건이 다르다. 학습 매체가 다를 수도 있을 것이고 특별실의 이용 상황이 달라질 수도 있다. 교육활동에는 이러한 모든 변인이 고려되어야 한다.

교육과정을 잘 운영하기 위해서는 당연히 교육과정을 잘 편성하는 것이 필수적이다. 학교 교육과정은 전 학년을 망라하게 마련이므로 학급 교육과정 편성·운영 계획의 지침 역할을 하게 된다. 따라서 교육과정 편성·운영의 핵심은 학교가 아니라 학급이라고 할 수 있다. 특히 2009 개정 교육과정에서 제시한 교과 교육과정의 20% 범위 내 증감 운영은 주로 학급 교육과정 편성·운영의 자율권과 관련이 있다고 하겠다.

Ⅳ. 교육과정 운영과 수업

1. 교육의 의도성

수업은 교사의 존재이유이다. 따라서 수업은 교사들에게는 생명과 같은 것이다. 모든 교사들은 수업을 통해 자기를 드러낸다. 학생들은 그로부터 성장에 필요한 지적 자양분을 흡수하고, 또한 스스로 자양분을 흡수할 수 있는 방법을 터득하게 된다. 이 과정은 다분히 의도적이다. '의도적'인 행위는 반드시 사전에 의도성이 내포되게 마련이다. 그것이 교육과정이다. 결국 교육과정을 운영한다는 것은 수업을 한다는 의미와 어느 정도 동의어이다.[10] 이러한 점에서 본다

---

10) 그러나 수업을 교수-학습 활동으로 한정한다면 교육과정 운영은 그보다 넓은 개념이다.

면 교육과정 운영 계획은 상당 부분 수업계획이 된다. 즉 교사가 교재연구를 통해 정성스럽게 만든 교과 수업안 역시 교육과정이라고 할 수 있는 것이다.

교육과정은 불변의 것이 아니라 당시의 시대 상황에 따라 자기 진화의 과정을 겪는다. 그동안 교육과정은 일곱 차례의 개정이 있었고, 그 후로는 수시 개정 체제를 갖추고 필요시마다 부분 또는 전면 개정을 하고 있다.

수업이 교육과정을 구현하는 직접적인 수단이라면 교육과정의 개정은 수업에 어떤 형태로든 변화를 가져와야 한다. 그러나 불행하게도 우리의 교실 풍경에서는 별로 그런 기억을 찾을 수 없다. 교육과정이 개정되면 늘 형식적인 연수가 있었고, 학교의 교육 계획을 수립하는 일로 다소의 부산을 떨었을 뿐 교실 수업의 변화는 그것으로 그뿐이었다. 교실 앞에는 언제나 책과 분필과 칠판이 있을 뿐이었다. 물론 그동안 열린 교육으로 표상되는 수업 방법의 변화가 있었고, 멀티미디어로 표상되는 수업매체의 변화가 있었던 것은 사실이다. 그러나 열린 교육은 다수의 교사들로부터 공감을 얻는 데 실패했고, 멀티미디어를 활용한 수업은 약삭빠른 상술로 인해 오히려 학생들의 창의성을 저해한다는 목소리가 높다. 세상의 모든 일이 그렇듯 잘 사용하면 약이 되고 잘못 사용하면 독이 되는 법이다.

교육과정 운영은 기록으로 남는다. 주당 교과별 시수 등이 누가 기록된다. 그러나 아직도 많은 학교에서 학년 교사들이 이 기록을 공유하고 있는 경우를 본다. 그것이 어떻게 가능한 일인가? 만약에 그렇다고 한다면 그 경우는 교육과정 재구성이라는 의미에 대해 소홀하였거나 도외시한 결과이다.

현재의 교육과정을 '만들어 가는 교육과정', 또는 '실현해 가는 교육과정'이라고 한다. 말하자면 교과 교육과정 운영은 학급에 귀속된다. 학년은 학급 간의 운영 내용을 공유하고 협력하는 정도이지 그 이상이 아니다.[11]

2. 법 규정으로 본 교육과정

초·중등교육법 제23조 제1항은 "학교는 교육과정을 운영하여야 한다"라고 규정하고 있다. '학교는 교과서를 가르쳐야 한다'가 아니라 '교육과정을 운영하여야 한다'는 말은 어떤 의미일까?

학교에서 이루어지는 대부분의 수업은 교과서에 의존하고 있다. 이를 위해 정부에서 교과서를 제작하여 전국의 모든 학교에서 활용하도록 하고 있다. 그러나 교과서는 의존해야 하는 것이 아니라 활용해야 하는 것이다.

교육과정을 편성하고 운영한다고 함은 당연히 교과서를 뛰어넘는 학교의 모든 교육활동을 포함하는 개념이다. 즉 교과활동, 비교과활동을 포함한 학교 교육활동의 모든 것을 의미하는 것이다. 그런 교육활동 속에 교과활동이 포함되는 것이므로 당연히 '학교는 교과서를 가르쳐야 한다'가 아니라 '교육과정을 운영하여야 한다'고 말하는 것이다.

교육과정을 운영하기 위해서는 당연히 교육과정 편성 계획과 운영 계획이 잘 수립되어 있어야 한다. 이러한 계획은 실천을 전제로

---

11) 국가 수준 교육과정 공통지침 (다)항 및 이와 관련한 시도교육청의 관련 지침 내용을 면밀히 검토해 볼 것을 권한다.

한 것이므로 실천과정에서 다소의 괴리가 발생할 수 있으며, 새로운 제안이 있을 수도 있다. 따라서 교육 계획은 고정불변의 것이기보다 구성원이 함께 만들어가는 것이라야 한다.

블록타임제를 적용하고 특정 교과 시수를 20% 증배하여 운영한다고 가정해보자. 이 경우 그 교과의 수업이 활발하게 전개되고 학생들의 학업 성취수준이 올라갈 것이라는 가정하에 이러한 계획이 의미를 갖는 것이다. 그런데 이렇게 해도 학력 향상은 고사하고 교사들이나 학생들이 힘들어한다면 그 계획은 수정되어야 마땅하다. 수업은 궁극적으로 학생들의 학력 향상을 기대하는 행위라고 할 수 있다. 학력 향상이 기대되지 않는다면 교육 목표 설정이 무리였을 수도 있고, 교육 내용이 학생들 수준에 잘 맞지 않았을 수도 있으며, 교육방법, 즉 교수－학습 활동에 문제가 있을 수도 있을 것이다. 그 여러 요인 중에 어딘가에 문제가 있다는 것을 진단하는 활동이 교육 평가라고 한다면 이런 일련의 활동들이 늘 교육활동에서 유기적으로 작용을 해야 한다. '학교는 교육과정을 운영하여야 한다'는 말은 그래서 의미를 갖는 것이다.

그런데도 교육 계획 없이도 수업을 하는 데에는 하등 지장이 없다고 한다면 그 수업은 숲은 보지 못하고 산속에 뛰어들어 정상을 향해 올라가다가 길을 잃고 헤매는 꼴과 다를 바 없다. 교육과정 운영 계획은 수업의 방향타를 명확히 하고 나아갈 바를 알려주는 데 그 의미가 있는 것이다.

덧붙일 것은, 학년 단위의 교육과정 편성·운영 계획은 그저 대강의 계획은 될 수 있을지 모르지만 동 학년의 특정 학급 학생들에게 맞는 계획은 아니다. 그 역할은 오직 학급 교육과정만이 할 수 있다.

2009 개정 교육과정의 교과 시수 20% 증배 운영, 블록타임제 운영, 집중이수제 운영 등은 모두 학급 교육과정에 초점을 두고 있다고 보아야 한다. 학교 교육과정을 특정 학교의 여건을 고려한 그 학교 학생들을 위한 기본 설계도라고 한다면, 학급 교육과정은 그 기본 설계도를 근거로 특정 학급의 학생들을 위한 맞춤식 교육과정인 것이다.

V. 교육과정의 편성과 운영

21세기 사회를 우리는 지식 정보화 사회라고 한다. 이를 교육적 측면에서 보면, 단순정보전달 중심의 교육으로부터 벗어나야 한다는 사실이다. 즉 '무엇을(know－what)', '왜(know－why)'의 교육에서 문제 해결 중심의 '어떻게(know－how)'의 교육으로 전환되어야 함을 의미한다. 폭주하는 지식을 모두 섭렵하기는 아예 불가능해졌으며 그럴 필요도 없다. 앞으로는 이러한 엄청난 양의 지식은 정보라는 이름으로 가상의 공간에 살아 움직일 것이며, 이를 획득·가공하는 일이 중요하게 되었다.

학교 교육과정은 국가에서 고시한 교육과정 기준과 시·도교육청에서 제시한 교육과정 편성·운영 지침을 근거로, 지역과 학교의 실정에 알맞게 학습자의 교육 경험의 질을 관리하는 구체적인 교육 실천 방안을 각 학교별로 마련한 의도적인 교육 프로그램 계획을 의미한다.[12]

여기서 우리는 '의도적인 교육 프로그램'이라는 말에 주목할 필요

---

12) 교육부, 『초등학교 교육과정해설(Ⅰ)』, 1998, p.129.

가 있다. '의도적'이라는 말 속에는 그 학교 나름의 교육활동, 즉 '특색 있고 창의적인'이라는 말이 들어 있다. 따라서 이 교육 프로그램은 당해 학교의 교육 목표와 교육 중점, 학년·교과·영역별 교육 내용과 방법, 평가 및 교육과정의 구체적인 실천 방안 등을 핵심으로 체계적이고 일관성 있게 구성하여야 한다. 그리고 이들 요인에게 영향을 주는 교육 구조적 요인에 대한 배려와 융통성 있는 운영 방식도 중시되어야 한다.

교육과정은 의도된 학교 교육에서 '왜, 무엇을, 어떻게, 어느 수준과 범위로 가르치고 평가하느냐'를 문서로 계획한 교육 설계도이기 때문에, 교육과정을 단순한 교육 내용으로만 볼 것이 아니라 교육 목표, 내용, 방법이나 운영 방식, 평가를 포괄하는 폭넓은 개념으로 이해해야 한다.

이러한 운영 방식은 교과서 중심 체제의 운영으로는 불가능하며, 교육과정 중심의 학교 교육 체제로 전환되지 않으면 안 된다.[13]

1. 교육과정에 대한 인식

교사라는 직업은 참으로 고되다. 더구나 초등학생들은 어디로 튈지 모르는 고무공과 같아서 매사가 조심스럽고 염려스럽다. 그러함에도 교직에 몸담고자 함은 그 속에 알알이 들어 있는 뿌듯함 때문이라고 생각한다. 내가 가르친 아이들이 형형의 색깔로 성장해간다

---

13) 초·중등교육법 제23조 제1항에 "학교는 교육과정을 운영하여야 한다"고 규정하고 있는 것은 이 때문이다. 이는 고정된 관념이나 사고에서 벗어나 의도된 교육과 실현된 교육을 접근시킴으로써 학교 교육이 교육 본연의 모습을 되찾고, 교육과정 운영을 정상적인 상태로 되돌려서 '교육의 질'을 강화하기 위한 것이라 할 것이다.

는 사실은 흥분을 주기에 충분하다. 그렇다면 진지하게 스스로를 돌보아야 한다. 내 아이들이 성장하는 데 정말 나의 도움이 필요했었는가? 그리고 그 아이들에게 충실히 도움을 주기 위해 노력을 했는가? 물론 이러한 반문은 아이들에 대한 끊임없는 사랑에 터하고 있는 것이다.

우리 반 아이들이 무얼 생각하고 행동하는지를 끊임없이 관찰하고 이를 수업 속에 풀어놓을 수 있어야 한다. 그러자면 편성된 교육과정을 운영하는 과정에서 지속적인 수정 및 보완이 이루어져야 한다. 그것이 운영의 묘인 것이다. 그러한 것들이 세월의 옷을 입게 되면 당연하게도 나만의 교육과정을 가지게 될 것이다. 그 속에 우리 아이들의 밝은 미래가 알알이 들어갈 수 있다면 이보다 더한 행복이 어디 있겠는가?

그러자면 당연히 교육과정 운영을 위한 새로운 시각이 필요할 것으로 보인다.

가. 훌륭한 설계와 멋진 집

초가삼간을 삶의 터전으로 하던 옛날의 목수는 자기의 경험에 의해 집을 지었다. 그저 방 한 칸에 부엌 하나 있는 식이었으므로 따로 무슨 설계도가 있는 것이 아니었다. 그래도 괜찮은 것이 그 목수가 짓는 집은 언제나 1층만이어서 눈대중으로도 가능했던 탓이다. 그러므로 어지간한 경력만 쌓으면 그는 동네에서 소문난 훌륭한 목수가 되었다.

그러나 그는 항상 1층집밖에 지을 수 없다는 한계에서 벗어나지 못하고 있다. 2층 이상의 집을 지으려면 당연히 그에 어울리는 설계를 해야만 한다. 2층의 하중도 고려해야 하고, 집의 균형도 고려해야 한다. 2층으로의 계단을 어떻게 할 것인지도 사전에 설계되어야 한다. 정밀을 요구하는 것은 이것 말고도 상당히 많다. 말하자면 멋진 집을 지으려면 훌륭한 설계가 필수적이다.

교육과정을 편성한다는 것은 바로 이 설계를 잘하는 일에 비유할 수 있다. 학교의 교육과정이 마련되면 이를 토대로 학급 교육과정이 편성되게 되는데 이런 일들은 우리 교사들이 당연히 해야 할 기초 설계 작업이다. 그런데 많은 경우 그러한 기초 설계 작업을 마다하고 1층집 짓기에 안주하려는 경향을 발견한다. 설계하기가 힘들거나, 다른 사람이 설계한 것을 그냥 써도 무리가 없다거나 하는 등이 이유가 된다. 그러나 내가 한 해 동안 지도해야 할 아이들의 행동 특성을 고려한다면 이는 참으로 위험하기 이를 데 없는 발상이라고 할 것이다. 그것은 참고자료 이상이 아니다.

학급 교육과정의 편성은 학급의 구성원, 즉 학습자를 염두에 두어야 한다. 다른 선생님의 것이 훌륭하다고 답습하는 것은 의미가 없다. 학생들에 대한 사전 조사와 이를 바탕으로 한 교재연구만이 훌륭한 교육과정 편성을 가능하게 하며, 운영이 풍성해지게 마련이다. 교육과정의 운영은 결국 한 시간의 수업에서 구체화되는 것이다. 종합하면 교육과정을 충실히 편성하고 운영한다고 함은 결국 교실 수업의 충실로 드러나게 마련이다. 교실 수업 개선이라는 말의 당위는 여기에서 비롯된다.

교육과정을 훌륭하게 설계해야 하는 까닭은 그 중심에 이 땅의 미래를 책임질 학생들이 있다는 데 있다. 학생 중심 교육과정은 이를 두고 이른 말이다.

교육과정 운영을 풍성하게 하는 다양한 요인들 가운데 학습 자료를 제외할 수는 없다. 멋진 설계를 위해 도움을 주는 많은 학습 자료들이 주변에 산재해 있다. 이를 충분히 활용하는 지혜가 필요하다. 즉 국가 수준의 교육과정, 시·도교육청에서 제시한 교육과정 편성·운영 지침, 각 교육 지원청에서 만든 실천 중심 장학자료, 그리고 교육과학연구원 등에서 개발한 다양한 자료, 교원연수원에서 실시하는 각종 연수, 교육인적자원부, 시·도교육청, 각 교육 지원청의 홈페이지 등 이루 헤아릴 수 없을 만큼 많은 정보원이 있다. 지식 정보화 사회는 곳곳에 산재한 다양한 지식을 충분히 정보로 활용할 수 있는 사람이 경쟁력이 높은 사회의 세련된 표현에 다름 아니다.

나. 교육과정 중심과 교육 수요자 중심

우리는 아직도 교과서를 손에서 놓지 못하고 있다. 그러면서도 교과서는 '잘 조직된 학습 자료의 하나'라는 말에 대부분 동의하고 있다. 말하자면 교과서만이 '유일한' 것이 아님을 은연 중 인정하면서도 '그것만이 유일한' 것으로 치부하고 있는 것이다.

교과서 중심의 학교 교육을 탈피한 교육과정 중심의 학교 교육에 있어서 교사는 교과서에 제시된 교육 내용의 재구성을 통하여 교육과정이 제시한 목표를 달성하도록 다양한 방법으로 교육과정을 운영하여야 한다. 문제의 핵심은 교과서의 내용이 아니라 교육과정이 제시한 목표이다.

교육과정 편성 계획을 수립하기 위해서 반드시 거치는 통과의례 중의 하나가 전년도 교육활동에 대한 반성, 실태 분석 같은 것들이다. 그런데 많은 경우 왜 실태 분석을 하는지에 대한 명확한 이해가 부족한 경우를 더러 보게 된다. 흔한 것 중의 하나가 '가장 좋아하는 교과는?', '가장 싫어하는 교과는?' 하는 것들이다. 가장 좋아하면 시수를 더욱 늘리겠다는 것인지 아니면 가장 싫어하면 시수를 기준보다 줄이겠다는 것인지 도무지 알 길이 없다. 말하자면 실태분석이 요식화된 극단적인 예이다.

정말 필요한 것은 학부모와 학생의 교육적 요구는 무엇인지, 그리고 그 요구를 충족시켜 줄 여건은 어느 정도인지를 면밀히 파악하는 일일 것이다.

다. 교육 내용과 방법의 주체

'교사가 곧 교육과정'이라고 한다. 이 말은 교사가 곧 교육 내용과 방법의 주인임을 강조하고 있는 말이다. 말하자면 심화·보충학습을 어떻게 편성하고 운영할 것이며, 그 기준을 어떻게 정할 것인지는 분명히 학급 담임이 결정한다. 마찬가지로 블록타임제 운영을 위한 시수를 어떻게 편성하고 운영할 것인지도 역시 담임교사가 정한다. 교과 교육과정의 시수를 증감하는 일, 창의적 체험 활동 시간을 편성하는 일 등도 마찬가지다.

편성이 교육 내용의 재조직과 연관된다면 운영은 교육방법과 긴밀히 연관된다.

언젠가 교재 연구 무용론을 이야기하는 것을 들은 적이 있다. 말하자면 "교재연구는 관리자의 결재용일 뿐이다. 그런데 그 결재라는 것이 또한 대단히 형식적이다. 교사가 필요하다면 하지 말라고 해도 교재연구를 할 것이다. 그러므로 형식적인 결재에 얽매일 필요가 없다"는 것이 주장의 요지인 것 같다. 교재연구가 결재용이라는 주장을 받아들인다면 위의 주장은 분명히 맞는 말이다. 그러나 그 전제가 틀리다면 그에 따른 주장 역시 허구라는 것쯤은 상식에 속한다. 교재연구는 현재의 학생들을 위한 것이다. 교재연구와 현재의 학생들의 능력, 학업 수준 등을 교차시켜 보면 다양한 형태의 운영 방안이 모색될 수 있다.

교육 내용 이해에서 교재연구에 방점을 둔다는 것은 별 의미가 없음이 분명하다. 그러나 교재연구는 교육 내용의 이해뿐만이 아니라 그것을 각각의 수준에 있는 학생들에게 어떻게 적용할 것인가 하는 방법적인 고찰이 반드시 따라야 한다. 서로 다른 수준의 학생들을 위해서 학습 자료를 어떻게 준비하고 활용할 것인지, 학습 능력이 부족한 학생들을 위한 배려는 어떻게 할 것인지, 각각의 교육 내용은 또 어떻게 재조직할 것인지, 학습 집단 조직이 별도로 필요한지도 살펴보아야 하고, 그렇다면 집단 조직을 어떻게 할 것이며, 학습 코너 설치가 필요한지 하는 것들이 모두 포함된다.

라. 다양하고 개성 있는 교육

현재의 교육과정은 교육과정 편성 · 운영권이 학교에 있음을 천명하고 있다. 이 말은 학교마다 교육여건이 서로 다르다는 데 기인한다. 교육환경이 다르고 학부모와 학생들의 교육에 대한 요구도 다르다. 그러나 아직도 우리는 그 '다름'을 잘 받아들이지 않는다. 학교 교육과정을 편성할 때 흔히 보는 것 중의 하나가 교과별 기준 수업 시수와 '본교의 수업 시수'라는 것이다. 대체로 국가 수준과 불과 1~3시간 더 편성하거나 덜 편성하고 있는 것이 일반적이다. 그런데 무엇 때문에 그만 한 시간이 더 편성되는지에 대한 설명을 한 번도 들어

본 적이 없다. 그냥 국가 수준보다는 조금 더하거나 덜 하는 것이 교과 교육과정 20% 범위 내 증감 운영 취지에 맞을 듯하다는 것이 이유라면 이유이다.

그러다 보니 학급 교육과정은 그 틀 속에서 제한적으로 시수 운영이 이루어지게 된다. 동 학년 간의 학습 내용 및 연간 수업 시수의 통일이 대표적인 사례이다. 동 학년의 모든 내용이 똑같아야 한다면 그건 우리가 가장 경계하는 '붕어빵' 교육에 다름 아니다. 동 학년은 주간학습 안내도 공동으로 사용하고, 그런 연유로 연간 교과별 수업 시수도 공동으로 관리되고 있는 형편이다. 특정한 요일에 국경일이 들어 있어 수업이 이루어지지 않아도 그건 별문제가 없다. 수업과 시수 기록은 별개의 문제다.

2009 개정 교육과정은 국가에서는 연간 최소 수업 시수만을 제시하고 있고 시·도교육청 및 학교에 교육과정 운영에 대한 자율적 재량권을 상당 부분 일임하고 있다. 학교 나름의 독창적인 융통성을 발휘할 수 있는 영역은 교과별 증감 시간 운영, 블록타임제 운영, 집중이수제 운영, 학습 장소 활용, 교사 조직, 자원 인사의 활용 등 다양하다.

마. 시간 운영에 대한 새로운 시각

초등학교의 경우 40분 수업을 한 단위로 하고 있다. 그러나 사실 40분은 교육과정 편제상의 시간 배당 기준일 뿐이다. 말하자면 창의적 체험 활동이 204시간이라고 할 때의 시간은 실은 40분을 한 단위로 한 것으로 40분 단위 시간이 204만큼 있다는 의미일 뿐이다. 따라서 수업을 꼭 그렇게 해야 할 이유는 없어 보인다.

40분을 수업 시간 단위로 이해하면 융합인재교육은 늘 그 속에 갇혀 실효성 있는 효과를 얻기가 어렵다는 것은 자명하다. 오히려 이러한 활동은 주로 주제 중심으로 이루어질 것이므로 블록타임제를 적용하여 시간 운영을 탄력적으로 하는 것이 보다 바람직하다.

블록타임제 운영은 사실 이미 오래전부터 수업에 적용되어 왔으며 전혀 새로운 것이 아니다. 가장 좋은 사례가 미술 시간일 것이며, 현장체험학습도 블록타임제 운영에 속한다. 블록타임제 운영은 학생들에게 다양하고도 충분한 학습 기회를 제공하기 위한 것이다. 그야말로 블록타임제 운영은 학생 중심의 교육과정 운영의 한 전형이라 할 것이다.

아울러 교과 교육과정 운영 시간에 대한 융통성 있는 사고가 필요하다. 그저 기준 시수만을 고집해서는 안 된다. 학생들의 학습 능력을 고려하여 시수를 탄력적으로 적용하는 열린 사고가 필요하다.

바. 운영의 핵심은 교실 수업 개선

현재의 교육과정이 담고 있는 시간 운영의 융통성은 바로 교실 수업 개선을 전제한 것으로 이해할 수 있다. 문제는 어떻게 어떤 방향으로 수업을 개선할 것인가 하는 점이다. 교실에 멀티미디어 시설이 갖추어졌다고 교실 수업이 개선되었다고 할 수 있는가? 그것은 개선의 빌미를 제공할 뿐이지 그 자체가 개선은 물론 아니다. 수업이 가지는 궁극적인 목표는 학생들로 하여금 학업 성취 수준을 높이는 것이다. 그러나 아동들의 수준 차이로 인해 학습 목표 도달 정도가 서로 다르게 나타날 것이므로 심화·보충 과정을 권하고 있는 것이다.

사실 수업은 어떤 형태로 이루어지든 수업 목표를 잘 달성할 수 있으면 그것이 최적의 수업 방법이다. 설명식 수업이던 자기 주도적 학습이던 달성 정도가 마찬가지라면 굳이 어떤 방식으로 하는 것이 좋다는 말을 할 이유가 없게 된다. 그러나 그 두 방법 가운데 보다 학생들이 즐겁게 참여하는 가운데 그러한 성과를 올렸다면 그 방법으로 수업이 이루어지는 것이 타당할 것이다. 교실 수업 개선이라는 말의 의미는 그곳에서 찾아질 수 있다. 학생들이 보다 즐겁게 능동적으로 참여하는 수업이야말로 학습 효과가 높을 것임은 자명하다.

아동들이 능동적으로 수업에 참여하려면 그에 상응하는 충분한 학습 동기가 있어야 한다. 그런데 그 학습 동기는 능동적인 학생의 경우는 스스로가 학습 의지가 높기 때문에 자발적으로 일어날 수 있으나 대부분은 교사의 의도에 의하여 타율적으로 발생하게 된다. 교사가 수업 시간에 다양한 교수 매체며 학습 자료를 활용하고자 하는 이유가 바로 여기에 있는 것이며, 멀티미디어의 활용 의의이기도 하다.

지금까지 논의한 교육과정의 이런저런 모습들의 의미를 충분히 이해한다면 사실 교실 수업은 저절로 개선되어야 마땅할 것이다. 그러한 인식의 전환이 있을 때 협동학습이니, 자기 주도적 학습이니, 개별화 학습이니 하는 것들이 본래적인 의미를 찾아갈 것이다.

2. 획일로부터의 탈피

가. 고정관념

우리는 흔히 교육과정을 편성하는 경우 대체로 어떤 공식적인 틀이 있는 것처럼 생각하는 경향이 있다. 많은 학교들이 지난해의 교육과정을 수정하는 선에서 다음 해의 교육과정 편성·운영 계획을 수립하고 있다. 그런 탓에 학교의 교육과정이 편성되더라도 그것에 큰 관심을 가지는 경우는 별로 없는 것 같다. 말하자면 학교 교육과정 편성을 매년 초에 행하는 통과의례 정도로만 생각하는 것이 그것이다. 이러한 관행은 지금껏 학교 교육이 교과서를 중심으로 이루어져 왔다는 데서 찾을 수 있다. 그러나 분명한 것은 교과별 시간 할당이나 증감된 시간의 운영, 창의적 체험 활동 등의 시간 운영이 매년 같을 이유는 없는 것이다.

나. 경직적인 시간 운영

우리는 습관적으로 '월요일 첫 시간은 도덕' 하는 식의 타성에 젖어 있다. 그러나 생각해 보면, 1반에서는 월요일에 국어과 차시 통합을 하고, 화요일은 사회, 국어, 수학을 한데 묶은 창의적 교육활동을 하고, 수요일은 사회와 과학을 역시 창의적 체험 활동과 연계하여 주제학습을 실시할 수 있다. 그런가 하면 2반에서는 월요일에는 국어를 1차시만 하고 화요일에는 국어와 수학을 묶어 블록타임제로 운영할 수도 있어야 한다. 이렇게 본다면 교과나 창의적 체험 활동이 특정한 요일의 특정한 시간에만 운영될 이유는 별로 없어 보인다.

경직적인 시간 운영의 틀을 깨는 것이 교육과정의 정상적 운영의 첫걸음이라는 말이다.

다. 동 학년 운영

한 학년의 학급 수가 복수라는 것은 여러모로 상호 도움을 받을 수 있어 좋다. 그리고 실제로 대부분의 학교에서는 동 학년 단위의 운영을 강조하고 있다. 그러나 이러한 동 학년 단위 운영이 업무 효율을 극대화하는 데는 더없이 좋은 조직이라고 생각되나 교육과정 운영에서는 때로 걸림돌이 될 수 있음을 인식할 필요가 있다. 즉 동 학년 단위의 통일이라는 명분 아래 1반부터 마지막 반까지 획일이 강요되는 경우가 있다. 교육과정 운영과 관련해서 동 학년 단위의 의미는 운동장 사용, 특별실 사용, 공동의 행사 활동 등에 국한되어야 한다. 그러나 실제 학교에서는 수업 시수 관리도 특정한 교사가 맡아서 하는가 하면 학년 전체의 주간 학습 예정표 작성도 특정 교사가 맡아서 하는 경우가 있다. 이는 다른 교사의 편익을 도모하는 일은 될 수 있으나 그 특정 학급을 제외한 모든 학급의 교육과정 운영이 잘못될 수 있음을 의미한다. 각 학급의 학생들의 실태가 동일하다고 가정하더라도 그것은 마찬가지이다.

라. 시수 관리

우리는 참으로 시간 개념에 약한 것 같다. 이건 참으로 큰 문제가 아닐 수 없다. 이러한 사실은 초등학교가 학급 담임제라는 사실과 무관치 않다. 즉 5분을 늦게 시작해도 5분을 먼저 끝나도 그건 해당 학급 담임 교사의 역량이요 재량이라는 것이 불문율의 관행이다. 그러나 그 5분이 쌓이면 1시간이 되고 2시간이 되고, 마침내는 엄청난 시간이 되는 법이다. 1시간 수업을 못 해도 그 다음 날 그 수업을 보충했다는 소리를 듣지 못했다. 그런데도 우리는 연간 수업 시수 산출표에 정확히 모든 수업량을 기록하고 있다. 그것도 학급별이 아니라 학년별로 시수 산출을 하면 그것이 동 학년 모두에게 통용되는 것이다. 국경일 탓에 미술을 2시간씩이나 하지 못했어도 그걸 꼼꼼히 따지는 경우는 없다. 물론 학교 차원에서도 그것은 마찬가지다. 그런데도 우리는 국가 수준의 최소 수업 시간 수를 이야기한다.

3. 교육과정의 동태적 접근

가. 학교의 특색

학교 교육과정은 학교장의 교육 철학을 포함하여 그 학교가 위치한 지역사회의 여건, 학부모나 학생의 요구 등을 반영한다. 이는 학교의 지역적 특성이 서로 다르다는 지극히 상식적인 현상을 반영하는 말이다. 도심 지역의 상황과 외곽 지역은 여러모로 그 성향이나 여건이 다르다. 그런가 하면 학부모의 요구나 지역사회의 요구도 다름이 분명하다. 따라서 당연히 이러한 요구들이 잘 반영된 학교의 교육과정은 학교의 문화를 바꾸어 갈 것이 틀림없다. 말하자면 인성교육이 잘 이루어지고 있는 학교, 그림을 잘 그리는 학교, 1인 1기를 실천하는 학교 등 그 학교 나름의 독특한 문화가 피어날 것이다.

나. 열린 마음

교육과정을 편성하는 일이 쉬운 일은 아니다. 수많은 자료 수집과 세밀한 분석, 그리고 정교한 시간 안내 등이 한 흐름으로 이루어져야 한다. 그런데 우리는 교육과정의 편성은 각 교과별로 시간을 일렬로 늘어놓은 것 정도로 치부해 온 감이 짙다. 이는 많은 학교 또는 학년 교육과정에 창의적 교육활동 부분이 거의 없다는 사실로도 입증된다. 교육과정은 교사의 편의를 위해 짜는 것이 아니다. 그 주체는 어디까지나 학생들이라는 점을 염두에 두어야 한다. 왜냐하면 교육과정은 그 학교의 교육 프로그램이기 때문이다. 엉성한 프로그램으로는 엉성한 교육만이 가능할 뿐이다. 교사용 지도서나 몇몇 교재 연구용 전문 잡지에 소개된 연간 지도 계획을 그대로 차용하거나 약간의 수정·보완을 거쳐 사용하게 되는 경우가 그 대표적인 사례이다.

다. 다양한 체험 학습

체육과를 제외하면 대부분의 수업은 교실에서 이루어진다. 그것을 교사들이나 학생들은 당연한 것으로 받아들인다. 그러나 사실 어디 학습장이 교실뿐이겠는가? 그리고 이러한 물음을 부정할 교사는 아무도 없다. 그러함에도 학교에서는 습관적으로 교실 수업만을 고집하고 있다.

수업은 교사를 위해 존재하는 것이 아니라 학생들을 위해 존재한다는 사실을 염두에 둔다면 교사의 노고는 충분히 보상받을 수 있다고 생각된다. 과감하게 교실 문을 열고 나가는 수업을 계획하도록 해야 한다. 초등학교에서 왜 체험 학습이 강조되고 있는지 깊이 있게 생각해봐야 한다.

라. 교육과정 재구성

교육과정 재구성은 교육 내용과 교육방법적 측면에서 살펴볼 수 있다.

먼저 교육 내용의 재구성이 필요한 경우는 교과서가 전국적으로 똑같다는 데 있다. 교과서 속의 내용들은 전국의 보편적인 수준에서 정선된 것들이므로 단위학교에서는 그러한 내용보다 훨씬 더 좋은 자료로 학습 목표를 달성할 수 있는 경우는 얼마든지 있다. 대도시의 한복판의 교통 흐름을 보여주는 사진은 산골 학생들에게는 아무리 해도 이해하기 힘든 그림일 수 있다. 반대로 대도시 학생들에게 산골 풍경은 여름 휴가철 여행지 이상의 의미를 발견하기 어려울 수도 있다. 바로 이 부분은 교육 내용의 재구성과 관련된다. 그런가 하면 심화 및 보충학습을 위한 재구성 등도 이에 해당한다.

또한 동일한 학습내용에 대한 학생들의 학습 속도에 따라서도 재구성이 필요한 경우가 있을 수 있다. 이 부분은 교육방법의 재구성과 관련되며, 교수·학습 활동에 투입되는 시간과 관련된다. 즉 학습 시간의 재배정이라고 하는 말이 보다 현실적이다. 곱셈을 다루는 시간이 10시간 주어졌다고 반드시 10시간을 할 필요는 없는 것이다. 학생들의 학습 속도에 따라서, 또는 선수학습 정도에 따라서 그것은 9시간이나 11시간으로 조절할 수 있는 융통성이 발휘되어야 한다. 이는 출발점 행동을 진단해 봄으로써 알 수 있다.

국가 수준 교육과정

I. 2009 개정 교육과정의 성격

우리나라의 초·중등 교육은 교육기본법, 초·중등교육법에 의거하여 운영하도록 규정되어 있다. 교육기본법 제2조에는 우리나라의 교육 이념이 제시되어 있으며, 초·중등교육법 제23조에는 초·중등학교의 교육과정을 교육인적자원부장관이 정하도록 규정하고 있다. 또 이를 근거로 시·도 교육감은 지역 수준의 편성·운영 지침을 작성할 수 있도록 동법 제2조 제2항에 명시하고 있다. 이와 같은 관련 법규에 의하여 초·중등학교의 교육과정은 국가 수준에서 '기준'을 결정하고, 이를 문서로 공포(고시)하여 시행되어 왔다. 이 문서화된 계획이 제정, 공포 또는 고시된 시기를 기준으로 지난 제7차 교육과정까지는 제1차부터 제7차 교육과정이라는 명칭을 행정 편의상 부여하였다.[1] 이 기간에는 과거 제7차 교육과정까지는 시대 상황을 반영하여 대체로 7~10년을 주기로 교육과정 개정이 이루어졌다. 그러던 것이 2009년에 고시된 교육과정부터는 연도를 중심으로 단순화하여 2009 개정 교육과정이라고 부르고 있다. 그리고 과거의 일정한 기간을 거쳐 교육과정이 대폭 개정되던 틀에서 벗어나 개정의 필요가 있을 때마다 수시로 개정하는 체제로 바뀌었다.

국가 수준 교육과정은 교육인적자원부장관이 교육법에 의거하여

---

1) 관련되는 교육기본법 및 초·중등교육법은 다음과 같다.
   ○ 교육기본법 제2조: 교육은 홍익인간의 이념 아래 모든 국민으로 하여금 인격을 도야하고 자주적 생활 능력과 민주시민으로서 필요한 자질을 갖추게 하여 인간다운 삶을 영위하게 하고 민주국가의 발전과 인류공영의 이상을 실현하는 데 이바지하게 함을 목적으로 한다.
   ○ 초·중등교육법 제23조 제1항: 학교는 교육과정을 운영하여야 한다.
   ○ 초·중등교육법 제23조 제2항: 교육인적자원부장관은 제1항의 규정에 의한 교육과정의 기준과 내용에 관한 기본적인 사항을 정하며, 교육감은 교육인적자원부장관이 정한 교육과정의 범위 안에서 지역의 실정에 적합한 기준과 내용을 정할 수 있다.

결정, 고시한다. 이 교육과정은 초·중등학교의 교육 내용에 관한 전국 공통적·일반적 기준을 말한다. 이 기준에는 초·중등학교에서 편성·운영해야 할 교육과정의 목표, 내용, 방법, 평가, 운영 등에 관한 국가 기준 및 기본 지침이 제시되어 있다. 이 같은 국가 수준의 교육과정에 근거하여 편성·운영하는 각급 학교의 교육과정은 단순히 교육 목표와 내용만을 의미하는 것이 아니라, 학습자의 '교육 경험의 질'을 관리하는 구체적인 교육 프로그램의 계획을 의미한다. 이 교육 프로그램은 교육 목표, 내용, 방법, 평가, 운영 방식 등을 핵심으로 구성되며, 이들 구성 요인들에게 영향을 주는 교육 구조적인 요인에 대한 배려까지도 포함한다. 특히 교육 내용은 지식과 그것을 조직하는 사고의 양식, 생활, 경험, 공동체 경험을 포함하며, 방법은 구체적인 교수·학습 과정을 의미하므로, 교육과정의 교육 내용을 둘러싸고 있는 제반 관련 요인들과의 상호 유기적인 관계를 중시하는 개념으로 보고 있다.

이와 같이 교육과정은 의도된 학교 교육에서 '왜, 무엇을, 어떻게, 어느 수준과 범위로 가르치고 평가하느냐'를 문서로 계획한 교육 설계도이기 때문에, 교육과정을 단순한 교육 내용으로만 볼 것이 아니라 교육 목표, 내용, 방법이나 운영 방식, 평가를 포괄하는 폭넓은 개념으로 보아야 할 것이다.

2009 개정 교육과정은 초·중등교육법 제23조 제2항에 의거하여 고시한 것으로, 초·중등학교의 교육 목적과 교육 목표를 달성하기 위한 국가 수준의 교육과정이며, 초·중등학교에서 편성·운영하여야 할 학교 교육과정의 공통적·일반적인 기준을 제시한 것이다.

이 교육과정의 성격은 다음과 같다.[2]

① 국가 수준의 공통성과 지역, 학교, 개인 수준의 다양성을 동시에 추구하는 교육과정이다.

② 학습자의 자율성과 창의성을 신장하기 위한 학생 중심의 교육과정이다.

③ 교육청과 학교, 교원, 학생, 학부모가 함께 실현해가는 교육과정이다.

④ 학교 교육 체제를 교육과정 중심으로 개선하기 위한 교육과정이다.

⑤ 교육의 과정과 결과의 질적 수준을 유지, 관리하기 위한 교육과정이다.

II. 2009 개정 교육과정의 구성 방향

1. 추구하는 인간상

우리나라의 교육은 홍익인간의 이념 아래 모든 국민으로 하여금 인격을 도야하고, 자주적 생활 능력과 민주 시민으로서 필요한 자질을 갖추게 하여 인간다운 삶을 영위하게 하고, 민주 국가의 발전과 인류 공영의 이상을 실현하는 데 이바지하게 함을 목적으로 한다.

이러한 교육 이념을 바탕으로, 2009 개정 교육과정은 추구하는 인간상을 다음과 같이 제시하고 있다.

---

2) 교육부, 『초·중등학교 교육과정』, 교육부 고시 제1997-15호[별책 1], 1998, p.3.

> (1) 전인적 성장의 기반 위에 개성의 발달과 진로를 개척하는 사람
> (2) 기초 능력의 바탕 위에 새로운 발상과 도전으로 창의성을 발휘하
>   는 사람
> (3) 문화적 소양과 다원적 가치에 대한 이해를 바탕으로 품격 있는 삶
>   을 영위하는 사람
> (4) 세계와 소통하는 시민으로서 배려와 나눔의 정신으로 공동체 발전
>   에 참여하는 사람

이를 요약하면, 자주인, 창의인, 문화인, 세계인으로 나타낼 수 있으며, 학교에서 제시하고 있는 희구하는 인간상은 여기에 근거하고 있다. 즉 학교에서 제시하는 인간상은 위의 것들 중 어느 것을 특히 더 강조하는가에 따라 그 폭과 깊이를 조금씩 달리하고 있는 것이다.

2. 교육과정 구성 방침

2009 개정 교육과정은 추구하는 인간상을 구현하기 위해 구성 방침을 설정하고 있다. 초등학교는 공통 교육과정으로 편성하도록 하고 있으며, 학년군, 교과군, 집중이수제 운영, 창의적 체험 활동 신설 등을 규정하고 있다.

초등학교를 중심으로 2009 개정 교육과정의 구성 방침을 제시하면 다음과 같다.

> (1) 배려와 나눔을 실천하는 창의적인 인재를 기를 수 있도록 교육과
>   정을 구성한다.
> (2) 이 교육과정은 초등학교 1학년부터 중학교 3학년까지의 공통 교육

과정과 고등학교 1학년부터 3학년까지의 선택 교육과정으로 편성한다.

(3) 교육과정 편성·운영의 경직성을 탈피하고, 학년 간 상호 연계와 협력을 통한 학교 교육과정 편성·운영의 유연성을 부여하기 위하여 학년군을 설정한다.

(4) 공통 교육과정의 교과는 교육 목적상의 근접성, 학문 탐구 대상 또는 방법상의 인접성, 생활양식에서의 연관성 등을 고려하여 교과군으로 재분류한다.

(5) 선택 교육과정에서는 학생들의 기초영역 학습 강화와 진로 및 적성 등을 감안한 적정 학습이 가능하도록 4개의 교과 영역으로 구분하고, 필수이수단위를 제시한다.

(6) 학기당 이수 교과목 수 축소를 통한 학습부담의 적정화와 의미 있는 학습 활동이 전개될 수 있도록 집중이수를 확대한다.

(7) 기존의 재량 활동과 특별 활동을 통합하여 배려와 나눔의 실천을 위한 '창의적 체험 활동'을 신설한다.

(8) 학교 교육과정 평가, 교과 평가의 개선, 국가 수준의 학업성취도평가 실시 등을 통해 교육과정의 질 관리 체제를 강화한다.

(9) 모든 교육활동을 통해 인성 교육을 실천할 수 있도록 교육과정을 구성한다.

교육과정은 과거와 달리 공통 교육과정과 선택 교육과정으로 구분하였다. 즉 초등학교 1학년부터 중학교 3학년까지는 공통 교육과정으로, 고등학교 1학년부터 3학년까지는 선택 교육과정으로 하였다.

학년군, 교과군 도입으로 학교 교육과정 편성·운영에 유연성을 부여하고 있다. 즉 학년군은 학년 간 상호 연계와 협력을 강화하기 위해 도입되었으며, 교과군은 초등학교의 경우 교육 목적상의 근접성, 교육방법상의 인접성, 생활양식에서의 연관성 등을 고려하여 과거의 교과 개념을 재분류한 것이다. 이는 지금까지의 경직된 교과 운영에서 탈피할 것을 주문한 것으로 교실 수업의 일대 혁신이 기대된다.

그런가 하면 과거에 관행처럼 해 오던 수업 방식에도 변화를 요구하고 있다. 즉 학기당 이수 과목 수의 축소를 통해서 학습 부담을 적정화하고 의미 있는 학습 활동이 전개될 수 있도록 하기 위해 집중이수를 확대하도록 하였다. 집중이수제를 운영할 경우 학년 또는 학기당 이수 과목 수가 줄어들어 학생들의 학습 부담을 덜어주는 효과가 있다. 우리의 경우 학습 부담이 줄어든다는 것은 시험 부담이나 과제 부담이 동시에 줄어들게 되는 것을 의미하므로 학습에 대한 집중력이 높아지는 이점이 있다. 또한 주당 평균 수업 시수가 적은 교과의 경우는 주당 수업 시수가 2배 증가하게 되므로 학생들의 체험활동, 창작활동 등을 강화할 수 있게 된다.

집중이수제를 블록타임제 운영과 연계할 경우 지금까지 40분 단위로 이루어지던 수업 방식에도 일대 혁신을 기할 수 있게 된다. 즉 탐구수업, 발표수업, 역할놀이학습, 창의적 문제해결학습 등이 가능하게 되어, 학생들은 양질의 교육을 받을 수 있게 된다.

집중이수제는 학기 간 수업 시수의 형평성 문제를 고려하지 않을 수 없는 것이 현실이다. 따라서 두 교과의 수업 시수가 동일할 경우 집중이수 운영이 가능하다고 할 수 있다. 초등학교의 경우 여기에 해당되는 교과군은 예술(음악/미술) 교과군이다. 물론 5, 6학년의 경우 사회/도덕과 과학/실과 교과군을 대상으로 집중이수제를 고려할 수는 있다.

이 모든 것들은 초등학교의 경우 그저 가능성에 그칠 공산이 크다. 교육부는 처음 의도와는 달리 초등학교에서는 집중이수제를 학교의 여건에 따라 운영할 수 있도록 선택적 허용을 하고 있기 때문이다.

Ⅲ. 초등학교 교육과정 편성과 운영

1. 초등학교 교육 목표

초등학교의 교육은 다음과 같은 점에 중점을 두고 있다.

① 학생의 학습

② 일상생활에 필요한 기초 능력 배양

③ 기본 생활 습관 형성

④ 바른 인성의 함양

이를 위해서 다음과 같이 제시하고 있다.

---

(1) 풍부한 학습 경험을 통해 몸과 마음이 건강하고 균형 있게 자랄 수 있도록 하며, 다양한 일의 세계에 대한 기초적인 이해를 한다.

(2) 학습과 생활에서 문제를 인식하고 해결하는 기초 능력을 기르고, 이를 새롭게 경험할 수 있는 상상력을 키운다.

(3) 우리 문화에 대해 이해하고, 문화를 향유하는 올바른 태도를 기른다.

(4) 자신의 경험과 생각을 다양하게 표현하고 타인과 공감하며 협동하는 태도, 배려하는 마음을 기른다.

---

2. 편제와 시간 배당

가. 편제

초등학교 교육과정은 교과(군)와 창의적 체험 활동으로 편성한다.

① 교과(군)는 국어, 사회/도덕, 수학, 과학/실과, 체육, 예술(음악/

미술), 영어로 한다. 다만 초등학교 1, 2학년의 교과는 국어, 수학, 바른 생활, 슬기로운 생활, 즐거운 생활로 한다.

② 창의적 체험 활동은 자율 활동, 동아리 활동, 봉사 활동, 진로 활동으로 한다.

나. 시간 배당 기준

구분		1~2학년	3~4학년	5~6학년
교 과 (군)	국어	국어 448	408	408
	사회/도덕		272	272
	수학	수학 256	272	272
	과학/실과	바른 생활 128	204	340
	체육	슬기로운 생활 192	204	204
	예술(음악/미술)		272	272
	영어	즐거운 생활 384	136	204
창의적 체험 활동		272	204	204
학년군별 총 수업 시간 수		1,680	1,972	2,176

① 이 표에서 1시간 수업은 40분을 원칙으로 하되, 기후 및 계절, 학생의 발달 정도, 학습 내용의 성격 등과 학교 실정을 고려하여 탄력적으로 편성·운영할 수 있다.
② 학년군 및 교과(군)별 시간 배당은 연간 34주를 기준으로 한 2년간의 기준수업 시수를 나타낸 것이다.
③ 학년군별 총 수업 시간 수는 최소 수업 시수를 나타낸 것이다.
④ 3~4학년의 국어과 기준수업 시수는 주 5일 수업에 따라 감축된 시간 수이므로 학교에서는 442시간을 기준수업 시수로 운영할 수 있다.
⑤ 실과의 수업 시간은 5~6학년 과학/실과의 수업 시수에만 포함된 것이다

초등학교의 경우 수업 시간은 40분을 단위로 한다. 그 40분의 근거가 바로 위의 범례이다. 그런데 범례는 40분뿐만 아니라 기후 및 계절, 학생의 발달 정도, 학습 내용의 성격 등과 학교 실정을 고려하여 탄력적으로 편성·운영할 수 있도록 허용하고 있는 점에 주목할

필요가 있다.

결국 수업 시간은 40분으로 고정할 필요가 없으며 학교에서 여건을 고려하여 얼마든지 탄력적으로 운영할 수 있는 것이다. 이러한 탄력적 운영은 블록타임제 운영의 근거가 된다.

한편 학년군별 총 수업 시간 수는 최소 수업 시수를 의미하므로 연간 수업 시수가 그 이상은 가능하나, 그 이하 운영은 할 수 없다는 말이다. 학년군별 총 수업 시간 수의 개념이므로 교과별 수업 시수는 탄력적으로 증감하여 운영할 수 있게 된다. 다만 이 경우 창의적 체험활동의 경우는 최소 수업 시수를 적용하게 되어 주어진 시간 수 이하로는 운영할 수 없다. 물론 이 경우도 그 이상의 운영은 허용된다.

3. 초등학교 교육과정 편성·운영의 중점

21세기 사회는 더 이상 산업 사회식의 지식 전달 체계로의 교육은 안 된다는 말이다. 정보매체의 발달로 이제는 지식의 종류와 양이 넘쳐나는 세상이다. 그렇기 때문에 과거처럼 지식을 낱알 곡식 줍듯이 해서는 도무지 그 많은 지식을 내 것으로 만들 수도 없을 뿐만 아니라 설령 그렇다고 하더라도 그건 과거의 지식으로 별로 쓸모가 없다.

말하자면 산업사회에서는 단순 지식을 전달하고 전달받는 것만으로도 사회의 일원으로써 각자의 역할이 충분하였다. 지금은 옛 추억처럼 회자되는 공돌이, 공순이가 그 시대의 대표적인 인물들이다. 그 시대는 사람들이 인격체로서보다는 컨베이어 벨트 위 기계의 한 부품처럼 인식되었던 시절이다. 그건 우리나라뿐만 아니라 이른바 테일러나 포드로 상징되는 산업화 시대의 세계적인 흐름이었다.

그러나 이제는 우리 주변에서도 공돌이와 공순이는 그저 옛날 추억 속의 단어로 기억되고 있다. 더 이상 대량생산 시대가 아니기 때문이다. 스마트폰이며 자동차 모델은 자고나면 달라진다. 대량생산이 아니라 다품종 소량생산의 시대라는 말이다. 이러한 추세는 세상이 그만큼 다이내믹해졌다는 말로 설명된다. 사람들은 금방 식상해한다. 마치 영유아기 갓난아이들이 변화에 민감하게 반응하는 것과 마찬가지다.

이러한 시대에 적응하기 위해서는 과거의 지식이 아니라 늘 새로운 지식에 노출되어 있어야 하고 이를 수용할 능력을 길러야 한다. 이렇게 생각해보면 이제 학교 교육은 방향이 조금 감지된다. 단순한 지식을 전달하는 것은 아이들에게 과거를 강요하는 것과 마찬가지라는 말이다.

오늘 교실에서 습득되는 지식은 학생들이 성장해서 세상에 홀로서기를 할 때쯤이면 얼마나 소용이 될지 모를 일이다. 유대인들의 격언에 물고기를 잡아주기보다는 잡는 방법을 알려주라는 것이 있다. 꼭 이를 두고 한 격언 같다.

우리의 교육은 마치 고향 할머니의 뒷바라지 같다. 일일이 입에 넣어주고 털어주고, 챙겨주고, 따라다닌다. 그 많은 지식을 일일이 설명하려면 도대체 얼마나 많은 시간이 필요할까? 그리고 그 시간을 교사들이 모두 감당할 수 있을까? 그저 1~2년 한 아이에게 눈 맞춤을 할 수 있을 뿐이다.

그리고 그 한정된 시간이 지나면 다음 선생님께 지금까지의 지식 전달 내용을 체계적으로 이양하는 것도 아니다. 그저 내 몫만 하고 나면 이제는 그만이다. 아이들은 그저 단편적인 지식으로 배를 불린다.

옛날에는 하나를 가르치면 열을 안다고 했다. 지금은 열을 가르치면 하나 알면 잘 안다고 한다. 그게 단편적인 지식 주입 교육의 한계이다. 그렇다면 교육의 방법을 과감히 바꾸어야 하지 않을까 싶다.

2009 개정 교육과정은 모든 학생들이 하고 싶은 공부를 하게 하고, 학교가 보다 즐거운 곳이 되기를 기대하고 있다. 하긴 어느 시대엔들 이런 말을 하지 않았을까? 문제는 그러한 학교를 위한 실천적 방향을 규정하고 있다는 점이다.

2009 개정 교육과정은 새로운 용어나 개념이 상당 부분 도입되는 탓에 일선 학교에서는 적용에 어려움을 겪고 있다. 그 어려움은 개념들이 상호 독립적으로 작용하는 것이 아니라 서로 연관을 맺고 있다는 데 있다.

따라서 각 개념들을 우선은 명확히 이해할 필요가 있으며, 그 개념들의 상호 연관성을 잘 따져보아야 한다. 이때는 일반적인 접근보다는 학교의 제반 여건과 결부시켜 보는 것이 무엇보다 필요하다. 이를 토대로 개념들의 수용 범위, 적용 교과, 시수 운영 등을 도출한다. 도출된 내용은 반드시 기초조사와 학교 구성원의 협의를 통해 확정하도록 한다. 그런 과정은 학교 구성원 전체가 참여하도록 해야 한다. 이러한 일련의 과정은 교육 계획이 학교 교육활동의 실제적 프로그램이 되게 한다. 그 출발이 교육과정 편성·운영 중점이라고 할 수 있다.

2009 개정 교육과정의 초등학교 교육과정 편성·운영 중점은 다음과 같다.[3]

---

3) 교육과학기술부, 초·중등학교 교육과정 총론, II-1-다. 초등학교 교육과정 편성·운영 지침 참조.

(1) 학교는 1학년 학생들의 입학 초기 적응 교육을 위해 창의적 체험 활동의 시수를 활용하여 자율적으로 입학 초기 적응 프로그램 등을 편성·운영할 수 있다.
(2) 학교는 모든 교육활동을 통해 학생의 인성과 기본 생활 습관을 형성할 수 있도록 교육과정을 편성·운영한다.
(3) 각 교과의 기초적·기본적 요소들이 체계적으로 학습되도록 계획하고, 정확한 국어사용 능력을 신장할 수 있도록 배려한다. 특히 기초적 국어사용 능력과 수리력이 부족한 학생들을 위해 별도의 프로그램을 편성·운영할 수 있다.
(4) 학교의 특성, 학생, 교사, 학부모의 요구 및 필요에 따라 학교가 자율적으로 교과(군)별 20% 범위 내에서 시수를 증감하여 운영할 수 있다.
(5) 초등학교에서는 학교의 여건과 교과(군)별 특성을 고려하여 학년, 학기별로 집중이수를 통해 학기당 이수 교과 수를 감축하여 편성·운영할 수 있다.
(6) 정보통신활용교육, 보건교육, 한자교육 등은 관련 교과(군)와 창의적 체험 활동 시간을 활용하여 체계적인 지도가 이루어질 수 있도록 한다.
(7) 전입 학생이 특정 교과목을 이수하지 못할 경우, 교육청과 학교에서는 '보충 학습 과정' 등을 통해 학습 결손이 발생하지 않도록 한다.
(8) 학년을 달리하는 학생을 병합하여 복식 학급을 편성, 운영하는 경우에는 교육 내용의 학년별 순서를 조정하거나 공통 주제를 중심으로 교재를 재구성하여 활용할 수 있다.
(9) 학교는 학생이 학년군별로 이수해야 할 학년별, 학기별 교과목을 편성하여 안내한다.
(10) 예술(음악/미술)은 음악과 미술 교과를 중심으로 편성·운영한다.

4. 초등학교 교육과정 편성·운영을 위한 사항

가. 편성·운영 방향

과거에는 국가 수준의 교육과정은 학교에서 별로 다르게 해석할 여지가 없었다. 각 교과별 수업 시수도 최소 수업 시간 수로 정해져 있어서 탄력적인 운영이 불가능하였다. 따라서 학교에서 할 수 있는 자율의 범위는 국어 시간을 무슨 요일 몇 교시에 운영할까 하는 정도였다. 실제적인 의미로 보면 자율적 운영과는 거리가 멀었다. 2009 개정 교육과적은 교과 운영 시수는 탄력성을 부여하고, 다만 학년군별 총 수업 시수만 최소 수업 시간 수로 정하고 있다. 따라서 국가 수준 교육과정은 그 자체로 학교에 옮겨와 학교 교육과정을 운영할 필요가 없어졌다. 학교는 학교 나름의 실정이 있기 마련이기 때문이다.

학교 교육과정을 편성·운영함에 있어서는 교원의 조직, 학생의 실태, 학부모의 요구, 지역 사회의 실정 및 교육 시설·설비 등 교육 여건과 환경이 충분히 반영되도록 노력한다.

나. 민주적 절차를 통한 교육과정 편성·운영 계획 수립

학교 교육과정을 학교 나름으로 편성하고 운영하기 위해서는 학교 구성원들의 합의가 무엇보다 필요하다. 과거처럼 특정 교사의 전담 업무처럼 학교 교육과정 편성·운영 계획이 작성되어서는 안 된다. 학교 교육과정 편성·운영 계획은 학교의 모든 교육활동의 기초가 되므로 당연히 작성에는 모든 학교 구성원이 함께 참여하여야 한다.

이를 위해서 학교교육과정위원회를 구성하여 운영하여야 한다. 이 위원회는 학교장의 교육과정 운영 및 의사 결정에 관한 자문의 역할을 하게 된다.

또한 학교는 교원의 전문성 함양을 위해 동 학년 모임, 교과별 모임, 현장 연구, 자체 연수, 동호회 활동 등을 통해서 교사들의 교육활동 개선이 이루어지도록 해야 한다.

다. 교육과정 편성

1) 융통성 있는 교육과정 운영

각 교과의 기초적·기본적 요소들이 체계적으로 학습되도록 계획하고, 이를 일관성 있고 지속성 있게 지도하도록 운영 계획을 수립해야 한다.

특히 각 교과목별 학습 목표를 모든 학생이 성취하도록 지도하는 것이 중요하다. 그러나 이 경우의 학습 목표는 동일 수준이 아니라 수준별 능력을 고려한다면 각자의 능력에 알맞은 성취가 가능하도록 해야 한다. 이를 위해 다양한 학습의 기회와 방법을 제공하며, 계획적인 배려와 지도를 하여 학습 결손이 누적되거나 학습 의욕이 저하되지 않도록 노력한다.

교과 수업은 설명식 수업에서 벗어나 탐구적인 활동을 통하여 개념 및 원리를 이해하고, 이를 새로운 사태에 적용하는 기회를 많이 가지도록 해야 한다. 주변에는 각종 ICT 기기가 넘쳐난다. 따라서 대부분의 학생들이 학교 이외에서도 다양한 경로를 통해서 각종 정보를 획득한다. 문제는 어떠한 정보가 유용한 정보이며, 획득된 유용한 정보를 어떻게 활용하는가 하는 것이다. 따라서 학교에서는 여러 가지 자료를 활용한 정보 처리 능력을 가지도록 하는 데 힘써야 한다.

특히 스마트폰으로 대변되는 ICT 기기의 범람으로 개인 간의 대화가 단절된 지가 오래이다. 지하철을 타도 사람들이 온통 스마트폰만을 들여다보고 있는 광경을 흔히 볼 수 있다. 그러다 보니 함께 어울리는 법을 잘 모르고 조그마한 다툼이 생겨도 금방 사태가 확산된다. 학교에서 인성 교육이 점차 중요시되고 있는 이유이기도 하다.

학습 활동도 개별 활동도 중요하지만 집단 활동을 중시해야 하는 이유이기도 하다. 즉 개별적인 학습 활동과 더불어 소집단 공동 학습 활동을 중시하여 공동으로 문제를 해결하는 경험을 많이 가지게 한다. 따라서 교과 활동에서는 학습의 개별화가 이루어지도록 하고, 발표·토의 활동과 실험, 관찰, 조사, 실측, 수집, 노작, 견학 등의 직접 체험 활동이 충분히 이루어지도록 유의한다.

2) 수준별 수업

공통 교육과정에서는 학생의 능력과 적성, 진로를 고려하여 교육 내용과 방법을 다양화한다. 특히 국어, 수학, 사회, 과학, 영어 교과에서는 수준별 수업을 권장한다.

수준별 수업 운영을 위한 학습 집단은 학교의 여건이나 학생의 특성에 따라 다양하게 편성할 수 있다. 그러나 이 경우 과거의 우열반처럼 특정 학생들이 열등의식을 갖지 않도록 배려하도록 해야 한다.

학습 결손을 보충할 수 있도록 '특별 보충 수업'을 운영할 수 있다. 특별 보충 수업의 편성·운영에 관한 제반 사항은 학교가 자율적으로 결정한다. 현재 각 학교에서는 특별 보충 수업을 위해 수당을 지급하기도 하고, 대학생 멘토링제 등 다양한 형태로 기초 학습 미도달 학생 구제를 위해 관심을 기울이고 있다. 초등학교의 경우 특별 보충 학습을 제외하고는 수준별 수업을 보기는 힘들다. 그러나 한 학급에 다양한 수준의 학생들이 있다는 사실만으로도 그 필요성은 충분히 인정된다.

3) 학생의 과목 선택 기회 제공

초등학교의 경우 학생들이 과목 선택을 할 기회는 별로 없다. 그러나 사립학교의 경우 종교 과목을 개설하는 경우가 있다. 이 경우 학교가 종교 과목을 개설할 때에는 종교 이외의 과목을 포함, 복수로 과목을 편성하여 학생에게 선택의 기회를 주어야 한다.

라. 교육과정 운영

1) 창의적 체험 활동 운영

과거의 재량 활동 및 특별 활동이 창의적 체험 활동으로 바뀌었다. 창의적 체험 활동은 용어 그대로 체험 활동을 창의적으로 운영하라는 의미로 볼 수 있다. 따라서 창의적 체험 활동을 과거의 특별 활동이나 재량 활동과 같이 학교 안에서만이 아니라 학교 바깥까지 교육의 장을 확장할 것을 요구하고 있다. 즉 학교는 창의적 체험 활동이 실질적 체험 학습이 되도록 지역사회의 유관기관과 적극적으로 연계·협력해서 프로그램을 운영해야 한다. 이를 위해서 CRM자료를 적극 개발 및 활용하도록 해야 한다.

창의적 체험 활동은 비교과 활동이다. 그렇다고 교과와 동떨어져 있는 것이 아니라 교과와 상호보완적 관계에 있다. 그러나 엄밀히 말해 상호보완적이기보다는 교과의 보완적 활동으로 이해하는 편이 온당해 보인다. 즉 교과 지식을 적극적으로 실천해보는 활동과 그 과정에서 나눔과 배려를 체득하게 함으로써 궁극적으로는 창의성과 인성을 겸비한 미래지향적 인재를 기르고자 하는 것이다.

따라서 교과와 창의적 체험 활동의 효율적인 운영을 위하여 지역

사회의 인적, 물적 자원을 계획적으로 활용할 수 있도록 해야 한다.

창의적 체험 활동은 기본적으로 자율성을 바탕으로 한 집단 활동의 성격을 띠게 된다. 이 경우 물론 집단에 속하는 개개 학생의 개성과 창의성도 아울러 고양하려는 교육적 노력이 당연히 포함된다.

창의적 체험 활동에 배당된 시간 수는 학생의 요구와 학교의 실정에 기초하여 융통성 있게 배정하여 운영할 수 있다.

교과와 창의적 체험 활동의 내용 배열은 반드시 학습의 순서를 의미하는 것이 아닌 예시적인 성격을 지니고 있으므로, 필요한 경우에 지역의 특수성, 계절 및 학교의 실정과 학생의 요구, 교사의 필요에 따라 각 교과목의 학년별 목표에 대한 지도 내용의 순서와 비중, 방법 등을 조정하여 운영할 수 있다.

2) 교육적 배려를 위한 교육과정

심신 장애 학생을 위한 특수 학급을 설치·운영하는 경우, 학생의 장애 정도와 능력을 고려하여 이 교육과정을 조정·운영하거나, 특수학교 교육과정 및 교수·학습 자료를 활용할 수 있다.

다문화 학생을 위한 특별 학급을 설치·운영하는 경우 다문화 학생의 한국어 능력을 고려하여 이 교육과정을 조정·운영하거나, 한국어 교육과정 및 교수·학습 자료를 활용할 수 있다. 한국어 교육과정은 학교의 특성, 학생·교사·학부모의 요구 및 필요에 따라 주당 10시간 내외에서 운영할 수 있다.

학습부진아, 장애를 가진 학생, 귀국 학생, 다문화 가정 자녀 등이 학교에서 충실한 학습 경험을 누릴 수 있도록 특별한 배려와 지원을 하도록 한다.

교육활동 전반을 통하여 남녀의 역할에 관한 편견을 가지지 않도록 지도한다.

3) 범교과 학습

범교과 학습 주제는 관련되는 교과와 창의적 체험 활동 등 교육활동 전반에 걸쳐 통합적으로 다루어지도록 하고 지역 사회 및 가정과의 연계 지도에도 힘쓴다.

민주 시민 교육, 인성 교육, 환경 교육, 경제 교육, 에너지 교육, 근로정신 함양 교육, 보건 교육, 안전 교육, 성 교육, 소비자 교육, 진로 교육, 통일 교육, 한국 정체성 교육, 국제 이해 교육, 해양 교육, 정보화 및 정보 윤리 교육, 청렴·반부패 교육, 물 보호 교육, 지속 가능 발전 교육, 양성 평등 교육, 장애인 이해 교육, 인권 교육, 안전·재해 대비 교육, 저출산·고령 사회 대비 교육, 여가 활용 교육, 호국·보훈 교육, 효도·경로·전통 윤리 교육, 아동·청소년 보호 교육, 다문화 교육, 문화 예술 교육, 농업·농촌 이해 교육, 지적 재산권 교육, 미디어 교육, 의사소통·토론 중심 교육, 논술 교육, 한국 문화사 교육, 한자 교육, 녹색 교육 등

학교에서는 교육과정에 제시되지 않은 사회 현안에 대해 학생들의 올바른 이해를 돕기 위하여 계기 교육을 실시할 수 있으며, 이 경우 계기 교육 지침에 따른다.

4) 교과 특성을 살린 교육과정 운영

교과용 도서 이외의 교수·학습 자료는 교육청이나 학교에서 개발한 것 등을 사용할 수 있다. 각 교과의 특성에 맞는 다양한 학습이 이루어질 수 있도록 교과 교실제 운영을 활성화한다. 실험·실습이

나 실기 지도에 있어서는 시설 및 기계·기구, 약품 사용의 안전에 유의하도록 한다.

5) 방과 후 학교 운영

학교는 학생과 학부모의 요구를 바탕으로 방과 후 학교 또는 방학 중 프로그램을 개설할 수 있으며, 학생들의 자발적인 참여를 원칙으로 한다.

6) 생활지도

학생이 건전한 생활 태도와 행동 양식을 갖추어 학습에 임할 수 있도록 학교 교육과정 전반을 통해 지도한다.

학생의 건전한 학교생활을 위해 가정 및 지역과 연계하여 지도한다.

마. 평가 활동

학교는 학교 교육과정 편성과 운영의 적합성, 타당성, 효과성을 자체 평가하여 문제점과 개선점을 추출하고, 다음 학년도의 교육과정 편성·운영에 그 결과를 반영한다.

학교에서 실시하는 평가 활동은 다음과 같은 사항을 고려해서 이루어지도록 한다.

① 평가는 모든 학생들이 교육 목표를 성공적으로 달성하기 위한 교육의 과정으로 실시한다.

② 학교는 다양한 평가 도구와 방법으로 성취도를 평가하여 학생의 목표 도달도를 확인하고, 수업의 질 개선을 위한 자료로 활용한다.

③ 교과의 평가는 선택형 평가보다는, 서술형이나 논술형 평가 그리고 수행 평가의 비중을 늘려서 교과별 특성에 적합한 평가를 실시하도록 한다.

④ 실험·실습의 평가는 교과목의 성격을 고려하여 합리적인 세부 평가 기준을 마련하여 실시한다.

⑤ 정의적·기능적·창의적인 면이 특히 중시되는 교과의 평가는 타당한 평정 기준과 척도에 의거하여 실시한다.

⑥ 학교와 교사는 학교에서 가르친 내용과 기능을 평가하도록 한다. 학생이 학교에서 배울 기회를 마련해주지 않고, 학교 밖의 교육 수단을 통해서 익힐 수밖에 없는 내용과 기능은 평가하지 않도록 유의한다.

⑦ 창의적 체험 활동에 대한 평가는 창의적 체험 활동의 내용과 특성을 감안하여 평가의 주안점을 학교에서 작성, 활용한다.

Ⅳ. 초등학교 교육과정 편성과 운영의 의미

1. 지나친 학습 부담 감축

우리나라 학생들의 지나친 학습 부담에 대한 이야기는 어제오늘의 이야기가 아니다. 그리고 그 말에 이의를 제기하는 사람도 없다. 그러함에도 우리는 매년 같은 일을 되풀이하고 있다. 그런 사실이 우리 아이들의 문제가 아니고 어른들의 문제였다면 아마 벌써 무슨 수가 나도 났을 것 같다.

하여튼 지나친 학습 부담을 감축한다는 데는 이견이 없다. 사실

학습 부담을 줄인다는 것은 참으로 단순한 일이다. 교과목 수를 줄이거나 수업 시간을 줄이면 그만인 것이다. 그런데도 그렇게 하지 못하는 이유가 있다. 말하자면 그렇게 하고도 지금까지의 학습량을 충분히 확보할 수 있는가 하는 데서 벽에 부딪치기 때문이다. 말하자면 학습 부담 경감은 필연적으로 학습 효율이라는 문제에 직면하게 되며, 이 문제가 해결되지 않으면 그러한 논의는 그저 공염불에 불과하다. 결국 학생들의 학습 부담을 줄이는 문제는 학습 효율 제고라는 과제를 염두에 두어야 한다는 말이다.

가. 학습 내용의 감축

2009 개정 교육과정은 교과 내용을 20% 정도 감축하였다. 말하자면 우리들이 금과옥조로 여기는 교과서의 내용 분량이 20% 정도 줄어들었다는 말이다. 물론 이러한 축소는 주 5일 수업제와도 상관이 있지만 어떻든 교과서 진도에 충실했다가는 과거처럼 6월 말쯤 되면 '총 복습', '총정리' 같은 용어가 다시 환생할지도 모를 일이다. 따라서 이를 위해서는 철저한 개별 교과 교육과정의 치밀한 분석과 편성이 반드시 필요하다.

나. 학기별 이수 교과목 수 축소

현재 초등학교의 경우 학기별로 학교에서 배우는 교과목 수가 모두 10개이다. 우리는 이 10개 교과를 별 의심 없이 관행적으로 받아들이고 지금까지 가르치고 배워왔다. 그것은 우리 학부모들의 학창 시절에도 그랬다.

그런데 이러한 교과를 반드시 학기별로 그렇게 꼭 가르쳐야 하는가 하는 데 이르면 조금 이야기가 달라진다. 말하자면 한 학기는 음악을 중점적으로 배우고, 다음 학기에는 미술을 중점적으로 배우면 안 될까?

이러한 의문과 요구에 부응하기 위하여 2009 개정 교육과정은 국어, 사회, 수학, 과학, 도덕, 실과, 체육, 음악, 미술, 영어 10개 교과를 국어, 수학, 사회/도덕, 과학/실과, 체육, 예술(음악/미술), 영어와 같이 7개 교과군으로 묶어두었다. 교과군이라는 말은 2개 교과를 하나로 묶었다는 의미로 이해하면 된다. 이렇게 묶은 이유는 사회/도덕, 과학/실과, 예술(음악/미술) 교과군의 경우는 학교의 형편에 따라서 학기별로 또는 특정 시기에 특정 교과에 대해 집중적으로 가르칠 수 있도록 하기 위한 것이다.

다만 많은 학교에서 아직도 이러한 제도에 대한 이해의 부족, 교과 교육과정 편성의 어려움, 전출입 학생의 처리 등 몇 가지 문제로 인하여 초등학교의 경우는 이러한 방식의 운영에 대해 교과부에서는 각 학교별로 선택하여 운영할 수 있도록 허용하고 있다. 말하자면 집중이수제를 운영할 수도, 하지 않을 수도 있는 것이다.

다. 일일 학습 교과목 수 축소

2009 개정 교육과정은 학기당 교과목 수 축소 방법으로 집중이수제를 제시하고 있지만 학생들의 학습 부담 경감을 위하여 일일 수업 시간의 탄력적 운영이라는 또 다른 장치를 마련하고 있다. 즉 과거에는 5교시 수업을 하게 되면 5과목을 학습하였고, 6교시를 하게 되면 학생들은 6과목을 학습하였다.

과연 꼭 그렇게 해야만 하는가? 다 아는 바이지만 대학에서는 같은 과목을 2~3시간 연속 운영하는 일이 일반적이다. 그런데 꼭 초·중등학교에서만은 매시간 다른 교과를 공부해야 하는 이유는 무엇일까? 오히려 2~3시간 연속 수업을 하면 그로 인해 얻어지는 효과는 없을까? 이러한 의문의 출발로 이루어지는 수업 운영 형태가 블록타임제이다. 즉 블록타임제로 수업을 하게 되면 하루에 6교시가 있어도 같은 과목을 2~3시간 연속 운영하기 때문에 그날그날 학습하는 교과목 수는 상당히 줄어든다. 결국 학생들은 충분한 시간 같은 과목을 학습할 수 있게 되어 더욱 깊이 있는 학습이 가능해질 수 있다는 가정이 성립한다. 이러한 수업을 학생들 입장에서 보면 하루에 공부하는 교과목 수가 줄어들기 때문에 책가방 무게가 줄어들게 된다. 또한 하루에 공부하는 교과목 수가 줄어들게 되므로 가정 학습이 특정 과목에 집중되어 공부를 더욱 깊이 있게 할 수 있는 이점이 생긴다.

라. 교과 시수의 탄력적 운용

그렇다면 학습 부담을 줄이면서도 학습 효율을 높일 수 있는 방법은 어떤 것이 있을까? 학생들이 배우는 교과서는 대한민국이 모두 천편일률적이다. 어떤 단원은 좀 쉽기도 하고, 어떤 단원은 좀 어렵기도 하지만 교사용 지도서에는 그저 그러한 단원들은 몇 시간 운영이라는 가이드라인이 정해져 있다. 물론 이를 탄력적으로 활용하라고는 하지만 교사들은 대체로 교사용 지도서를 그대로 따라 하게 마련이다. 그런데 좀 쉬운 곳에서는 시간 배당을 좀 덜하고, 어려운 곳에서는 시간 배당을 늘려 좀 더 공부하면 안 될까? 이러한 방법이 학습 부담을 줄여주는 일은 아닐까? 이러한 생각에서 나온 것이 바로 교과 시간을 탄력적으로 운영하라는 지침인 것이다. 즉 교과별 총시간의 20% 범위 내에서 좀 덜 할 수도 있고, 좀 더 할 수도 있도록 허용하고 있는 것이다. 이를 새로운 교육과정에서는 교육과정 자율화라는 말로 표현한다.

2. 학습흥미 유발: 재미있는 수업

학생들을 대상으로 한 한 설문조사에서 선생님 하면 떠오르는 연관어가 '지겹다'는 것이 가장 빈도가 높았다고 한다. 하루 종일 끊임없이 이어지는 학습 내용에 대한 설명은 학생을 지치게 한다. 교육과정이 아무리 바뀌고 학습 여건이 바뀌어도 바뀌지 않는 것은 교사의 설명이다.

학생들의 학습 흥미를 돋우는 수업이어야 호기심이 발동하고, 참여가 높아지며, 마침내 활기가 살아나는 첩경이다. 그것은 교사의 헌신과 열정으로 가능한 일이다. 학습 흥미를 유발하는 교육은 수업에 몰입하게 할 뿐만 아니라 사교육을 경감시키는 아주 효율적인 수단임이 분명하다.

가. 강의식 수업으로부터 다양한 수업으로

교실을 보면 옛날 학부모님들이 공부하던 그 교실과 별반 다르지 않다. 그저 앞에는 칠판이 있고, 가운데는 학생들의 책걸상이 나란히 놓여 있다. 그런데 언제부터인가 교실 앞에는 모니터가 달려 있고, 교탁 위에는 실물화상기가 놓이게 되었다. 수업이 다소 풍요로워졌지만 그래도 학습 형태는 과거와 그리 차이가 없어 보인다. 늘 선생님의 설명이 있고, 학생들은 그저 선생님의 설명을 따라 하기 바쁘다. 말하자면 우리의 교실 풍경은 귀만 있으면 될 듯싶다. 다 아는 바이지만 공부는 오감을 적극 활용할 때 효과가 높다고 한다. 말하고, 듣고, 보고, 만지고 하는 과정을 거쳐 새로운 앎에 도달하는 것이며, 그렇게 익힌 것들이 생명력이 높다는 것이다. 선생님이 시범을 보이고 학생들이 고개만 끄덕인다면 옛날 동네에 온 보따리 약장사와 무엇이 다를까. 아이들이 호기심을 채우는 것은 설명이 아니다. 직접 만져 보고, 두드려 보고, 찢어 보고, 칠해 보고, 걷어차 보고 하는 것들을 통해서다. 말하자면 초등학교 수업은 체험 학습이 그 중심에 위치해야 하는 것이다.

나. 교사 중심 수업에서 학생 중심 수업으로

교사들은 모두 달변가들이다. 한번 입을 열면 쉼이 없다. 쉴 새 없이 설명을 하는 그들을 아이들은 하루 종일 지켜본다. 아이들은 그들의 설명을 통해서 세상을 본다. 그렇게 12년의 학창시절을 보낸다. 그렇다고 우리나라 청소년들이 지구상에서 가장 듣기를 잘하는 것도 아니다. 그건 그저 구속일 뿐이다. 그런데 그런 일에 익숙하다 보니 모두들 그것만이 교육이고, 설명을 잘하는 교사는 우수한 교사라고 믿어 버린다. 결국 고등학교에서는 설명식 이외의 수업은 그저 답답한 학습 방법일 뿐이다. 그런데도 이러한 수업 방식은 문제가 많다는 것이 교육에 관심을 가진 모든 이들의 걱정이고 이런 수업 방식의 탈피가 궁극적으로는 수업의 질을 높일 것이라고 목청을 돋우지만 현실은 그와 다르다. 바로 그러한 정황이 사교육을 부추기는 측면도 있다고 본다. 결국 지금까지의 수업이 교사 중심으로 이루어졌으며 그것이 반세기가 지나도록 그대로 유지되고 있다는 점에서

숱한 문제가 제기되고 있는 것이다. 그리고 대체로 수업의 중심을 교사로부터 학생으로 전환하는 것이라는 데는 모두 동의하고 있다. 학생 중심의 교육 또는 수업이라는 것은 무엇을 말하는 것일까? 수업은 교수와 학습으로 이루어진다. 학습은 배우고(學) 익힌다(習)는 말이다. 배운다는 말은 교사로부터 새로운 지식을 습득한다는 말이며, 익힌다는 말은 그 습득한 지식을 활용하여 더 많은 것을 스스로 알아낸다는 의미이다. 우리말에 '하나를 배우면 열을 안다'는 말이 있다. 이 말은 학(學)보다는 습(習)의 중요성을 말하고 있는 것이다. 그런데 오늘날의 교실에서는 학(學)은 있으나 습(習)이 실종된 지가 오래다. 이제 그 습(習)을 돌려주자는 것이 바로 학생 중심의 수업인 것이다.

3. 단편적 지식·이해 교육에서 학습하는 능력을 기르는 교육으로

열을 가르치면 하나를 알면 잘 아는 교육. 그런 교육이 그저 단편적 지식 이해 교육의 단적인 예이다. 그런 교육은 과거의 지식 전달 교육일 뿐 결코 미래를 위한 준비 교육은 아니다. 앞으로의 교육은 창의성이 전제되지 않을 수 없다. 교과서는 그저 핵심적인 지식을 집약해놓은 모델 하우스나 쇼윈도의 진열품쯤으로 생각하면 될 것이다.

스스로 학습할 수 있도록 돕는 교육이 생명력이 오래간다. 그것이 이른바 자기주도적 학습이 회자되는 이유이다. 그런데 우리는 그 용어를 습관처럼 들먹여도 그것이 어떻게 수업 시간에 용해되는지는 알려 들지 않는다.

이 문제는 학생들이 왜 모든 교과 중에서 체육을 제일 선호하는지를 생각해보는 것으로 충분하다.

가. 학습하는 방법의 변화

학생 중심의 수업을 하기 위해서는 아동들이 어떻게 스스로 공부해야 하는가를 잘 알아야 한다. 설명식 수업은 설명과 주의 집중이 핵심이 되고 있다. 떠드는 아이들은 곧장 제재를 받게 되고, 누가 더 많이 기억하고 빨리 더 많은 문제를 풀었는지가 관심사일 뿐이다. 그 대표적인 평가가 바로 수능 평가이다. 그런데 교육학자들은 수능 평가의 폐해를 입에 달고 다니면서도 정작 그것을 어떻게 바꿀 것인가 하는 데 이르면 입을 닫아버린다. 왜 그럴까? 적어도 수능 평가는 채점의 공정성이 확보되어 있다는 것이 가장 큰 이유이다. 인생은 몇 개를 남보다 더 맞추었다는 것이 별 의미가 없다는 것쯤은 다 안다. 그래도 학교에서 시험을 보고 나면 부모들의 최대 관심사는 우리 아이가 몇 점을 받았는가에 있다. 누가 올백이고, 우리 아이는 몇 개를 틀렸는지, 그렇다면 다음에는 우리 아이도 유명 학원에 다녀야 하는지 하는 등이 관심사가 된 지는 오래다. 학교 교육은 그러는 동안에 점점 어둠이 짙은 그늘 속으로 숨어버리고 있다.

스스로 익힌 공부가 오래간다는 말은 새삼스러운 말이 아니다. 설명은 쉬이 잊어버릴 수 있지만 스스로 터득한 것은 스스로 설명이 가능해지고 그러한 지식은 생명이 길다. 그런데 여기서 '스스로 공부한다'는 말은 어떤 의미를 가질까? 그것은 교사의 설명은 최소화하고 그 설명의 많은 부분을 아동들이 스스로 알아간다는 것을 의미한다. 그것은 때에 따라서는 혼자서 익힐 수도 있고(개별화 학습), 모둠 단위로 협동하여 익힐 수도 있다(협동 학습). 이러한 학습이 가능해져야 토론수업도 되고, 상황을 가정한 역할놀이 수업도 가능해지는 것이다. 문제해결력이 길러지는 것은 교사의 전적인 설명보다는 아동들이 스스로 할 때 더욱 공고히 길러지는 것이다.

나. 교실 수업의 변화

교실의 변화는 외양에 있는 것이 아니다. 교실에 컴퓨터와 실물화상기가 설치되었다고 수업이 더욱 세련되는 것은 아니다. '염화시중의 미소'라는 말이 있다. 공자가 제자들과 빙그레 웃는 웃음으로도 그 뜻을 전할 수 있었다는 말이다. 소크라테스는 그렇게 말하기를 좋아해도 일방적으로 설명을 한 적이 없다. 그저 젊은이들에게 끝없이 문제를 제기하고 그 문제에 대한 대답을 통해 새로운 문제를 끝없이 제기할 뿐이었다. 말하자면 '왜'가 없는 수업은 설명식으로 갈 수밖에 없다. 멋진 수업은 수업의 행간에 교사가 끊임없이 '왜 그렇지?', '왜 그렇게 되었지?' 등과 같은 질문들이 지속적으로 이어져야 한다. 공부는 교사가 하는 것이 아니라 아이들이 하는 것이다. 교사는 그저 아이들의 공부를 돕는 일을 할 뿐이다.

2009 개정 교육과정은 교실 수업의 변화를 위해 창의·인성 교육을 강조하고 있다. 말하자면 서로 배려하고 나눔을 실천하는 가운데 주어진 문제를 모두 함께 해결해 나아가는 학습이 이루어지도록 하는 교육을 말한다. 이를 위해서 협력학습과 같은 모둠 활동이 강조되고, 2~3시간 연속으로 수업을 하는 블록타임제 수업이 강조되고 있는 것이다.

4. 배려와 나눔을 실천하는 창의 인재 양성

요즘은 학교 폭력이 도를 넘어서 사회 문제가 된 지 오래다. 이제는 길에서 청소년 무리들을 지나치게 되면 신경이 곤두서기조차 한다. 청소년들은 함께 어울려 노는 법을 모른다. 우리가 그렇게 금과옥조처럼 여기는 IT산업의 발전과도 무관하지 않을 듯싶다. 학생들이 등교할 때 보면 상당수가 친구와 이야기를 하며 어울려 오는 것이 아니라 스마트폰을 들여다보며 혼자 온다.

함께 노는 법을 모르기 때문에 서로 충돌이 잦다. 충돌을 해결하는 방법도 잘 모른다. 충돌이 생기면 금방 더 큰 다툼으로 이어진다. 어른들은 그런 아이들을 올바로 지도할 엄두를 내지 못한다.[4]

지금 30대 중후반 정도 나이의 학부모들이 태어나던 시기가 우리나라가 막 산업화에 성공하여 그야말로 성공신화를 써나갈 시기이다. 그 시기에 유행했던 말이 "개구쟁이라도 좋다. 건강하게만 자라다오"였다.

참 멋진 말 같은데 곰곰이 뜯어보면 그저 막 자란 아이들이라는 말에 귀결된다. 그들이 오늘날 청소년들의 부모세대이다.

가. 창의 · 인성 교육

요즈음은 뉴스를 보기가 겁이 날 정도이다. 한동안 왕따 문제가 사회 문제화되더니 이제는 그 정도는 그저 보아 넘길 만한 수준이 된 것 같은 착각에 빠져들게 한다. 초등학교의 폭력이 그 도를 넘어

---

4) 이와 관련한 신문 기사를 보는 것은 어려운 일이 아닐 지경에 이르렀다.

섰음은 어제오늘의 일이 아니다. 이러한 문제는 우리 사회가 가지고 있는 복합적인 문제에 기인한 것이다. 텔레비전에서는 연일 비속어며 폭력적 언어가 쏟아지는가 하면 때로 폭력 행위가 미화되기도 한다. 영화는 더 말할 필요가 없을 지경이다. 어디 그뿐인가. 우리 주변을 잠시만 돌아보아도 한숨이 절로 나올 지경이다. 이런 환경 속에서도 우리 아이들이 이만큼 자라주는 것도 어찌 보면 고마운 일이다.

그런 영향 탓에 아이들은 점점 더 고립되어 가고 혼자밖에 모르게 된다. 사회는 함께 사는 곳이다. 그렇기 때문에 다른 무엇에 우선해서 함께 사는 법을 배워야 한다. 그것이 교육의 출발이다. 폭력이 난무하는 학교가 아니라 사랑이 넘치는 학교여야 한다. 그러기 위해서는 함께하는 법을 가르쳐야 한다. 함께하기 위해서는 배려와 나눔을 실천할 줄 알아야 한다. 창의 인재 양성은 이를 두고 하는 말이다. 2009 개정 교육과정은 이를 위해서 아이들이 함께 어울려 학습을 하도록 권장하고 있다. 즉 학급에서 보이는 모둠학습이 그러한 형태이다. 주어진 문제에 대해 공동으로 사고하고 공동으로 문제를 해결하는 가운데 서로를 이해하게 되고 부족한 아이들과 함께하는 동안에 배려를 익히고, 나눔을 실천하도록 하자는 것이다.

나. 창의적 체험 활동

교육과정은 교과 활동과 비교과 활동으로 구분된다. 교과 활동은 우리가 흔히 보는 국어, 수학 등과 같이 교과서가 구비된 교과의 활동을 의미하고, 비교과 활동은 교과서가 없이 이루어지는 교육활동을 의미한다고 할 수 있다. 과거의 특별 활동, 재량 활동 같은 것들이 그것이다. 2009 개정 교육과정은 이를 한데 묶어 '창의적 체험 활동'이라고 단순화하였다. 창의적 체험 활동은 자율 활동, 봉사 활동, 동아리 활동, 진로 활동과 같이 네 가지의 영역을 가지고 있다. 이 가운데 초등학교에서는 아무래도 자율 활동이 가장 비중이 큰 영역이다. 학교의 모든 행사 활동이나 1학년의 입학 초 적응 활동이 모두 여기에 속한다. 이러한 창의적 체험 활동은 '앎의 실천'이라는 목표를 가지고 있다. 단순화해서 말하자면 교과에서 배운 지식을 창의적으로 체험해 본다는 것이다. 즉 과학 시간에 꽃에 관해 학습을 하였으면 실제 교재원에 나가서 꽃씨를 뿌리고 재배해보는 과정을 통해서 꽃에 관해 체험적으로 학습을 하는 것이다. 이러한 과정은 자연스럽게 동아리를 중심으로 하거나 학급 전체가 함께 어울려 하게 된다. 결국 앎의 체험이라는 의미는 '함께 어울려'라는 의미를 함축하고 있는 것이다. 따라서 과거처럼 교실 안에서 한자 공부로 일관하는 재량 활동과 같은 시간이 되어서는 안 된다.

V. 초등학교 교육과정 편성과 운영

1. 학교 교육과정 편성 · 운영의 고유성

가. 교육과정 운영의 다양성

학교의 교육과정을 편성하고 운영하는 일은 전적으로 그 학교만의 일이다. 외부에서 그것에 관여할 수 있는 것이 국가 수준 교육과정이나 시 · 도교육청의 교육과정 지침의 범주에 있는가 하는 정도이다. 이러한 관여는 과거의 장학지도 사례에서 찾을 수 있다. 기준 시수가 적정한지, 시 · 도교육청의 교육 방침 또는 역점사업들이 잘 반영이 되어 있는지, 연간 시수 운영이 잘되고 있는지 등을 검토하고 지시하는 일들이 고작이었다.

그러나 교육청의 역점사업이 강조되는 것과 같은 교육과정에 대한 인식과 접근 방식은 학교 나름의 특색을 드러내기 어렵다는 제한을 갖는다.

특정 학교의 교육과정은 그 학교 학생에게만 적용이 되는 유일한 교육 프로그램이다. 인적·물적 여건이 다르다면 당연히 교육 내용도 다를 수밖에 없다.

장학사를 하던 시절 이야기다. 서해 바다 외딴섬 학교에 장학지도를 간 적이 있었다. 전교생이 고작 20여 명인 작은 학교로 지금은 초·중·고등학교가 통합되어 운영되고 있다. 전교생이 그렇기 때문에 학년당 인원은 그저 3, 4명 정도에 불과하다.

1, 2학년 복식 학급 수업 참관을 하게 되었다. 도회에서 온 선생님은 학생들과 교통규칙에 대해 공부하고 있었다. 긴 줄을 묶어서 자동차 놀이를 하고 있었다. 교실에서 책걸상을 이리저리 놓고 그 사이를 도로로 활용했다. 2학년은 1학년을 위해서 함께 자동차 놀이에 참여하였다. 2명씩 학생들이 짝을 지어 긴 줄에 들어가 교통신호 모형 색깔에 따라 도로를 오가는 놀이였다.

그 섬은 너무 작아 섬의 끝에서 다른 끝을 가는데도 걸어서 20분이면 충분했다. 그러니 승용차 같은 것이 있을 턱이 없다. 그저 경운기가 몇 대 동네 공동으로 있을 뿐이었다. 교통신호등 놀이를 한 아이들 중에는 한 번도 교통 신호등을 본 적이 없는 아이도 있었다. 교통신호등 놀이는 그저 교과서에 나와 있으므로 하는 것일 뿐이다. 아이들은 놀이로는 재미있을지 몰라도 그것이 무엇을 의미하는지를 실감하기에는 부족함이 분명하다. 이를 현장체험학습으로 하여서 인근 시내까지 나와서 실제로 횡단보도를 건너보고 자동차가 어떻게 규칙을 지키며 가는지를 관찰하면 훨씬 학습 효율이 높지 않았을까? 자동차가 다니는 읍내에 오는 길은 뱃길로 그저 15분이었다. 그렇게 하자면 사전에 교재연구를 세밀하게 하여 창의적 체험 학습에 이를 반영해야 할 것이다. 동일한 교육활동에 대해서도 학교의 여건에 따라 서로 다른 시간 투입이 요구되는 것이다. 반대로 식물 가꾸기 같은 학습은 도회지가 농촌으로 체험 활동을 하러 갈 수 있을 것이나 농촌 아이들에게는 그러한 체험은 별도의 시간을 요하지 않을 수도 있는 것이다. 이렇게 생각해보면 교육과정 운영은 매우 다양한 얼굴을 할 수가 있는 것이다. 그런데 학교에서는 아직도 학교에 주어진 자율권에 대해 매우 조심스러운 분위기이다. 그저 옆 학교가 어떻게 하는지를 곁눈질하고 그걸 흉내 내려 한다면 자율의 의미는 빛이 바랠 수밖에 없다.

나. 학교 교육 계획 설계도

아직도 많은 학교에서 학교 교육과정 편성·운영 계획은 교무 또는 연구 업무를 맡은 교사의 고유 업무로 인식하는 경향이다. 기초 조사를 위한 설문도 그저 지난해의 것을 그대로 재사용하기도 하고, 설문 결과 분석도 형식적이다. 그러다 보니 학교 교육 계획은 지난해와 별로 다를 것이 없다. 그나마도 특정 교사가 방학 중에 작업을 한 것이어서 대부분의 학교 구성원들은 학교의 교육 계획이 인쇄되어 나올 때까지도 잘 모른다. 그러다 보니 학급에서는 학교 교육 계획과 무관하게 수업이 진행되고 마는 것이다. 조금 극단적으로 말하자면, 우리의 교단에서는 학교 교육 계획은 학교 교육의 설계라는 상징만을 가질 뿐 그 이상의 역할은 하지 못하고 있다.

학교 교육 계획이 교사들에게 크게 자리매김하지 못하는 것은 그 내용에 있다. 즉 국가 수준 교육과정이나 시·도교육청의 교육과정 지침을 참고하면 학교 교육 계획을 보지 않아도 별 무리가 없기 때문이다. 특색사업이나 노력 중점 정도를 제외하면 특별히 참고할 만한 것도 없다. 그 외의 것들은 시·도교육청이나 교육 지원청에서 시달된 공문으로도 충분하기 때문이다. 그리고 세부적인 것들은 실천 중심의 장학자료를 보는 것으로도 충분하다.

그럼에도 불구하고 학교 교육 계획이 갖는 의미는 분명 크다. 그것은 특정 학교의 교육 설계도이기 때문이다. 그렇다고 하면 학교의 교육 계획에는 보편적인 내용이 아니라 그 학교만의 특정의 교육 설계도가 담겨 있어야 한다.

교육 계획은 전년도의 운영 결과를 토대로 가용한 모든 자원들에 대한 검토며, 지역사회의 요구며 또한 인적·물적 자원을 활용할 방안을 찾아보고 이를 교육과정의 효율적인 운영을 위해 재배치하고 조직해야 한다.

모든 학교는 상호 독립적이다. 학생이 다르고, 학부모가 다르고, 지역적인 여건이 다르고, 시설 여건이 다르고, 주변 환경이 다르다. 그렇다면 학교에서 이루어지는 모든 교육활동과 지향하는 목표에 다를 수밖에 없다. 따라서 당연히 학교 간의 교육 계획도 그에 따라 달라져야 한다. 더구나 학교 교육 계획이 그 학교의 한 해 동안의 실천 매뉴얼이라는 점에서 보면 그것은 당연하다.

2. 학교 교육과정 편성 · 운영 절차

학교 교육과정의 편성 · 운영을 위한 절차는 대체로 다음과 같다.

| 준비 단계 | ⇨ | 편성 단계 | ⇨ | 운영 단계 | ⇨ | 평가 단계 |

준비 단계에서는 학교교육과정위원회의 구성 및 기초조사 등이 이루어진다.

편성 단계에서는 교육과정 편성 계획 수립, 기본 방향 설정, 학교 교육과정 시안 작성 등이 이루어지게 된다. 이 단계에서 학년군, 교과군, 집중이수제, 교과 시수 증감 운영, 수준별 수업 등에 대해 학교 구성원의 합의를 중심으로 편성을 위한 기본 방향이 정해지게 된다. 사립학교의 경우 종교 과목 개설과 이 경우 종교 이외의 과목 개설에 대한 것도 이 단계에서 다루어지게 된다. 또한 소규모 학교에서 복식 학급을 운영하는 경우 그에 대한 교육과정 편성 등이 모두 이 단계에서 다루어지게 된다.

운영 단계에서는 교과 운영, 창의적 체험 활동 운영, 그 외에 교육적 배려가 요구되는 학생들을 위한 교육과정 운영,[5] 범교과 학습 운영, 교과 특성을 살린 교육과정 운영, 방과 후 학교 운영, 생활지도 등에 대한 계획이 이 단계에서 이루어지게 된다.

평가 단계에서는 학교 교육과정 평가와 개선을 위해 학업 성취도 평가, 교육과정 편성 및 운영 평가 등이 이루어지게 되며, 이를 중심으로

---

[5] 학습부진아, 장애를 가진 학생, 귀국 학생, 다문화 가정 자녀 등이 학교에서 충실한 학습 경험을 누릴 수 있도록 특별한 배려와 지원을 하도록 해야 한다.

개선점을 추출하고 이를 향후 교육과정 계획 수립에 반영하게 된다.

여기서는 이러한 일련의 과정을 중심으로 구체적으로 학교 교육과정 편성 및 운영에 대해 보다 구체적으로 논의해 보고자 한다.

이 과정에서 학교 교육과정의 편성과 운영뿐만 아니라 학급 교육과정의 편성과 운영도 자연스럽게 논의될 것이다.

우리는 흔히 학급 교육과정에 대해서는 그저 요식적으로 다루려는 경향이 있다. 학급 교육과정보다 학년 교육과정을 선호하는 것 역시 활용의 유용성이 아니라 학급 교육과정 편성 및 운영의 고충 때문이다. 그러나 분명한 것은 우리 반 학급 학생들의 학업에 관한 문제는 우리 반에 고유한 것이다. 그것을 학년 교육과정이라는 보편적인 틀에 맞추려 하는 것은 안 된다.

학교 교육과정 편성 준비

I. 준비 단계의 절차

준비 단계는 교육과정을 편성·운영하기 위한 사전 단계로 이 단계는 각종 자료, 학교의 제반 교육활동 여건, 지역 여건 등을 검토하여 학교의 교육과정 편성·운영이 가장 효율적으로 이루어질 수 있도록 시사점을 추출하여 이를 반영하는 단계이다.

일반적으로 준비 단계의 절차는 다음과 같이 이루어진다.

〈표 3-1〉 준비 단계의 절차

구분	세부 내용
학교교육과정위원회 조직·운영	관련 규정 검토, 역할 구체화, 조직하기, 운영하기
기초 조사	○ 관련 규정 검토 분석 ○ 계획 수립, 조사 실시, 결과 분석, 시사점 반영

기초 조사를 철저히 함은 교육과정 편성·운영 계획이 보다 충실해질 수 있으므로 특정교사의 업무가 아니라 전 교사가 합심하여 이 과정에 참여하도록 해야 한다.

II. 학교교육과정위원회의 구성 운영

새로이 학교 교육과정을 편성하고 운영하는 계획을 수립하기 위해서는 사전에 학교교육과정위원회를 구성하게 된다.[1] 학교교육과정위원회는 임의 조직이 아니다. 학교교육과정위원회는 국가 수준 교육과정에 명시된 조직으로 그 학교만의 여건을 고려한 특색 있는

---

[1] 교육과학기술부, 초·중등 교육과정 총론, II-4-가-(4) 항 참조.

교육과정을 편성하고 운영하기 위한 의사 결정을 하는 데 자문 역할을 하는 조직이다.

학교교육과정위원회는 교육과정의 합리적 편성과 효율적 운영을 위하여 교원, 교육과정 전문가, 학부모 등으로 구성하여 운영할 수 있다.

많은 학교에서 학교 교육과정 편성·운영 계획 수립은 특정 교사의 업무로 치부하는 바람에 학교교육과정위원회는 그저 구색 맞추기로 전락한 감이 없지 않았다. 그러다 보니 학교 교육과정 편성·운영에 대한 민주적 절차가 생략되고 그 결과가 학교 교육과정 편성·운영 계획, 즉 학교 교육 계획에 대한 교사의 무관심으로 나타났다.

1. 학교교육과정위원회의 역할

학교교육과정위원회의 역할은 다음과 같다.

① 학교 교육과정 편성·운영 계획 수립을 위한 기초 조사 및 분석

② 학교 교육과정 편성·운영 계획 수립

③ 학교 교육과정 편성·운영 방향 설정

④ 학교 교육과정 편성·운영 지원 활동

⑤ 학교 교육과정 편성·운영 관련 연수

⑥ 교과 및 창의적 체험 활동 교육과정의 편성·운영 계획안의 문제점 검토

⑦ 효율적인 학교 교육과정 편성·운영 방안 모색

⑧ 특색사업, 노력 중점 교육활동 계획 수립

⑨ 기타 주요 교육활동 계획 수립

⑩ 학교 교육과정 편성·운영에 대한 자체 점검과 평가

이러한 역할을 담당하기 위해 학교교육과정위원회는 가급적 학교 구성원이 모두 참여하도록 하고 그 운영은 민주적으로 해야 한다.

2. 학교교육과정위원회의 조직

학교교육과정위원회는 학교의 실정에 따라 위원회를 별도로 구성할 수도 있고, 교직원 회의, 동 학년 회의, 교과 협의회 등 기존의 각종 학교 조직이나 협의회를 활용하여 민주적 절차에 따라 모든 교직원이 능동적·자율적으로 참여하는 합리적인 운영을 꾀할 수도 있다.[2]

학교에 따라서는 더 치밀하고 조직적인 계획과 연구를 위하여 교육과정위원회에 다양한 하위 분과를 두고 업무를 분담하여 운영할 수도 있다.

대규모 학교에서는 교원, 교육 전문가, 학부모 등이 공동으로 참여하는 연구진, 심의진, 협의진을 구성하고 기능과 역할을 부여하여 효율적으로 운영하는 방안도 있을 수 있다. 그리고 소규모 학교에서는 지구별 교육과정위원회 및 장학위원회, 교과연구회를 통하여 인근 학교와 공동으로 기구를 조직, 운영할 수도 있다.

어떤 형태를 띠든 학교교육과정위원회는 역할 분담을 가장 효율적으로 할 수 있도록 학교 구성원들의 합의로 조직, 운영할 수 있다. 다음은 조직 구성의 사례이다.[3]

---

2) 교육과학기술부, 『초등학교 교육과정 해설』, 교육과학기술부 고시 제2009-41호, 2010, p.57.

3) 교육과학기술부, 『초등학교 학교교육과정 편성·운영 매뉴얼』, 2010, p.4.

가. 교육과정 편성 중심 모형

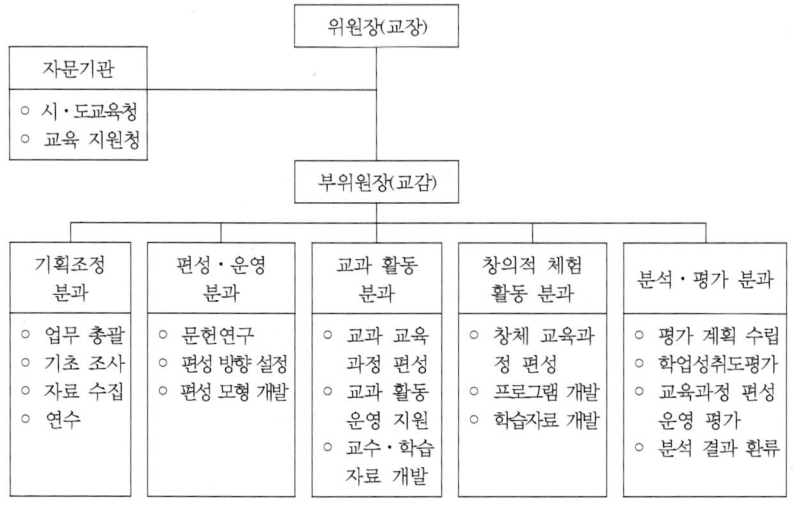

나. 학년군 중심 모형

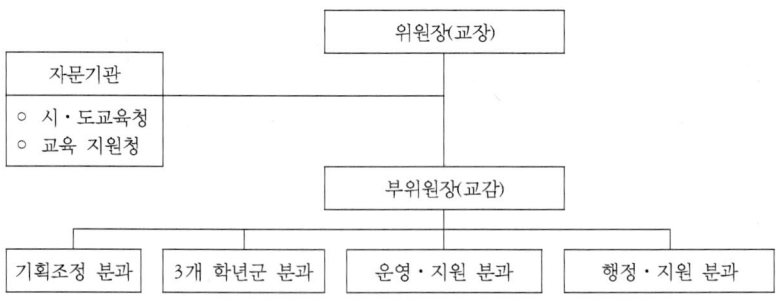

3. 사전 준비

기초 조사를 하기 전에 다음 학년도의 교육활동에 대한 밑그림을 그려보는 것이 좋다. 그리고 이를 토대로 학교 구성원이 함께 검토하고 실현 가능한 것들을 중심으로 교육활동 내용을 정선하게 되면 자연스럽게 학교 구성원 모두가 교육과정 편성·운영 계획 수립에 참여하게 된다.

이러한 밑그림은 현재 학교의 교육활동을 점검하고, 학교의 교육여건을 충분히 검토하고 이를 바탕으로 국가 수준 교육과정 및 시·도교육청의 지침을 중심으로 내용을 조직하게 된다. 이렇게 마련된 교육활동은 다음 학년도 교육활동 계획의 시안으로 활용되게 되며, 이를 중심으로 기초 조사를 하게 되면 매우 효과적인 문항 작성이 가능하게 된다.

여기서 중요한 것은 이를 토대로 바로 설문 문항을 작성하기보다는 학교 구성원이 충분히 인지할 수 있도록 다양한 형태로 사전 교원 연수를 실시하는 과정을 거치는 것이다. 이를 위해서는 일정 기간의 로드맵을 작성하여 활용할 수 있다.

다음은 학교 교육과정 편성·운영을 위한 로드맵 사례이다.

<2013 학교교육과정위원회 운영 로드맵>

1. 용현 교육과정의 기본 구상

빛 곱고 아름다운 어린이

① '빛 곱고 아름다운 어린이'를 기르기 위한 살아 있는 교육과정
   운영
   '빛 고운 어린이': 끼를 발현시키는 창의성 교육
   '아름다운 어린이': 어울림을 발현시키는 인성 교육
② 들꽃 정원 등 학교 안팎의 여건을 활용하는 특성화된 교육과정
   운영
③ 학부모의 학교 교육활동 참여를 통해 함께하는 교육과정 운영
④ 나눔과 배려를 실천하는 진취적인 교육과정 운영
⑤ 스스로 익히며, 즐거움이 가득한 학생 중심의 교육과정 운영

끼와 어울림이 있는 학교

2. 학교교육과정위원회의 운영 목적

① 2013년 용현 교육과정의 효율적인 편성·운영

② 모두가 동참하는 만들어가는 교육과정 운영

③ 도약하는 용현 교육을 위한 새로운 전기 마련

3. 학교교육과정위원회의 구성

① 연령, 학년, 성비 등을 고려하여 선정

② 교육과정 운영에 적극적인 의지를 가진 교사

③ 상호 추천 및 자발적 참여

④ 인원: 16명 이내

⑤ 기초 설문 조사 후 학교교육과정위원회의 분과위원들은
   전 직원으로 확대 운영

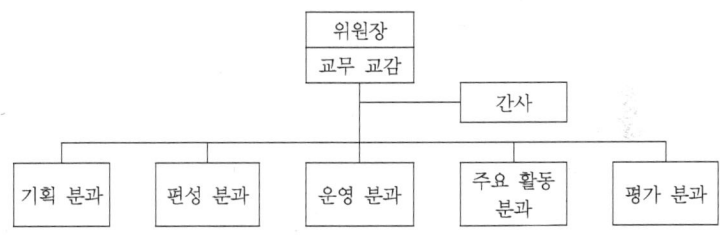

4. 학교교육과정위원회의 역할

① 2012년 주요 교육활동 점검 및 용현초교에 적용 가능한 새
   로운 교육활동 발굴

② 2013년도 교육 계획 수립을 위한 설문 조사 및 분석

③ 2013년도 용현 교육과정의 편성 및 운영 시스템 설계

④ 2009 개정 교육과정의 이해 확산을 위한 연수, 워크숍, 세
   미나, 토론회 등 주관

5. 학교교육과정위원회의 활동 흐름

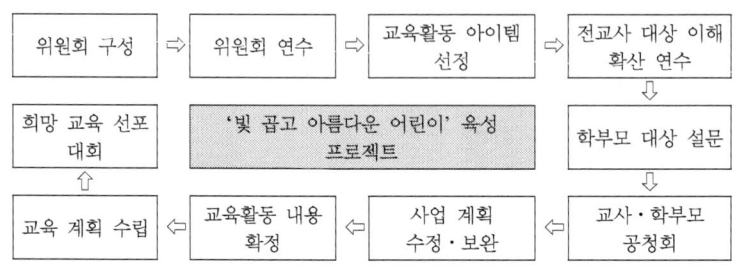

위원회 구성 ⇨ 위원회 연수 ⇨ 교육활동 아이템 선정 ⇨ 전교사 대상 이해 확산 연수 ⇩

희망 교육 선포 대회 ⇧ '빛 곱고 아름다운 어린이' 육성 프로젝트 학부모 대상 설문 ⇩

교육 계획 수립 ⇦ 교육활동 내용 확정 ⇦ 사업 계획 수정·보완 ⇦ 교사·학부모 공청회

6. 학교교육과정위원회의 주요 협의 과제

가. 기획 분과

① 전체 협의: 추진 기획단 전원 합의체로 운영

② 사업 심의 및 선정

③ 용현 교육을 강화할 신규 사업의 발굴

④ 교실 재배치 및 학년 협의실 운영

⑤ 유휴 교실의 활용 방안: "2013학년도 3개 교실 활용 가능

⑥ 학급 교육과정 편성 운영을 위한 길라잡이 개발

⑦ 2013학년도 교육과정 작성

⑧ 학년 배정

⑨ 학급 담임 및 전담교사 배정

⑩ 학교 교육과정 작성 및 신학기 개시를 위한 준비 일정 조정

⑪ 학급 교육과정 편성 운영

⑫ 학부모 참여 확대

⑬ 전 학생이 참여하는 방과 후 학교 운영

⑭ 전 학년 6교시 운영 예시: 명예 교사제 운영

⑮ 들꽃 정원의 교육과정 운영 활용 방안

⑯ '빛 고운 어린이'를 기르기 위한 소질 개발 교육활동

⑰ '아름다운 어린이'를 기르기 위한 배려와 나눔 활동

⑱ 기타 학교 차원의 교육과정 편성 운영 및 교육활동 전반 검토

나. 편성 분과

① 수업 일수 및 시수 확보

② 학년군 운영

③ 교과군 운영을 통한 학습 부담 완화

④ 시수 증감 편성: 전 학생의 기본 학습 정착

⑤ 기타

다. 운영 분과

① 2009 개정 교육과정의 효율적인 운영

② 집중이수제 운영

③ 창의적 체험 활동 운영

④ 교육과정 재구성을 통한 행사 전 관련 교과 수업 시수 집중 운영

⑤ 블록타임제 운영

⑥ 들꽃 정원, 야외 학습장 등의 활용

⑦ 학부모와 함께 하는 교육활동

⑧ 보건 교육의 재검토

⑨ 수업 연구

⑩ 특별 보충 학습 운영

⑪ 창의적 체험 활동의 학년군별 운영 요소 추출

⑫ 아침 자습 시간의 활용

⑬ 교원 연수 운영

⑭ 학부모 연수

⑮ 기타

라. 주요 교육활동 분과

① 특색 사업 및 노력 중점 검토 및 선정

② 주요 교육활동 검토 및 선정

③ 행사 교육 검토 및 선정

④ 행사 방법의 변경

⑤ 지금까지의 주요 교육활동에 대한 교육 효과성 검토: 수학여행 등

⑥ 토요 방과 후 학교 운영

마. 평가 분과

① 평가 시기 및 방법

② 기초조사를 위한 설문 문항 선정

③ 전년도 사업 분석

④ 교육과정 세미나 추진: 2013년도 교육 사업 전체 심의 및
선정

⑤ 학기별 총괄 평가 문항 추출

⑥ 수행 평가 문항의 간소화

⑦ 학부모 만족도 평가

⑧ 교원능력개발 평가 대비 수업계획

7. 추진 일정

추진 내용	추진 일정	세부 내용
위원회 구성	9월 말	○ 구성: 16명 이내 ○ 적극적인 마인드를 가진 교원
분과별 연구 진행	2012.10.5.~10.20.	○ 제시된 사업 내용 검토 ○ 수용 가능한 사업 선정 ○ 사업 내용의 구체화
전 직원 대상 연수	2012.10.22.~10.31.	○ 영역별 연수 ○ 학년별 집중 연수 - 시수 증감, 블록타임제 운영 등
신학년도 교육 계획 수립 토론회 개최	2012.11.7.	○ 대상: 교직원, 학부모 ○ 토론 내용 - 신학년도 교육 계획 수립 - 신사업 구상 발표 및 검토 - 학부모 요구 교육 계획 반영
기초조사 -설문 문항 선정 -설문 실시	2012.10.12.~11.20.	○ 대상: 교사, 학생, 학부모 ○ 전년도 교육활동 점검 ○ 새로운 교육활동에 대한 전반적 설문 ○ 학생: 4학년 이상을 대상으로 표집 ○ 학부모: 전 학년 대상으로 표집
설문 문항 분석	2012.11.20.~11.30.	○ 설문 문항 분석 ○ 설문 결과 학교 홈페이지 탑재 ○ 분석 결과 신학년도 교육 계획 반영

학교 교육 계획 수립	2012.12.~2013.1.31.	○ 간결성의 원칙 ○ 교직원 학부모가 공감하는 교육 계획 ○ 연중 손에서 놓지 않는 교육 계획 ○ 수시 수정이 가능한 만들어가는 계획
"희망 교육 선포 대회" 개최	2013.2.20.	○ 일정 운영 - 부장, 학년 및 담당 업무 발표 및 교실 확인 - 신학년도 교육 계획 연수 - 희망 교육 선포 대회 - 학부모 참여

Ⅲ. 기초 조사

학교교육과정위원회가 구성되고 실제 계획 수립 단계에 들어가면 학교의 구성원 및 학교 여건 등을 대상으로 하는 기초 조사를 하는 과정을 거치게 된다. 그런데 많은 경우 이 과정을 소홀히 하거나 가볍게 여기는 경향이 있다.

국가 수준 교육과정은 학교 교육과정을 편성·운영하기 위해서는 교원의 조직, 학생의 실태, 학부모의 요구, 지역 사회의 실정 및 교육 시설·설비 등 교육 여건과 환경이 충분히 반영되도록[4] 명시하고 있다. 이러한 규정은 각 시·도교육청의 지침에도 대체로 명문화되어 있다.

국가에서 문서로 고시한 교육과정 기준과 시·도교육청에서 제시된 교육과정 편성·운영 지침의 내용을 교과, 창의적 체험 활동에 따라 분석하고, 필요한 경우에는 관계 법령, 교육 시책, 교육 지표, 중점 과제의 내용을 분석하여 학교 교육과정에 반영할 시사점을 일관성 있고 체계적으로 추출하여야 한다.

---

4) 「초·중등학교 교육과정 총론」, 교육과학기술부 고시 제2012-14호.

기초 조사는 그 결과를 반영함으로써 교육의 사회적, 개인적 적절성과 유용성 및 효율성을 높일 수 있으므로 학교 교육 계획을 수립하기 위해서 매우 중요한 절차이다.

기초 조사는 대체로 두 가지 경로로 이루어진다. 하나는 교육활동과 관련한 교육 여건에 대한 것으로 학교를 둘러싼 지역의 환경적·물리적 요인, 학교의 인적·물적 자원 등에 대한 분석 및 국가 수준 교육과정 및 시·도교육청의 지침 등 교육과정 등을 분석하여 시사점을 추출하는 실태 분석 방법이다. 다른 하나는 교육 당사자들인 학생, 학부모, 교사들의 요구 및 실태에 대한 분석으로 주로 설문 조사 방법이 활용된다.

여기서 학생, 학부모, 교사를 대상으로 한 설문조사는 너무 과다한 욕심을 부려 문항 수가 많아지면 응답자의 성의 있는 참여와 분석 작업이 어려워지게 된다는 점을 염두에 두어야 한다.

기초 조사 결과 시사점은 명료하게 추출되어 다음 학년도의 교육과정 편성·운영 계획에 반영되어야 한다.

1. 실태 분석

지역의 특수성과 학교의 실정에 알맞은 특색 있고 창의적인 교육 프로그램을 편성하려면, 무엇보다도 중요한 것이 각종 기초 조사와 실태 분석을 실시하여 학교 교육과정에 반영할 시사점을 실천 가능하게 추출하는 일이 필요하다.

교직원 현황, 시설·재정·환경 등의 여건, 학생과 학부모의 실태, 지역 사회의 특성, 교직원·학생·학부모의 요구 사항 등을 면밀히 조사, 분석하여야 한다. 자연적이고 지리적인 여건도 중요하나, 학생들의 교과별 성취 수준이나 교과, 특별 활동의 운영 실태를 조사, 분석하여 목표, 내용, 방법, 평가 면에서 당해 학교로서 강조하거나 노력해야 할 중점적인 시사점을 추출하여야 학교 교육과정 편성·운영의 기본 방향을 설정할 수 있다. 기초 조사나 실태 분석에서 유의해야 할 사항은 설문 조사에 따른 오류를 범하지 않아야 하며, 국가에서 고시한 교육과정이나 시·도 지침의 내용을 모두 수록하려는 과다한 욕심을 부리거나 당장 완전무결한 교육과정을 작성하려는 생각은 버려야 할 것이다.

각 학교는 지역과 학교의 특수성, 교육의 실태, 학생·교원·주민의 요구와 필요 등에 대한 기초 조사를 실시하여 조사 결과를 학교 교육과정 작성에 반영하여야 한다. 특히 학생의 개성과 능력, 요구 등을 고려한 교육과정을 편성하기 위하여 학생에 관한 각종 기초 조사 결과를 활용한다. 이렇게 할 때 교육의 사회적·개인적 적절성과 유용성 및 효율성을 높일 수 있을 것이다.

실태 분석 자료는 대체로 다음과 같은 것들이 있다.

가. 교육활동에 활용 가능한 지역의 특수 여건 및 시설

1) 조사할 내용
① 학구 내 자연 환경(위치, 지형, 기후, 도시 개발 계획 등)
② 학구 내 사회 환경(인구, 취락 구조, 인구 이동, 행정 구역, 산업 등)
③ 학구 내 인문 환경(교통, 통신, 보건 환경, 생활 모습, 풍습 등)

2) 조사 방법: 면담, 설문지, 문헌 연구

나. 교육활동에 활용 가능한 각종 학교의 실태 분석

1) 분석할 내용
　교원의 실태: 학력, 전공 교과, 연령, 성별, 특기 지도 영역, 질병 또는 출산 예정, 교과 연구 서클 희망, 기타 희망

2) 참고 자료: 교원인사 기록카드, 설문지, 면담, 자료대장, 학교
　 설계도 등

다. 출발점 행동으로서의 학생의 실태 분석

1) 분석할 내용
① 학업 성취도
② 학습 태도 및 생활 태도 상황
③ 기본 생활 습관 실태
④ 흥미·관심의 경향
⑤ 신체적 발달 상황
⑥ 체력, 운동 기능의 정도

2) 참고 자료: 학력검사결과, 체력검사결과, 신체검사결과,
　 양호일지, 각종 표준화 검사결과, 관찰, 면담

라. 2003학년도 교육과정 운영 평가 결과 분석

평가 참여자: 교사, 학부모, 지역 사회 인사, 학생, 교육행정가

마. 실태를 분석할 때 유의사항

① 조사 항목과 대상을 정선하여 분석한다.

② 전체적인 경향과 개별적인 경향을 명확히 하도록 한다.

③ 객관적·주관적인 방법을 적절히 활용하여 분석한다.

④ 실태를 나타내게 한 원인을 면밀히 분석하도록 한다.

⑤ 정적, 동적 실태를 골고루 파악하도록 한다.

⑥ 실태 분석한 내용을 중심으로 학교 교육과정 편성·운영에 반영해야 할 사항을 추출하여 활용한다.

2. 기초 조사 설문 문항

기초 조사 설문 문항은 대체로 다음과 같은 내용들을 담게 된다.

가. 전년도 교육활동 평가

① 교육과정 편성

② 교육활동 운영

③ 교육활동 만족도

나. 학교 교육과정 편성·운영 방향 설정

① 학교 교육 목표 선정

② 학부모의 교육적 요구

③ 가능한 인적·물적 자원 활용
④ 연간 수업 일수 및 학사 일정

다. 교육과정 편성
① 학년군 및 교과군 적용
② 집중이수제의 적용

라. 교육과정 운영
① 블록타임제의 적용
② 교과 활동
③ 창의적 체험 활동 및 현장체험학습
④ 방과 후 학교 운영
⑤ 현장체험학습
⑥ 생활지도

마. 기타 교육활동
① 학교 행사 교육
② 학교 급식
③ 특색사업 및 노력 중점
④ 교육활동 홍보 등

그러나 여기에 열거한 모든 것들을 설문 문항에 포함할 필요는 없다. 즉 학교에 따라 전년도 교육활동이 지속적으로 이루어질 경우는 따로 설문할 필요가 없을 것이다. 그러나 이 경우도 개별 교육활동이 끝난 후 반드시 교육활동 평가를 하여 교육활동의 지속 여부 판단에 참고할 수 있도록 해야 한다. 여기에서 교육적 효과가 크지 않다고 판단이 날 경우는 당연히 그 존폐에 대해 설문해야 한다.

또한 설문 문항은 대상자의 의견 수렴에 있으므로 명확히 제시하는 것이 좋으며, 선호도나 만족도를 평가하는 것이 아니므로 3단 척도를 활용하여 가부를 명확히 하도록 하는 것이 좋다.

동일한 설문에 대해 학부모와 교사의 응답이 서로 상반되게 나타날 경우 이를 어떻게 처리할 것인지는 사전에 학교교육과정위원회의 관련 분과에서 합의해두는 것이 좋다. 예를 들면, 국가 수준교육과정은 교육활동은 학부모의 요구 사항을 반영하도록 요구하고 있으므로 이를 우선하여 서로 상반된 응답 결과의 경우 학부모의 의견을 따르는 식이다. 다음은 교사를 대상으로 한 기초 조사 일부분이다.[5]

〈교수 · 학습 지도〉

(1) 학부모 공개 수업을 학기별로 1회씩, 연 2회 운영하고자 합니다. 여기에 대한 선생님의 견해는?
___① 찬성한다   ___② 반대한다   ___③ 기타의견(   )

(2) 2013학년도의 학부모 공개수업 방식을 다음과 같이 변경하고자 합니다. 여기에 대한 선생님의 견해는?

> ○ 홀수 학년: 2교시 수업 공개 + 3교시 학부모 연수 + 4교시 학급별 면담
> ○ 짝수 학년: 2교시 학부모 연수 + 3교시 수업 공개 + 4교시 학급별 면담

___① 찬성한다   ___② 반대한다   ___③ 기타의견(   )

---

5) 인천용현초등학교, 2013학년도 학교 교육과정 편성 · 운영 계획 수립을 위한 교사 기초설문 자료, 2012.

〈2009 개정 교육과정 운영〉

(1) 2013학년도에는 학년군제 도입 및 기초학습 책임지도 강화 등을 목적으로 담임 연임제를 운영하고자 합니다. 이에 대한 선생님의 견해는?
___① 찬성한다 ___② 반대한다 ___③ 기타의견(   )

(2) 2013학년도에는 학년군제 도입 및 기초학습 책임지도 강화 등을 목적으로 담임 연임제를 운영하고자 합니다. 이에 대한 선생님의 견해는?
___① 찬성 ___② 반대한다 ___③ 기타의견(   )

(3) 2013학년도에는 아래와 같은 방안으로 예체능교과를 중심으로 집중이수제를 실시하고자 합니다. 이에 대한 선생님의 견해는?

<1안> 학년군 단위 집중이수 방안(예: 3학년 미술, 4학년 음악) <2안> 학년 내 집중이수 방안(예: 1~4반 음악, 5~8반 미술)

___① 〈1안〉 찬성 ___② 〈2안〉 찬성 ___③기타(   )

(4) 2013학년도에는 교과 내, 교과 간, 주제통합 중심으로 교육과정을 재구성하여 블록타임제를 아래 시간표와 같이 운영하고자 합니다. 이에 대한 선생님의 견해는?

○ 1+2교시 09:00~10:25 중간 휴식시간 5분 ○ 중간활동 10:25~10:45 독서, 기초체력 ○ 3+4교시 10:45~12:10 중간 휴식시간 5분	○ 점심시간 12:10~13:10 ○ 5+6교시 12:10~14:35 중간휴식시간 5분 ○ 블록타임+단위 수업 병행

___① 찬성한다 ___② 반대한다 ___③ 기타의견(   )

〈교육활동〉

(1) 2013학년도 5학년은 역사탐방 수학여행을 봄철에 실시하고, 6학년은 역사문화 체험여행을 가을철에 실시할 예정입니다. 이에 대한 선생님의 견해는?
___① 찬성 ___② 반대 ___③ 기타의견(   )

(2) 금년도(2012학년도) 졸업식 행사 운영 방식은 졸업생 및 재학생 중심의 축제 방식으로 운영할 예정입니다. 이에 대한 선생님의 견해는?
___① 찬성 ___② 반대한다 ___③ 기타의견(   )

제시된 사례는 문항이 대단히 구체적이다. 물론 새로운 교육활동을 계획하고자 할 경우는 부연 설명을 곁들여서 이해를 돕도록 하는 것이 좋다.

특히 교사를 대상으로 하는 설문의 경우는 사전에 전체 교원을 대상으로 연수를 하는 것이 효과적이다. 이 과정에서 새로운 교육활동에 대한 이해의 폭을 넓히고, 학교장의 경영관 및 학교의 교육과정 편성·운영과 관련한 사전 정보를 충분히 습득할 수 있게 된다.

3. 설문 문항의 분석 및 시사점 추출

기초 조사 설문 문항의 분석은 학교 교육과정 편성·운영의 실시 등을 위해 활용되므로 백분율에 의한 방법이 일반적으로 활용된다. 설문 분석을 통해서 신학년도의 교육과정 편성·운영 방향 및 교육활동에 관한 내용이 확정되면 이를 반드시 가정통신문 또는 학교 홈페이지 등을 통해서 학부모에게 통지하도록 해야 한다. 달라지는 새학년의 교육활동 계획을 중심으로 학부모회의 등을 통해 알리는 방법도 학교 교육의 신뢰 구축이라는 점에서 고려해봄 직하다. 그리고 교육 계획서에 부록으로 그 내용을 제시하는 것도 좋은 방법이다. 최근에는 SWOT 분석법이 일반적으로 활용된다.

설문 문항 작성은 다음과 같은 사항을 고려한다.
① 국가 수준 교육과정과 시·도교육청의 교육과정 편성·운영 지침을 준수하고 있는가를 먼저 고려해야 한다.
② 기초 설문 문항 작성은 너무 복잡하게 이것저것 나열하지 않도록 하며, 꼭 필요한 내용을 담도록 한다.

③ 새로운 사업, 선택을 해야 하는 경우 등을 빠뜨리지 않도록
한다.

④ 교사의 경우는 다음 학년도의 학교 교육과정 편성 운영에 대한
사전 연수를 통해서 이해를 확산하는 것이 좋다.

⑤ 설문 결과는 학교 홈페이지나 가정통신 등을 통해서 공개하도
록 하며, 설문 문항 각각에 대해 무엇을 어떻게 할 것인지를 구
체적으로 설명하도록 한다.

다음은 기초 조사 결과 분석 사례이다.

□ **기초 조사 분석(예시** 1)

구분		학교 교육과정 평가 결과	교육과정 반영	
학교경영		○ 학교장 교육철학의 구현 ○ 교원능력평가 시스템 구축 ○ 학생능력 발휘 기회 제공 ○ 正·智·建 어린이상 정립	○ 교육수요자의 요구를 반영한 학교 비전 제시 ○ 교원능력 개발 평가 선도학교 운영 ○ 다양한 교육활동 발표 기회 제공, 학교장 추진 ○ 모든 학교 교육활동의 목표를 正·智·建에 집중	꿈교육 2 감동교육 3 감동교육 3 사랑교육 2
역점 및 특색사업		○ 올바른 인성 교육 강화 ○ 독서논술 교육 강화 ○ 학생 동아리 활동 활성화 ○ 외국어 교육 기회 제공	○ 공동체 생활 덕목과 민주시민의식 고취 교육 ○ 학습독서와 논술을 바탕으로 한 토론교육실시 ○ 체험 중심의 학생 동아리 활동으로 리더십 함양 ○ 영어 중국어 학습 프로그램 개설 운영	책임DNA 창의DNA 실천DNA 도전DNA
교육과정	교과	○ 기초 기본학력 정착을 위한 교육과정 운영 ○ 학업성취도평가의 적정화	○ 수준별 수업 개별화 교육의 강화로 기초 기본 학력 책임지도를 위한 학급 교육과정 운영 ○ 학업성취도평가 사전 예고제, 가정 통지 방법 개선	사랑교육 2 감동교육 3

창의적체험활동	○ 창의적 범교과 학습 활동 ○ 국가 사회적 요구를 반영한 프로그램 운영 ○ 생중심의 계발 활동 운영 ○ 민주시민 교육 중심	○ 특색 있는 창의적 체험 활동의 학년별 위계화 ○ 교육수요자의 요구와 국가 교육과정 고시 및 지침에 의한 범교과 학습의 체계적 지도 ○ 동아리 활동의 학년별 부서 조직, 격주제 2시간 연속 운영	사랑교육 2 사랑교육 2 사랑교육 2
교실수업개선	○ 교과 수업 전문성 발휘 노력 ○ 다양한 대체 활용 요구	○ 좋은 수업 실기 능력 신장을 위한 연수 강화 ○ 시청각 기자재 및 매체를 활용한 수업 공개 ○ 학년별 교과별 영역별 교수학습 자료의 공유	사랑교육 2 사랑교육 2 사랑교육 2
학생활동	○ 자기주도적 학습력 향상 ○ 체계적인 진로지도 필요 ○ 자기 관리 능력 필요	○ 창의력 경진대회, 학습결과물 발표 기회 확대 ○ 체계적인 진로 교육 프로그램 개발 운영 ○ 실전 중심의 자기리더십 교육 전기	감동교육 2 사랑교육 2 책임DNA
대외관계	○ 수동적인 학부모 단체 조직, 운영 ○ 지역사회의 학교 교육활동 참여 기회 확대	○ 지원에서 참여로 학부모 단체의 민주적 조직과 운영 개선 ○ 지역사회와 함께하는 교육프로그램 개발 ○ 학교 교육활동 홍보 강화로 능동적 참여 유도	감동교육 1 꿈 교육 1 꿈 교육 1
학교시설	○ 노후된 시설 보수 필요 ○ 특별실 부족 ○ 교육정보 활용 체제 구축	○ 기존 시설의 정비로 쾌적한 환경 조성 ○ 부족한 특별실의 활용 극대화 방안 마련 ○ 교무업무 시스템의 적극적 활용 강화	사랑교육 2 사랑교육 2 꿈 교육 1

(출처: 교육과학기술부. 『전국 100대 교육과정 우수 사례: ○○초등학교』. 2009. 수정 보완)

□ 기초 조사 분석(예시 2)

(1) 교육을 위한 실태 분석

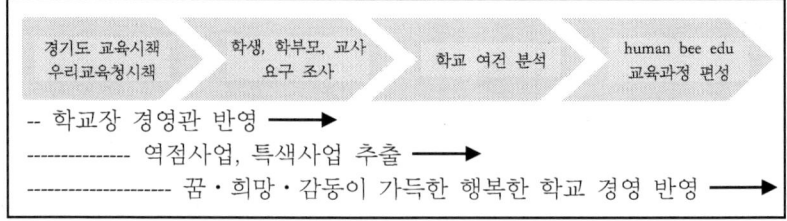

(2) 학생·학부모·교사 요구 분석

학생	학부모	교사
■특별히 배우고 싶은 것으로 인라인, 골프, 원어민 영어, 연극 수업의 선호도 높음 ■학교생활에서 공부, 성적(31.9%)친구와 선생과의 관계(22.8%)가 중요하다고 생각함 ■다양한 체험 프로그램을 원하고 있으며, 활동적인 수업을 원함	■학교교육의 중점사항으로 73.1%가 인성교육을 원하며 예절교육, 친국관계 프로그램을 원함 ■특색사업(독서, 인라인, 골프, 영어교육)에 만족(60.2%)하고 있으나 프로그램의 보완을 원함 ■주지교과(국어, 수학)의 기초 기본 교육을 원함	■인성교육 분야에서 실천하는 효행교육이 학생들에게 효과적이라고 생각함 ■예술원 프로그램 중 연극수업이 학생의 창의성을 높인다고 생각함 ■부친아 지도 시 기초강사 채용을 원함

시사점 추출

- 교과, 재량, 특별활동을 연계한 창의적 교육과정 필요
- 교육청 및 유관기관의 학교교육활동 지원 사업에 적극적인 공모를 통한 다양한 프로그램 운영 필요
- 교육수요자의 흥미와 참여도를 높일 수 있는 미래형 전원학교 프로그램 구안, 적용

학교 여건 분석

opportunities(기회)	threats(위험)	전략 추출
■동문회가 활성화되어 있어 인적자원의 활용도가 높은 편임 ■농산어촌 전원학교로 선정되어 충분한 재원이 마련돼 있음	■농촌 지역으로 문화시설이 거의 없으며 학생의 특기신장을 위한 다양한 교육인프라가 구축되어 있지 않음 ■교통이 불편하여 체험활동 등 다양한 교육활동에 대한 제약이 많은 편임	■학교 교육활동에 대한 학부모의 ■so전략: 학부모 열의와 충분한 재원을 기회로 human-bee교육과정 중심의 학교운영 ■wo전략: 저 경력 교사가 많은 약점을 활성화된 동문회의 인적물적 자원을 활용하여 보완함 ■st전략: 농촌지역의 열악함을 다양한 교육과정을 개발 운영하여 학생들의 소질 적성을 계발함 ■wt전략: 소규모 농촌학교의 특성을 살려 교육인프라를 구축함
strength(강점)	weakness(약점)	
■학교 교육활동에 대한 학부모의 신뢰도와 자녀 교육에 대한 열의가 높은 편임 ■수업실기 대회 및 각종 연구 대회 참가, 대학원 수강 등 본교 교사들의 자기 계발에 대한 열의가 높은 편임	■저 경력 교사가 많으며, 특별실이 부족하여 다양한 특성화 프로그램 적용이 어려운 실정임 ■학구면적이 넓어 대다수의 학생들이 학원이나 부모님 차량을 이용하여 등교하고 있음	

(출처: 교육과학기술부, 『전국 100대 교육과정 우수 사례: ○○초등학교』, 2009, 수정 보완)

□ 기초 조사 분석(예시 3)

교육가족의 의견·요구 및 대책

영역	실태	반영할 내용
학급 편성	○ 6학급 남녀 혼합반으로 편성하였으며, 학급별 평균 23명 편성함(남녀 비율이 비교적 고르며, 특수학급 1학급 편성).	○ 남녀 비율을 고려한 소집단 편성으로 분단학습 및 소집단 학습 활성화 ○ 경쟁보다 협동심을 조장하는 학습 활동으로 유도
교과 활동	○ 전통식 강의식 수업에 흥미 없음. ○ 컴퓨터와 인터넷 활용 수업을 좋아함. ○ 인성 교육보다는 교과 교육을 더 중시하며, 학원은 45명의 학생이 다니며, 농산어촌 연중 돌봄 공부방 120명, 보육교실 18명, 가정학습지 21명이 참여하고 있음.	○ 생활 중심의 자기 주도적 학습 방법의 강구 ○ 인터넷을 활용한 생동감 있는 학습 자료의 개발(ICT활용 학습 적극 실시) ○ 학생의 기초·기본 학습력 완성을 위한 돌봄 공부방 및 보육교실 프로그램 운영 ○ 교과와 연계한 지속적인 인성 교육 전개
창의적 체험 활동 특별 활동	○ 희망 영역: 컴퓨터, 음악, 영어, 한자 순 ○ 집중 운영보다는 분산 학습하기를 희망함. ○ 계발 활동과 행사 활동에 참여하기를 즐겨함. ○ 흥미 위주의 동아리 활동을 선호함. ○ 대부분의 학생들이 돌봄공부방, 보육교실에 참여하고 있음.	○ 컴퓨터실을 적극 활용 ○ 학년별 역점사업을 감성교육으로 설정하여 바른 품성과 실력 있는 학생 교육에 전념 ○ 각종 행사 활동과 봉사 활동의 적절한 안배 실시 ○ 학생의 적성을 고려한 진로교육의 필요성 ○ 학생들의 특기 적성 교육을 위한 다양한 돌봄교실, 보육교실 프로그램 운영
학교 생활	○ 교우관계의 폭은 대체로 넓으나 개인적인 성향을 보이는 학생이 많은 편임. ○ 경쟁의식이 있으며, 특히 칭찬받는 일에 관심이 많음.	○ 교사의 면밀한 관찰과 학생들과 사랑의 대화 시간 운영 ○ 구체적인 칭찬과 격려 필요
교육 평가	○ 좀 더 재미있는 과제를 부여해 주기를 원함. ○ 지필 평가보다는 수행 평가를 선호하는 경향임. ○ 수행 평가에 대한 안내 및 평가 기준 전달 요망.	○ 학생 중심의 다양한 과제 구안 및 제시가 필요함. ○ 성적 공개보다는 교사의 피드백 자료로 활용 ○ 학년별, 교과별 현실성 있는 수행 평가 계획 수립 실시

(출처: 교육과학기술부, 『전국 100대 교육과정 우수 사례: ○○초등학교』, 2009)

학교 교육과정의 편성

I. 학교 교육과정 구성 체제

학교 교육과정을 '어떤 체제로 구성할 것인가' 하는 문제는 기본적으로 당해 학교에 자율·재량권이 부여되어 있다. 따라서 학교를 경영하는 학교장의 교육적인 판단에 따라 학교가 창의성을 발휘하여 특색 있게 구성하여야 한다. 국가 기준이나 시·도 지침 외에 또 다른 규제를 가하게 되면 학교 교육과정 운영의 획일화를 초래하게 되며, 이로 인하여 모든 학교의 교육과정이 특색이 없이 경직화, 형식화될 우려가 있다.

학교 교육과정의 체제는 여러 가지 형태가 있을 수 있다. 그러나 어떤 형태나 체제로 편성하든지 간에 학교 교육과정에는 학교장의 교육 철학이나 학교 교육 목표, 당해 연도의 노력 중점이 뚜렷이 부각되어야 하며, 교육과정의 편제와 시간 배당, 교과, 창의적 체험 활동, 학년·교과·영역별 교육 중점과 연간 지도 계획, 평가 계획이 포함되어야 한다.

'왜, 무엇을, 어떻게, 어느 수준과 범위로 가르치고 평가할 것인가'를 담은 교육 설계도가 교육과정이라고 한다면, 이 교육과정은 목표, 내용, 방법, 평가를 포함하고 있는 것이므로 학교 교육과정 속에는 교육 목표를 실현시키기 위한 구체적인 계획, 지도, 평가, 운영 방식이나 실천 방안이 체계적이고 일관성 있게 제시되어야 당해 학교의 실정에 알맞은 의도적인 교육활동이 특색 있게 이루어질 수 있는 것이다.

학교 교육과정 편성·운영 계획을 치밀하게 작성하기 위해서는 당연히 교육과정에 대한 깊이 있는 이해가 필수적으로 요구된다. 이는 결국 교육과정의 재구성의 의미를 부각시킬 것이며, 결국은 학년·학급 교육과정과 맞닿아 있기 때문이다.

학교 교육과정에 담을 내용은 대체로 학교 교육과정의 편성·운영에 관한 사항, 교과 및 비교과 활동 편성·운영 계획, 학교 교육과정 평가 등이다.

학교 교육과정의 일반적인 구성 체계는 다음과 같다.

제1장 학교 교육과정의 편성·운영 방향
1. 학교 교육과정의 성격
2. 학교 교육 목표와 노력 중점
3. 편제 및 시간 배당
4. 편성의 기본 원칙
5. 운영의 기본 방향

제2장 교과, 창의적 체험 활동의 지도
1. 교과(학년, 교과별 지도)
2. 창의적 체험 활동(목표, 내용, 방법, 평가)

제3장 학교 교육과정의 평가
1. 교과
2. 창의적 체험 활동
3. 학교 교육과정의 편성·운영

부록(또는 학교 경영 지원 체제)

위에 예시된 구성 체제는 학교 교육과정을 크게 계획, 지도(운영), 평가, 기타의 네 부분으로 나눈 것이다. 제1장에서는 학교 교육과정

편성·운영에 대한 기본 방향이나 원칙을 제시한 것이며, 제2장에서는 교과, 창의적 체험 활동의 지도, 운영 계획을 교과(영역) 또는 학년별로 구분하여 교육 중점, 연간 지도 계획, 지도 내용 및 방법, 평가 계획 등의 체제로 구성한 것이다. 학교에 따라서는 수준별 교육과정의 특별 보충 과정 운영 계획, 특수 학급의 운영, 특수 재능아 및 부진아 지도, 방과 후 학교 운영, 교재·교구의 개발 및 활용, 생활 지도, 교원 연수 및 교내 장학 계획 등을 포함시킬 수도 있을 것이다.

제3장에서는 교과, 창의적 체험 활동, 교육과정 편성·운영에 대한 평가 계획과 기준을 제시할 수 있으며, 기타 학교 경영 지원 체제와 관련하여 학교의 중장기 발전 계획, 학사 일정, 부서별 업무 분장, 학교 현황, 예산, 각종 실태 분석 자료 등을 포함할 수도 있다.

대체로 학교 교육과정 구성 체제는 어떤 형태이든 위의 예와 대동소이하다. 다만 무엇을 강조하는가에 따라 그 외에 학년군, 교과군 등을 운영하거나 집중이수제를 운영할 경우에 보다 구체적인 목차를 만들 수 있다. 또한 주요 교육활동을 제시할 경우도 역시 위 목차에 추가하여 제시할 수 있다. 다음은 그 몇 가지 사례이다.

□ **학교 교육과정 구성 체제(예시 1)**

1. 학교 교육과정의 기저

2. 학교 교육 목표 및 노력 중점

3. 학교 교육과정 편성
    가. 학교 교육과정 편성의 방향
    나. 편제 및 시간 배당
    다. 연간 교육과정 시간 운영 계획

4. 학교 교육과정 운영
    가. 교과(군)
    나. 창의적 체험 활동

5. 학교 교육과정 평가
    가. 교과(군), 창의적 체험 활동의 평가
    나. 교육과정 평가 편성·운영 평가

6. 기타 교육과정 운영
    가. 생활 지도
    나. 경제 교육, 녹색성장 교육 등 주요 교육활동 계획
    다. 교내 장학 및 연수
    라. 학교 운영에 관한 필요한 사항(귀국자, 다문화 가정 자녀 교육,
        복식 학급 운영 등)
    마. 그 외 교육과정 운영에 필요한 사항

※ 부록
    1. 학교교육과정위원회 조직 현황
    2. 연간 학사 일정 세부 계획
    3. 각 부서별 업무 추진 계획
    4. 기타 학교 경영에 필요한 각종 교육 현황, 계획, 조직, 예산, 실태
        분석 자료 등

(자료: 인천광역시교육청, 『학교 교육과정 편성·운영 매뉴얼』, 2010, p.22)

□ 학교 교육과정 구성 체제(예시 2)

Ⅰ. 학교 교육과정의 기저	Ⅴ. 학교 교육과정 운영 지원 계획
1. 국가 및 시·도 교육의 방향	1. 교직원 조직 및 연수 계획
2. 학교 경영의 기본 계획	2. 자율 장학 추진 계획
3. 기초 조사 및 실태 분석	3. 독서 지도 계획
4. 전년도 학교 교육과정 운영 결과 분석	4. 생활 지도 계획
	5. 방과 후 학교 운영 계획
	6. 기초학력 책임지도 운영 계획
Ⅱ. 학교 교육 목표	7. 각종 위원회 운영 계획
1. 학교 교육 목표	8. 계획별 목표 등 성과 관리
2. 교육 목표 구현 중점	9. 예산 운영 계획
3. 구현 중점별 세부 추진 계획	10. 기타
4. 특색 사업	
	Ⅵ 학교 교육과정 평가
Ⅲ. 학교 교육과정 편성·운영 계획	1. 학생 평가
1. 기본 방침	2. 학교 교육과정 편성·운영 평가
2. 학교 교육과정 편성표(입학연도별)	
3. 연간 수업 일수 및 수업 시수 확보 계획	〈부록〉
	1. 학교 연혁 2. 학사 일정
	3. 교직원 일람 4. 업무분장표
Ⅳ. 학교 교육과정 운영의 실제	5. 교사 배치도 6. 각종 규정
1. 교과	7. 기타
2. 창의적 체험 활동	

(자료: 김동원, 『학교 교육과정 길라잡이』, 서울: 신정, 2011, p.133)

Ⅱ. 기본 방향 설정

학교 교육과정을 편성하기 위해서는 무엇을 어떻게 할 것인지에 대한 명확한 학교 나름의 원칙을 가지고 있어야 한다.

관련 법규, 기준, 지침, 교과용 도서 및 각종 계획 자료 등을 수합하여 정리한 후, 국가 수준 교육과정과 시·도교육청의 교육과정 편성·운영 지침을 세밀하게 분석하여 학교 교육과정에 반영할 시사점을 추출하게 된다.

그리고 나면 학교 교육활동에 대한 학교상을 정립하게 되며, 학생을 어떻게 볼 것인가에 대한 학생관을 정립하게 된다. 이를 통해서 당해 학교의 교육 목표를 설정하고 학교 교육과정의 성격에 대한 기본 입장을 정리하게 된다.

학교가 교육과정을 정선하기 위해서는 먼저 기본적인 전제로서 검토해야 할 것들이 있는데, 공통적으로 유의해야 할 몇 가지 문제를 제시하면 다음과 같다

첫째, 국가 수준 교육과정과 시·도 편성·운영 지침을 세밀히 분석하여 학교 교육과정에 반영할 시사점을 추출해야 한다.

교육부가 고시한 국가 수준의 교육과정 기준과 교과서, 교사용 지도서 등을 세밀하게 검토하는 작업을 교과별로 실시한다. 아울러 지역 특성, 지역 실태, 학생 실태 등을 종합적으로 검토한다.

국가 기준과 지역 지침을 검토할 경우 유의해야 할 일은, 그 기준과 지침이 당해 학교 학습자에게 적합하고 효과적으로 실천할 수 있는가 하는 점이다. 즉 학생들의 수준에 적합한지, 지역 실태를 고려할 때 학습 가능한지, 학생들에게 얼마나 유용한지, 지역적 필요와

요구에 부응하는지 등을 중심으로 살펴보아야 한다.

둘째, 학교 교육활동에 대한 학교상을 정립해야 한다.[1]

먼저, 교육활동에 대한 학교의 생각(觀)을 정리해야 한다. 교육과정을 편성할 때 교육활동, 교육에 대하여 그 학교는 어떠한 생각을 가지고 있는가를 충분히 토의하여, 통일된 그 학교의 교육에 대한 기본적인 생각과 입장을 가져야 한다.

그리고 학교 경영관을 정리해야 한다. 경영 철학을 정립하는 일이다. 이 부분은 학급을 경영하고, 학년을 경영하고, 학교를 경영함에 있어서 어떠한 기본적 경영 방침, 교육 방침을 세울 것인가에 대한 기초 작업이라고 할 수 있다. 또 경영자와 구성원의 인간관, 사회관, 세계관 등과 관련이 있으며, 교원 간의 관계, 교사와 학생과의 인간 관계, 조직, 제도 등의 문제와도 관련되는 부분이다.

셋째, 학생을 어떻게 볼 것인가에 대한 그 학교의 학생관을 정리해야 한다.

학생을 어떻게 볼 것인가에 대한 정리는 현대 사회를 직시해야 하고, 현대 속의 학생을 사실적으로 정확하게 보는 입장을 정리해야 하며, 미래에 그들이 성인이 되었을 때 어떠한 특성, 능력, 태도 등이 대우받고 존중받을 수 있는가에 대한 고찰도 있어야 한다. 설문지 조사나 평소의 관찰 결과를 종합 정리하는 방법을 이용하게 될 것이다.

넷째, 당해 학교의 교육 목표를 생각하고 정리해야 한다.

초등학교의 교육 목적은 초·중등교육법에 규정되어 있고, 교육 목표는 국가 수준의 교육과정 기준에 제시되어 있으나, 이는 포괄적

---

1) 함수곤, 「교육과정의 이해」, 장학(교육연구)사 후보자과정 교재, 국가전문행정연수원, 1999, pp.398~423 참조.

인 목표이므로 이 목적과 목표의 기본 정신을 제대로 살리기 위해서는 당해 학교의 교육 목표를 구체화하여야 할 필요가 있다.

이 구체화된 학교 교육 목표는 그 학교 교육활동의 방향을 제시하고, 자극을 주고, 의욕을 불러일으키고, 기대와 소망을 나타내고, 이념, 철학, 가치 의식을 포함하는 것이므로 신중하게 생각해야 한다.

다섯째, 학생과 교직원 조직의 원칙을 생각하고 정리해야 한다.

먼저, 학생 조직의 원칙을 생각하고 정리해야 한다. 교육과정의 유형과 성격이 정리되면 학습자의 집단을 어떻게 조직하고 편성·운영할 것인가를 연구하고 원칙을 세워야 할 것이다. 학급 편성, 무학년제 운영, 능력별 학습 집단 편성, 특별 보충 과정 운영 집단 편성, 계발 활동 부서 설정, 수준별 교육과정 운영 학습 집단 편성 등이 있을 수 있다.

여섯째, 교직원 조직의 원칙을 생각하고 정리해야 한다.

교육과정의 성격과 유형, 학습자 집단의 조직 등에 맞추어 교사 집단의 조직을 어떻게 할 것인가를 생각해야 한다. 교과별 교사연구 협의회, 동 학년 교과연구협회, 교육과정위원회 업무 부서별 협의회 등이 중요한 예가 되며, 일반 교사, 실기 교사, 보조 교사, 그리고 사무, 기능직의 지원 체제, 직원회의 성격, 연구 협의회, 자체 연수 등도 여기에서 생각해 보아야 할 과제이다.

1. 시사점 추출

국가 수준 교육과정과 시·도 편성·운영 지침을 세밀히 분석하여 학교 교육과정에 반영할 시사점을 추출해야 한다.

국가 수준의 교육과정 기준, 시·도교육청 교육과정 편성·운영 지침과 교과서, 교사용 지도서 등을 세밀하게 검토하는 작업을 교과별로 실시한다. 지역 특성, 지역 실태, 학생 실태를 고려하며, 이를 종합적으로 검토한다.

국가 기준과 지역 지침을 검토할 때 유의할 점은, 그 기준과 지침이 당해 학교 학습자에게 적합하고 효과적으로 실천할 수 있는가 하는 점이다. 즉 학생들의 수준에 적합한지 여부, 지역적으로 학습에 무리가 없는지 여부, 학습의 유용성 여부, 지역적 필요와 요구에 부합하는지 여부 등에 대해 면밀히 검토되어야 한다. 또한 농어촌의 경우 문화적 적합성에 대해서도 관심을 기울여야 한다.

그중에서도 학습자의 능력 수준에 적합한지 여부는 정밀하게 검토해야 한다. 이 부분이 간과되기 때문에 우리는 흔히 전국의 모든 학교에서 동일한 교재로 동일한 수업이 이루어지고 있음을 목도하는 것이다. 학습자의 수준뿐만 아니라 학습 내용의 분량과 시간의 조정 작업 역시 학습의 성패를 가름한다고 할 수 있다. 이를 위해 교과별 학습 내용의 20% 범위 내 증감 운영 및 블록타임제 적용 등이 제시되고 있다.

시사점은 사전 기초 조사를 통해 명확히 드러나게 된다.

2. 학교장 경영관

학교장의 경영관은 학교 경영의 방향에 대해 학교장으로서의 철학·신념을 제시한 것이다. 따라서 효율적인 학교 교육이 이루어지도록 추구하는 인간상을 함께 제시하게 되는데 화려한 수식어보다는 교육 목표와 학교 특색 사업, 노력 중점과 일관된 교육철학이 바탕에 깔려 있어야 한다. 단위 학교 구성원의 수준과 특성이 반영되면 좋다. 이러한 학교장 경영관은 경영자와 구성원의 인간관, 사회관, 세계관 등과 관련이 있으며, 교원 간 인간관계, 교사와 학생과의 인간관계, 조직, 제도 등의 문제와도 관련된다. 따라서 자칫 지나치게 구체적인 제시는 학교 교육 목표와 혼동이 될 수 있다.

학교장의 경영관은 교육기본법 제2조(교육 이념)와 2009 개정 교육과정이 추구하는 인간상과 여기에 지역 여건과 학교의 특수 상황을 고려하여 추구하는 인간상을 도출하게 되는 것이다.

학교장의 경영관 또는 추구하는 인간상은 다양한 형태로 학교 교육 계획에 제시되고 있다. 다음은 그중 몇 가지 사례이다.

□ **학교장 경영관(예시 1)**

용현 학교는 아이들의 배움터다
아이들은 소중하며 존중되어야 한다
학교는 나누고 배려하며 함께 공부하는 곳이다
공부는 끊임없이 지적 호기심을 해결하는 과정이다
호기심은 어울림 속에 재능과 끼의 발휘로 드러난다
재능과 끼는 함께 어울릴 때 더욱 아름다운 빛을 낸다
빛 고운 어린이는 스스로 공부하며 재능을 키우는 어린이다
아름다운 어린이는 품성이 바르고 사이좋게 어울리는 어린이다
빛 곱고 아름다운 어린이는 몸과 마음이 모두 튼튼한 어린이다
빛 곱고 아름다운 어린이가 공부하는 학교가 좋은 학교이다
좋은 학교는 좋은 교사와 좋은 학부모가 합심하여 만든다
좋은 교사는 아이들을 사랑하며 끊임없이 연구한다
좋은 학부모는 학교를 신뢰하며 적극 성원한다
좋은 학교에서 빛 고운 어린이가 자란다
서로 돕는 아름다운 어린이가 자란다
용현은 끼와 어울림이 있는 학교다

(출처: 인천용현초등학교, 2013)

□ 학교장 경영관(예시 2)

(학교관) 학교는 모두가 즐거운 곳 (학생관) 학생은 모든 가능성을 지닌 인격체 (교직원관) 헌신과 봉사를 솔선수범하는 교사 (교육관) 스스로 공부하고, 새로운 생각을 하며, 남을 배려하는 교육

(출처: ○○초등학교 교육과정, 2009)

□ 추구하는 인간상(예시 1)

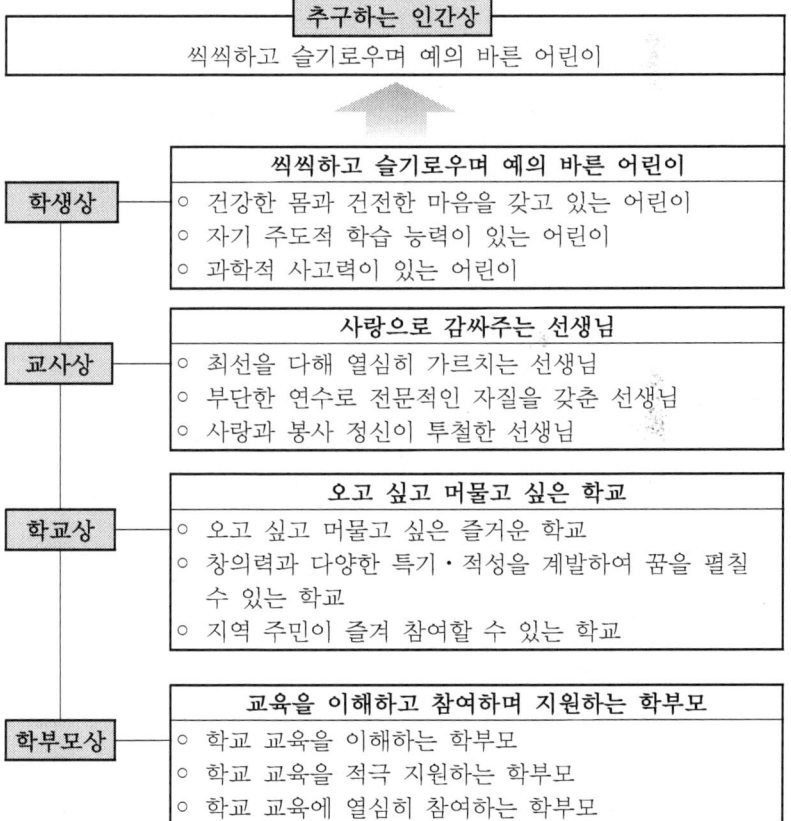

(출처: 충청북도 청주교육청, 학교 교육과정 편성·운영 도움 자료, 2006)

□ 추구하는 인간상(예시 2)

- 즐겁게 공부하며 자기 빛깔을 낼 수 있는 어린이 -
(1) 아름다운 빛을 내는 사람은 남을 배려하는 사람
(2) 아름다운 빛을 내는 사람은 스스로 생각하며 공부하는 사람
(3) 아름다운 빛을 내는 사람은 몸과 마음이 튼튼한 사람

(출처: ○○초등학교 교육과정, 2010)

3. 학교 교육 목표

가. 학교 교육 목표 설정

국가 수준의 교육과정 기준에 제시되어 있는 교육 목적이나 목표
는 포괄적이다. 따라서 이 기본 정신을 제대로 살리기 위해서는 학
교의 제반 여건을 고려하여 실천 가능하게 새로이 교육 목표를 제시
할 필요가 있다.

학교 교육 목표는 학교가 교육활동을 통해서 최종적으로 학생에
게서 성취되기를 원하는 학생의 지적·정의적·신체적 특성을 의미
하며, 당해 연도 학교 교육 계획을 통해서 도달하기를 원하는 보다
구체적인 도달점을 뜻한다.

따라서 교육 목표는 간략하고 명백하며 실감 있게 표현하여 학교
구성원들이 쉽게 이해할 수 있도록 한다. 그리고 학교의 교육활동은
모두 이와 관련을 맺고 있어야 한다.

어떻든 교육 목표는 관계 법령 및 국가 수준 교육과정, 시·도교
육청의 초등학교 교육과정 편성·운영 지침, 교육 지원청의 장학 자
료 등을 근거로 지역, 학교의 실정과 학습자의 신체적·심리적 능력

을 고려하여 설정하도록 한다. 아울러 학교의 교육 목표는 학교장을 중심으로 학교 구성원 전체의 의사를 집약하여 구체적이고도 실천 가능한 것으로 정해야 한다. 가끔씩 학교 구성원들은 자기 학교의 교육 목표가 무엇인지도 모르는 경우를 볼 수 있다. 이런 학교의 경우 학교 교육과정 편성·운영 계획 수립을 특정한 교사 몇몇이서 한 경우이다.

교육 목표의 진술 방식은 특별히 정해놓은 것은 없다. 다만 학교의 구성원들이 모두 교육 목표를 명확히 인식할 수 있도록 진술하되, 논리적이고 일관성을 유지하도록 하면 된다. 대체로 3~4개의 항목으로 설정되는 것이 보통이다.

나. 학교 교육 목표 형태[2)]

학교 교육 목표는 어떻게 진술하는가에 따라 몇 가지 형태로 구분해볼 수 있다.

1) 단순 진술: 한 목표에 한 인간상을 단순형으로 표현하는 방식
① 설정한 인간상이나 행동을 비문장식으로 짧게 항목별로 설정하는 방법
   (예) 창의성 함양
② 한 항목에 한 인간상을 문장식으로 표현하는 방법
   (예) 창의적인 학생을 기른다.
③ 행동과 인간상을 문장으로 써서 단일성으로 표현하는 방법
   (예) 즐겁게 공부하고 창의적으로 생각하는 어린이

---

2) 충남초등교육과정연구회, 학교 교육과정 편성·운영 도움 자료(2002) 참조.

2) 복합 진술: 일반 목표와 구체 목표로 나누어 표현하는 방식

① 일반 목표를 앞에 놓고 구체 목표를 단어나 항목별로 표현하는
방법

　(예) 과학적인 사고력을 기른다. - 합리적인 생활

② 일반 목표를 짧게 진술하고 구체적인 목표를 단어나 항목별로
표현하는 방법

　(예) 사회성 신장 - 친구와 서로 어울려 사이좋게 지낸다.

3) 외국사례: 구미의 선진국에서는 거대하고 포괄적인 목표보다
는 학생과 학교의 입장에서 학생 행동으로 나타나도록 표현하
는 방식을 많이 택함.

① 학생의 입장에서 행동으로 옮길 수 있게 표현

　(예) 우리는 깨끗한 환경을 스스로 만듭니다.

　　　우리는 어른을 공경하며 바르게 생활합니다.

② 학교의 입장에서 학생 행동으로 표현하는 방식

　(예) 어른을 스스로 공경하는 어린이로 자랍니다.

다음은 학교 교육 목표 제시 사례이다.

□ 학교 교육 목표(예시)

교육 목표
(1) 새로운 것에 대한 호기심과 탐구심이 강한 어린이(자주인) (2) 나보다 남을 먼저 생각하고 서로 돕는 어린이(도덕인) (3) 몸과 마음이 건강하고 용기 있는 어린이(건강인) (4) 새롭고 아름다운 것을 찾아 즐기며 만들어가는 어린이(창조인) (5) 다양한 특기·적성·취미를 키우는 어린이(재능인)

(출처: ○○초등학교 교육과정, 2008)

□ 학교 교육 목표 구현 흐름도(예시)

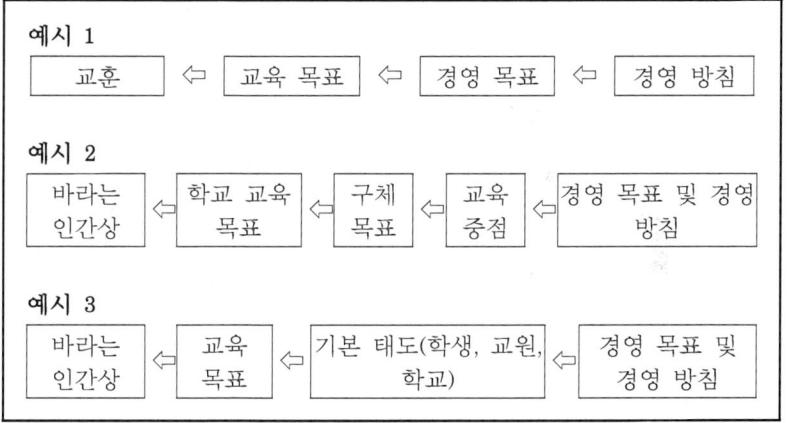

(출처: 경상남도교육청, 학교 교육과정 편성·운영 도움 자료, 2003)

□ 학교 교육 목표 구현 체계(예시)

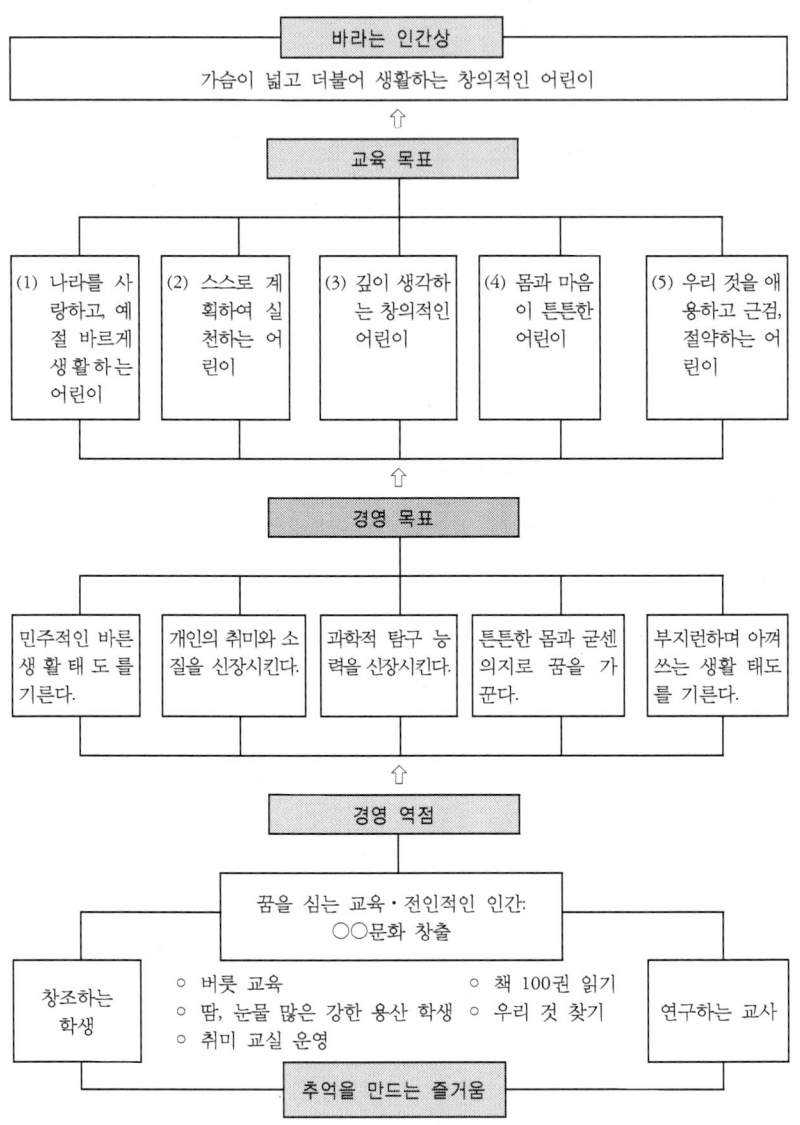

바라는 인간상

가슴이 넓고 더불어 생활하는 창의적인 어린이

⇧

교육 목표

| (1) 나라를 사랑하고, 예절 바르게 생활하는 어린이 | (2) 스스로 계획하여 실천하는 어린이 | (3) 깊이 생각하는 창의적인 어린이 | (4) 몸과 마음이 튼튼한 어린이 | (5) 우리 것을 애용하고 근검, 절약하는 어린이 |

⇧

경영 목표

| 민주적인 바른 생활 태도를 기른다. | 개인의 취미와 소질을 신장시킨다. | 과학적 탐구 능력을 신장시킨다. | 튼튼한 몸과 굳센 의지로 꿈을 가꾼다. | 부지런하며 아껴 쓰는 생활 태도를 기른다. |

⇧

경영 역점

꿈을 심는 교육 · 전인적인 인간:
○○문화 창출

| 창조하는 학생 | ○ 버릇 교육　　　　　　　○ 책 100권 읽기
○ 땀, 눈물 많은 강한 용산 학생　○ 우리 것 찾기
○ 취미 교실 운영 | 연구하는 교사 |

추억을 만드는 즐거움

(출처: 경기도용인교육청, 용인 학교 교육과정 이렇게 편성·운영합니다. 2005)

4. 교육 중점 과제

대부분의 학교에서 교육 목표 달성을 위해 학교에서 중점적으로 추진해야 할 과제를 선정하여 제시하고 있다. 학교 교육 목표에 따른 교육 중점은 학교에 따라 노력 중점, 경영 중점 등의 여러 가지 용어가 사용되나, 고정적이고 획일적인 관념을 탈피하고 학교의 특색 있는 교육을 위해 학교 나름으로 용어를 사용하면 된다.

교육 목표의 경우 지·덕·체를 중심으로 진술하는 관행으로 인해 함축적인 뜻이 다른 학교와 특별히 다르지 않다. 그러나 교육 중점은 학교의 특색이 반영되게 되므로 학교마다 다르게 진술된다. 학교에 따라 교육 목표와 연계하여 제시하기도 하고, 교육 중점 과제별로 제시를 하기도 하며, 초등학교 교육 강조점에 따른 반영 사항을 제시하기도 한다.

교육 목표와 연관하여 교육 중점을 제시할 경우, 교육 목표와 연관하여 설정된 교육 중점은 다음과 같은 점을 고려하여 정한다.

① 교육 중점은 학교 교육 목표를 잘 반영하고 있는가?
② 교육 중점은 학교의 제반 여건과 부합하는가?
③ 교육 중점은 학부모, 교사, 학생들의 요구를 충분히 수렴하여 설정되었는가?
④ 교육 중점 실천을 위한 시간 배당은 어떻게 하고 있는가?
⑤ 시·도교육청 및 교육 지원청의 역점 사업이 반영되어 있는가?

다음은 교육 목표, 교육 중점(경영 목표), 구현 내용(경영 방침) 등을 연계하여 제시한 사례이다.

교육 목표	교육 중점	구현 내용
1. 고운 심성으로 바른 행동을 실천하는 학생	1.1. 실천 위주의 인성 교육 1.2. 효 실천 교육 강화	1.1.1. 좋은 친구 수호천사 프로그램 운영 1.2.1. 효 체험 학습 전개

다음은 교육 중점 과제 중심으로 제시한 사례이다.

학력 신장을 위한 수업방법 개선	⇨	○ 학생활동 중심의 다양한 수업 전개 ○ 준비된 학습, 책임지는 수업 전개 ○ 수업 연구 및 수업 공개 활성화 ○ 교수-학습 정보 자료의 공유 및 확충
기초 기본 학력 책임 지도제 실시	⇨	○ 사이버 자율평가 실시 ○ 기초 기본 학습 지도프로그램 운영
학력 신장을 위한 평가 방법 개선	⇨	○ 학력 제고를 위한 다양한 평가 방법 적용 ○ 학업성적관리위원회 설치 운영
독서교육의 활성화	⇨	○ 학년군별 독서 논술 지도 자료 보급 ○ 하루 5분 책 읽어주기 운동 전개 ○ 사이버 독서 교실 운영 ○ 학교 도서관 운영의 활성화
바른 생활 습관 형성지도	⇨	○ 기본이 바로 된 어린이 지속적 추진 ○ 진로 교육 및 자기 관리 프로그램 운영 ○ 적극적인 정보통신 윤리교육 실시
소질·적성 계발교육 내실화	⇨	○ 다양한 특기 적성 교육 프로그램 운영 ○ 체험 중심의 과학교육 실시 ○ 학년별 기초 체력 육성 프로그램 실시

(출처: ○○초등학교 교육과정, 2008)

다음은 초등학교 교육 강조점에 따른 반영 사항 예시(창의·인성 교육) 사례이다.

강조점	시사점	교육과정 반영	대상학년	반영 영역		
				교과	창의적 체험활동	지원
지식기반 사회를 주도할 창의력 교육 강화	학교 내에 존재하는 인프라를 바탕으로 개인의 다양성을 계발하고 독창적이고 유용한 지적 가치를 생산할 창의적인 인간 육성	○ 학생 중심 교육과정 운영	1-6	○	○	○
		○ 교육과정과 연계한 과학 자유 탐구 강화	1-6	○	○	○
		○ 체육·보건 교육의 활성화	1-6	○		
		○ 생활 현장 중심의 저탄소 녹색성장 교육 활성화	1-6	○	○	○
나눔과 배려 중심의 인성 교육 강화	전 교육활동을 통하여 민주주의의 이상 실현과 나눔, 배려를 중심 교육활동이 상위가치로 이루어져야 함.	○ 체험중심의 인성 교육	1-6	○	○	○
		○ 더불어 살아가는 공동체의식 함양 교육	1-6	○	○	
		○ 자율, 책임 중시 생활지도	1-6			○
		○ 동아리 활동 강화	1-6	○		○
		○ 나눔과 배려 중심의 인성 교육	1-6		○	
		○ 민주적이고 건전한 청소년문화 정착	1-6	○	○	
세계화·정보화 시대에 대응할 능력 배양	급변하는 사회에 적응하기 위한 질적 개선, 대응 능력 배양, 국제적 경쟁력 강화 등의 변화를 꾀하여야 함.	○ 외국어(한자) 교육 활성화 기반 구축	1-6			○
		○ 세계 문화에 대한 이해 증진 교육 강화	1-6	○		
		○ 창의성을 신장하는 내실화	1-6	○		
		○ 탐구·실험 중심의 과학교육 활성화	1-6	○		
		○ e-스쿨 강화	1-6			○
		○ 창의적 인재 육성을 위한 개별화 교육	1-6	○		
지역사회와 연계한 향토문화 예술 계승교육 강화	내 고장 향토문화 예술의 바른 이해를 위해 지역별 다양한 향토문화 예술 체험 학습으로 애향심과 심미적 정서를 함양시켜야 함.	○ 전통 문화 체험의 날 운영	1-6		○	
		○ 녹색 성장 교육	1-6	○	○	
		○ 1교 1향토문화 예술 교육 지도	1-6	○	○	
		○ 자치 단체와 연계한 향토 문화 예술 축제 연계 운영	1-6		○	○

(출처: ○○초등학교 교육과정. 2009. 수정·보완)

5. 노력 중점

학교마다 교육 계획을 수립할 때 특색 사업과 노력 중점 추진 계획을 제일 앞머리에 제시하고 있다. 그러나 우리는 그 둘을 명확히 구분하지 않으면서 서로 어떤 교육활동은 특색 사업으로 또 어떤 교육활동은 노력 중점으로 구분하여 제시하고 있다.

그 둘이 구분되지 않으면 굳이 서로 다른 표현을 쓸 필요가 있을까 싶다.

특색 사업은 그야말로 그 학교만의 독특한 교육활동이라고 볼 수 있다. 특정 학교는 그 학교 나름으로 다른 학교와 다른 차별화된 교육의 장이 있을 수 있다. 이런 관점에서 보면 특색 사업은 그 학교의 여건을 십분 활용하여 특정의 교육활동 효과를 극대화하고자 하는 것으로 볼 수 있다.

특색 사업은 그 학교만의 독특한 교육활동이므로 학교 구성원이나 학생의 입장에서는 매우 자랑스러운 활동이 되는 셈이다. 이러한 특색 사업이 점차 깊이를 더해 가면 그 자체로 그 학교만의 멋진 학교 문화와 전통이 만들어지는 것이다.

반면 노력 중점은 특정 학교가 지속적으로 관심을 가지고 추진해 나아갈 교육활동이라고 할 수 있다. 그것은 학부모의 요구, 교사의 요구일 수도 있고, 물론 학생의 요구에 의한 것일 수도 있다. 그런가 하면 교장의 경영관이 반영될 수도 있으며, 시대를 반영한 거창한 담론의 결과일 수도 있다.

예를 들어, 학교 폭력이 심한 학교에서는 인성 교육을 강화하는 교육활동을 지속적으로 할 수 있을 것이며, 초등학교의 경우는 독서 활동을 체계적으로 할 수도 있을 것이다.

어떻든 노력 중점은 학교 공동체 구성원의 의견을 바탕으로 학교의 특성에 맞게 수립되어야 하며, 학생들에게 다양하고 질 높은 교육을 제공해주기 위한 특별한 교육활동이므로 실천 가능하도록 학교와 지역 사회의 물적·인적 자원을 활용하여 교육적 효과를 높여야 한다.

노력 중점은 학교 구성원들의 합의로 이루어지게 되므로 가급적 중·장기적으로 계획을 수립하여 지속적이고 일관성 있는 교육활동이 되도록 해야 한다.

Ⅲ. 학교 교육과정 시안 작성

1. 교육과정 편제

초등학교는 공통 교육과정의 적용을 받는다. 초등학교의 교육과정 편제는 10개 교과와 1개의 비교과 영역으로 구성되어 있다. 그리고 다시 10개의 교과는 국어, 수학, 영어, 체육 등 4개의 교과와 사회/도덕, 과학/실과, 예술(음악/미술) 등 3개의 교과 및 교과군으로 재편성된다. 다만 과학만은 학년에 따라 단일 교과가 되기도 하고, 교과군으로 편성되기도 한다. 이를 도식화하면 다음과 같다.

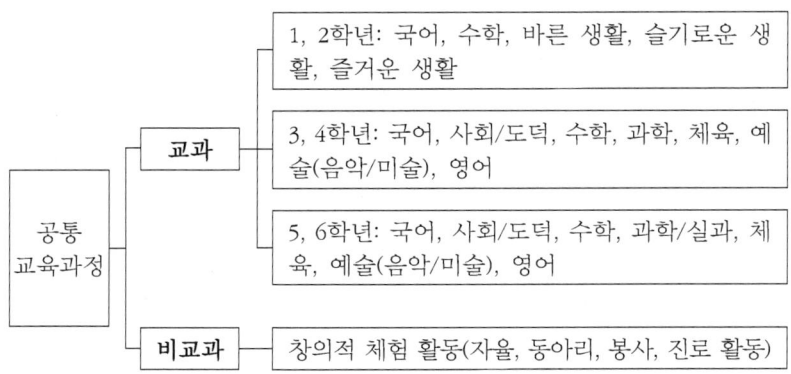

바른 생활, 슬기로운 생활, 즐거운 생활 등 저학년 통합 교과 교육과정은 교과와 교과 간의 통합을 지양하고 생활 경험 중심의 대주제와 활동 주제에 의한 통합 운영을 강조하고 있다.

창의적 체험 활동은 학생들의 기초 생활 습관 형성, 공동체 의식의 함양, 개성과 소질 발현에 중점을 두고 있다.

2. 시간 배당

초등학교의 시간 배당은 학년군별, 교과(군) 및 영역별로 배당된 시간은 연간 34주를 기준으로 하고 있다. 학교 교육과정 운영의 자율성을 보장하기 위하여 학년군별 수업 시간 운영은 교과(군)의 경우 기준 수업 시수를 적용하며, 창의적 체험 활동은 최소 수업 시수를 적용하도록 하고 있다. 기준 수업 시수는 교과 교육과정을 융통성 있게 그리고 탄력적으로 운영하기 위해 도입되었으며, 교과(군) 수업 시수의 20% 범위 내에서 증감 운영이 가능하도록 하고 있다. 물론 이 경우 증감의 합은 반드시 0과 같거나 보다 많도록 하여 학년군별로 제시된 총 수업 시수를 반드시 충족해야 한다.

시간 배당 기준은 다음의 표와 같다.

다음의 표에서 1시간 수업은 40분을 기준으로 하되, 기후 및 계절, 학생의 발달 정도, 학습 내용의 성격 등과 학교 실정을 고려하여 탄력적으로 편성·운영할 수 있다. 여기서 주의할 것은 40분을 기준으로 하는 것과 탄력적으로 편성·운영하는 것에 대한 관계 문제이다. 이 부분은 블록타임제를 설명할 때 자세히 언급하도록 한다.

구분		1, 2학년	3, 4학년	5, 6학년
교 과 (군)	국어	국어448	408	408
	사회/도덕	수학256	272	272
	수학		272	272
	과학/실과	바른 생활 128	204	340
	체육	슬기로운 생활 192	204	204
	예술(음악/미술)		272	272
	영어	즐거운 생활 384	136	204
창의적 체험 활동		272	204	204
학년군별 총 수업 시간 수		1,680	1,972	2,176

3, 4학년의 경우 국어과 기준수업 시수는 주 5일 수업에 따라 감축된 시간 수이므로 학교에서는 442시간을 기준수업 시수로 운영할 수 있다.

실과는 5, 6학년에만 개설된 교과이므로 당연히 수업 시간은 5, 6학년 과학/실과의 수업 시수에만 포함된다.

1학년 학생들의 입학 초 적응 교육을 위해 창의적 체험 활동의 시수를 활용하여 자율적으로 운영하도록 하고 있다. 창의적 체험 활동은 자율 활동, 동아리 활동, 봉사 활동, 진로 활동으로 구분하며, 각 영역에 대한 시간 배당을 어떻게 할 것인가는 전적으로 학교의 문제이다. 학년 간의 차이가 있으므로 모든 학년군에서 각 영역을 고르게 분산 운영할 필요는 없다.

3. 교육과정 편성 시 고려할 문제들

학교에서 가장 혼란을 일으키는 부분이 바로 시간 배당과 관련된다. 왜냐하면 위에서 열거한 것들이 서로 독립적으로 일어나는 것이

아니라 서로 연관을 가지고 있기 때문이다. 이를 그림으로 나타내면
다음과 같다.

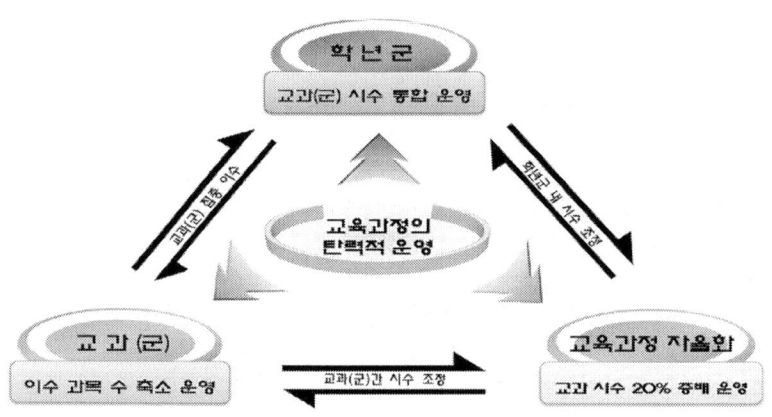

〈그림 4-1〉 2009 개정 교육과정 주요 개념들 간의 상호 관계

<그림 4-1>에서 보는 바와 같이 학년군은 교과(군)의 시수 통합
운영 또는 교과(군) 내의 시수의 자율 편성과 관련된다. 그리고 교과
(군)은 이수 과목 수 축소 운영을 가능하게 하며, 이 둘이 복합적으로
작용하여 집중이수제 운영을 가능하게 한다. 이 경우 집중이수제 운
영을 동일 학년만을 대상으로 할 경우는 학년군의 의미는 희석된다.

마찬가지로 교육과정 자율화는 교과 시수 증감 운영과 연관되므
로 교육과정 자율화와 교과(군)을 하나의 틀로 보면 교과(군) 간 시
수 조정과 연관된다. 그리고 교육과정 자율화와 학년군을 연관하면
학년군 내 시수 조정을 도출할 수 있다.

이러한 개념들은 2009 개정 교육과정이 고시되고 처음 접하는 개
념이라 일선 학교에서는 모두 낯설어하고 있다. 그러나 이런 개념들

이 적용되기 전에 먼저 큰 틀에서 연간 수업 일수와 연간 총 수업 시수 등과 관련된 것들을 먼저 정해놓아야 한다.

가. 시간 배당: 연간 수업 일수와 연간 총 수업 시수와의 문제

초·중등교육법 시행령은 주 5일 수업제의 운영 형태를 세 가지로 제시하고 있다.[3] 그러나 대부분의 학교에서 전면 실시를 할 가능성이 있으므로 이를 중심으로 검토해보는 것이 실익이 있다.

주 5일 수업을 전면 실시할 경우 연간 수업 일수는 190일 이상이다. 그러나 연간 총 수업 시수는 연간 220일 이상을 수업 시수로 할 때와 변함이 없다. 이는 결국 주당 평균 수업 시수가 증가한다는 말이다. 대체로 연간 수업 일수는 주 6일 및 34주 수업을 기준으로 할 때 204일이 산정된다.[4] 그리고 220일과 204일 간의 차이 일수가 융통성 있는 시간으로 활용되어 왔다. 이런 관점에서 본다면 융통성 있는 운영 시간은 더 이상 의미가 없어졌다. 만약 190일로 교육과정을 편성한다면 여기에서 다시 14일이 감소되므로 주당 평균 수업 시수가 증가할 수밖에 없다. 수업 일수를 무제한으로 늘릴 수는 없으므로[5] 결국은 주당 수업 시수를 부분적으로 증가하는 방법을 모색해야 한다.

---

3) 초·중등교육법 시행령 제45조(수업 일수) ① 법 제24조 제3항에 따른 학교의 수업 일수는 다음 각호의 기준에 따라 학교의 장이 정한다. 다만 다음 각 호의 기준의 10분의 1의 범위에서 수업 일수를 줄일 수 있으며, 이 경우 다음 학년도 개시 30일 전까지 관할청에 보고하여야 한다.
　1. 초등학교·중학교·고등학교·고등기술학교 및 특수학교(유치부를 제외한다)
　가. 주 5일 수업을 실시하지 아니하는 경우: 매 학년 220일 이상
　나. 주 5일 수업을 월 2회 실시하는 경우: 매 학년 205일 이상
　다. 주 5일 수업을 전면 실시하는 경우: 매 학년 190일 이상
4) 34주×6일=204일.
5) 195일을 하한선으로 수업 일수를 정할 것을 권하는 시·도교육청도 있다.

연간 총 수업 시수는 34주를 기준으로 만들어졌다. 6학년의 경우 1,088시간[6]이 되며, 이는 당연히 한 주의 수업 일수는 6일을 전제로 한 것이다. 이제 주 5일 수업제가 전면 시행되면 과거 6일에 하던 수업을 5일에 해야 한다는 단순 계산이 된다. 결국 6학년의 경우 6일 동안 평균 32시간 운영하던 시간 수를 5일에 운영하게 되므로 1일 수업 일수는 6시간 이상이 된다. 따라서 이 연간 수업 시수 및 시수 운영에 대한 합의가 사전에 학교 구성원 간에 이루어져야 한다.

어떻든 시수 산정을 면밀히 해야 하며, 다음과 같이 요일별 수업 시수를 먼저 설정하고 그 기준에 맞추어 학급별로 수업 시수를 정하는 방법이 좋다.

① 1학년 학생들의 입학 초 적응 교육을 위해 창의적 체험 활동 시수를 몇 시간으로 할 것인가?

② 학년별 주당 수업 시수를 몇 시간으로 할 것인가?

③ 교과(군)의 수업 시수 증감 운영을 어떻게 할 것인가?

④ 학년군 적용을 통한 교육과정 재구성을 어떻게 할 것인가?

⑤ 집중이수제를 운영할 것인가?

⑥ 창의적 체험 활동의 하위 영역 간 학년별 배분을 어떤 기준으로 할 것인가?

⑦ 수업 일수 산출은 적정한가?

나. 교육과정 자율화 문제

주 5일 수업제가 전면 실시됨으로써 과거와 같은 34시간 시수 감

---

6) 34주×32시간=1,088시간. 여기서 주당 32시간은 교과와 비교과의 시간을 34주로 나눈 값이다.

축의 혜택은 없다.

교과 시수는 학교의 실정이나 학급의 실정에 따라서 20%의 범위 내에서 증감 운영이 가능하도록 하고 있다.[7] 물론 20% 범위 내에서 반드시 증감을 하라는 의미는 아니므로 학교에서 신축적으로 교육과정을 운영할 수 있다. 어떻든 이 부분도 사전에 학교 구성원 간의 합의가 이루어져 있어야 한다. 즉 학교 또는 학년 차원에도 동일하게 시수 증감 운영을 할 것인지, 학급 단위로 시수 증감 운영을 할 것이지 하는 것이 그것이다.

2009 개정 교육과정은 학습내용을 20% 감축하고 있으므로 학급에서 이를 다양하게 활용할 수 있을 것이다. 즉 블록타임제 운영, 수준별 수업 운영, 학습 훈련, 평가 등과 같은 시간이 그것이다. 이런 점에서 보면 시수 증감 운영은 학급 단위로 이루어지는 것이 바람직하다고 볼 수 있다.

어떻든 시수 증감 운영은 결국 교육과정 재구성을 전제로 한다. 따라서 그저 교과서 진도 나가기로는 교과 시수 운영은 파행을 겪을 공산이 크다. 이는 과거에 학년 말이 되면 총 복습 등과 같은 용어가 등장했었던 것을 상기하는 것으로 충분하다.

다. 집중이수제 운영의 문제

2009 개정 교육과정은 학년군 및 교과(군) 운영을 담고 있다. 학년군 운영은 담임 연임을 통한 교과 시수의 탄력적 적용이 핵심이다. 교과(군)의 경우도 마찬가지로 교과군 내의 교과 운영의 탄력성에 그 핵심이 있으며, 이 둘은 집중이수제로 구체화된다. 그런데 초

---

7) 그러나 여기서도 체육과와 예술(음악/미술) 교과군은 기준 시수를 준수하도록 규제하고 있다.

등학교의 경우 집중이수제 운영은 학교에 자율로 맡겨져 있는 형편이다. 만약 집중이수제를 운영하는 학교가 있다면 그 학교는 1, 2학기 수업 일수를 가급적 맞추어야 한다.[8]

집중이수제를 적용할 것인지, 그렇다면 어떤 교과군에서 적용할 것인지는 사전에 협의되고 학부모를 대상으로 설문되어야 할 것이다. 그리고 집중이수제 운영의 경우 학년 단위, 학기 단위를 생각해 볼 수 있을 것이며, 학기를 단위로 할 때는 전입생 문제를 고려하여 학년을 양분하여 2개 교과를 교차 운영할 수도 있다. 다만 이 경우 학년이 1개 학급인 경우는 적용할 수 없다.

집중이수제의 도입은 이로 인해 학년 또는 학기당 이수 교과 수가 적으므로 학생 입장에서는 학습량이 줄어든다는 실익이 있다. 그러므로 집중 학습을 통한 학습 집중도를 높일 수 있게 된다. 물론 이수 교과수가 줄어들게 되므로 책가방 무게도 줄어드는 부수적인 효과도 있다. 여기에 학습 준비물까지 더하면 그 의미는 적지 않다.

라. 블록타임제 적용의 문제

교과와 창의적 체험 활동의 내용 배열은 반드시 학습의 순서를 의미하는 것이 아닌 예시적인 성격을 지니고 있으므로, 필요한 경우에 지역의 특수성, 계절 및 학교의 실정과 학생의 요구, 교사의 필요에 따라 각 교과목의 학년별 목표에 대한 지도 내용의 순서와 비중, 방법 등을 조정하여 운영할 수 있다.[9]

여기서 학습 방법의 조정과 관련하여 제안된 것이 블록타임제 운

---

8) 초등학교는 1학기 18주, 2학기 16주로 운영되도록 교과 내용이 구성되어 있다.
9) 교육과학기술부, 초등학교 교육과정(2012)의 학교 급별 공통 사항 참조.

영이다. 블록타임제 운영은 과거의 단순한 40분 분절 수업에서 탈피하여 연속 차시 형태로 수업을 운영하는 것을 말한다. 즉 미술 수업이 주당 1~2시간인 경우, 학생들이 주어진 시간을 활용하여 작품 완성에 어려움이 있으므로 3~4시간 연속 수업을 진행할 경우 학생들에게는 작품의 완성도를 높일 수 있고, 교사에게는 효과적인 수업이 가능하게 된다. 현재와 같이 수업이 1시간 단위로 운영되는 경우 과제의 완성을 도모하지 못한 문제점이 개선될 수 있으며, 과제 완성에 따른 성취감과 정서 함양에도 기여할 수 있게 된다.

블록타임제를 적용하게 되면, 1일 운영되는 교과목 수가 줄어들게 되어 학생들 입장에서는 책가방 무게를 줄일 수 있을 뿐만 아니라 학습 밀도를 높일 수 있다. 이는 일방적인 강의식 수업에서 벗어나 다양한 형태의 학습 지향과도 맥을 같이한다.

블록타임제를 적용할 경우 제기되는 문제는 동 학년의 모든 학급이 동일하게 적용해야 하는가라는 것이다. 이는 학급 교육과정 운영으로 문제 해결이 가능하다. 어떻든 이 부분도 사전에 학교 구성원의 합의가 필요하다. 아울러 내년부터 적용되는 1, 2학년의 주제 중심의 통합 교과는 차시통합의 형태이기는 하지만 블록타임제 운영이 불가피하다.

마. 융합인재교육 운영의 문제

또 하나 교육과정 편성에서 주의를 기울일 것은 최근에 교육계의 화두로 등장한 융합인재교육 운영과 관련된 것이다. 융합인재교육과 관련하여 연구학교들의 연구내용들이 차곡차곡 쌓이고 있고, 많은 학교에서 관심을 가지고 있다. 여기에 덧붙여 교육과학기술부에서는

2012년부터 융합인재교육을 운영하는 학교를 대상으로 관련 교실 구축을 위한 예산을 지원하고 있다.

융합인재교육(STEAM)은 과학(Science), 수학(Mathematics), 기술(Technology), 예술(Art), 공학(Engineering)을 따서 만든 통합교육의 한 방법이다.

STEAM 교육은 딱딱한 교육 방식이 아닌 학습자의 흥미 증진과 탐구 및 토론학습, 소통과 협력의 수업을 지향해서 다양한 실험과 체험 활동을 통해 수학, 과학을 따분하게 여기던 학생들이 관심을 갖고, 즐겁게 공부하도록 만드는 것이 목표이다. 이러한 교육은 과거와 같은 교과별 분절된 학습을 지양하고 과학, 수학, 기술, 예술, 공학 등을 대상으로 상호 연관 지어 시간을 운영하도록 하고 있는 이 교과 간의 통합 운영이다. 일반적으로 운영 형태는 주제를 중심으로 하게 되는데 여러 교과를 통합하여 운영한다는 것이 쉽지는 않으나 2013년부터는 아예 융합인재교육을 제도적으로 운영하도록 요구하고 있다. 즉 학기별로 적어도 2주제를 중심으로 20차시 이상을 운영하도록 하고 있는 것이다. 이러한 운영은 필연적으로 관련 교과 교육과정의 재구성 문제가 핵심으로 떠오르게 된다. 따라서 이 역시 교육과정 편성에서 사전에 고려되어야 한다.

바. 그 외 고려할 문제들

앞에서 제기한 문제들 외에도 고려해야 할 문제들이 있다.

교과 교육과정을 편성할 경우 사전에 검토하고 학교 구성원 간에 합의를 해두어야 할 것들은 다음과 같다.

1) 연간 수업 일수의 산정

연간 수업 일수는 190일 이상이면 되나 수학여행, 심성 수련 훈련, 천재지변 등을 고려할 때 3~5일 정도 수업 일수를 늘려 잡는 것이 좋다.

2) 학교 행사 운영 시간의 처리

① 시업식, 방학식, 개학식 등 비교적 행사시간이 짧은 경우는 이러한 시간들을 전일로 할 것인지, 수업 시간과 연계할 것인지를 결정해야 한다. 수업 시간과 연계하여 운영할 경우는 예를 들면 시업식 2시간, 교과 2시간 등과 같이 운영할 수 있다.

② 현장체험학습, 체격(력)검사, 학예회, 체육대회 등 전일이 소요되는 경우: 창의적 체험 활동[10]으로 운영할 수도 있으며, 교육활동에 따라 교과 교육과정을 재구성하여 운영할 수도 있다. 물론 교과와 창의적 체험 활동을 연계하여 운영하는 방법도 있다.

어떻든 이러한 것들은 사전에 학교교육과정위원회에서 기획 단계부터 명확히 해 두도록 해야 한다. 고려사항이 사전 합의되고 나면 이를 지침 형태로 학교 교육과정에 반영하게 된다.

Ⅳ. 교과 교육과정 편성 계획

학교 교육과정에 반영된 지침 형태의 세부 내용을 토대로 학급 교

---

10) 수학여행, 심신수련활동(극기훈련) 등에 대해서는 교과 활동으로 운영하는 경우 세밀한 교육과정 재구성이 필요하다. 가급적 교과 활동 이외의 시간으로 활용하는 것이 바람직하다.

육과정을 편성하게 된다. 동 학년의 각 학급 구성원인 개개 학생들의 학습 능력이나 수준이 서로 상이하다는 점에서 학년 단위의 교육과정 편성은 지양해야 한다.

학급 교육과정은 대체로 다음과 같은 순서로 편성하게 된다.

① 주당 평균 수업 시수를 산정하여 배당한다.

② 연간 수업 일수를 산정한다.

③ 연간 수업 시수 배당표를 작성한다.

④ 연간 행사 계획 수립 및 행사 시간 배당표를 작성한다.

⑤ 월별 교육활동 세부 시간 배당 계획을 작성한다.

1. 주당 평균 수업 시수 배당

주당 평균 수업 시수는 1일 수업 시간이 6교시가 넘지 않도록 한다. 주당 평균 수업 시수 배당을 위해서는 다음과 같은 점들이 충분히 논의되어야 한다.

① 주 5일 수업제가 전면 적용되어도 시수 감축은 없다.

② 학년별 요일별 평균 수업 시수에 대한 학교 나름의 기준을 가지는 것이 좋다.

③ 각종 연수, 동호회 활동 등을 감안하여 주중 하루는 수업 부담을 줄여주는 것이 좋다. 물론 이 경우도 연간 수업 시수를 염두에 두고 탄력적으로 적용하도록 해야 한다. 다음은 이러한 것들을 감안한 요일별 수업 시수 배당 사례이다. 이 표를 중심으로 실제 수업 시수가 산정된다.

요일 학년	월	화	수	목	금	계	비 고
1	4	5	4	5	4	22	○ 3월 첫 주: 1일 3시간(입학 초 적응활동) ○ 3월 2주부터: 3월은 1일 4교시 가정
2	4	5	4(1)	5	4	22	매월 1주 수요일 5교시
3	6	5	4(2)	5	5	25	
4	6	5	4(2)	5	5	25	매월 1, 3주 수요일 5교시
5	6	6	4(2)	6	6	28	
6	6	6	4(2)	6	6	28	

2. 연간 총 수업 일수

① 연간 수업 일수: 대체로 193~195일 정도로 하는 것이 무난하다.

② 1, 2학기 수업 일수: 집중이수제를 운영할 경우는 최대한 같도록 해야 한다.

③ 방학기간: 교사의 각종 연수, 방과 후 학교 운영, 혹서기 및 혹한기 등을 감안하여 학교 나름대로 정할 수 있다. 이 외에도 단기방학(예, 효방학)을 학교 나름으로 정해서 운영할 수 있으며, 이 경우 학부모들이 맞벌이를 하는 경우가 많으므로 반드시 기초 조사를 할 때 학부모를 대상으로 설문을 하도록 하고 실시 전에 충분히 가정에 알려주도록 한다.

3. 연간 총 수업 시수

학년군 내에서의 교과별 시수는 2007 개정 교육과정의 학년별 시간 수에 준하여 학년별로 배분하여 기준을 삼으면 된다. 다음은 학년별로 시간 배당을 한 사례이다.

가. 1, 2학년군

학년		1학년						2학년					
	교과	1~2학년						1~2학년					
		2013학년도		2014학년도				2012학년도		2013학년도			
		기준	1-1	1-2	2-1	2-2	증감	기준	1-1	1-2	2-1	2-2	증감
교과(군)	국어	448	94	116	120	118	0	448	98	110	122	118	0
	수학	256	54	66	70	66	0	256	60	62	68	66	0
	바른 생활	128	29	33	35	33	2	128	30	32	34	32	0
	슬기로운 생활	192	40	50	52	50	0	192	44	48	52	48	0
	즐거운 생활	384	80	100	104	102	2	384	98	100	96	94	4
	교과(계)	1408	297	365	381	369	4	1408	330	352	372	358	4

창의적 체험 활동	영역	기준	1학년		2학년		계	기준	1학년		2학년		계
	자율 활동	272	152		84		236	272	138		104		242
	동아리 활동		4		4		8		2		4		6
	봉사 활동		7		7		14		5		7		12
	진로 활동		7		7		14		5		7		12
	창체(계)	272	170		102		272	272	150		122		272
계		1680	832		852		1684	1680	832		852		1684

1학년은 입학 전 적응 활동을 위해 68시간을 배당하였다. 인성 교육과 기초체력 증진을 위해 바른 생활과 즐거운 시간을 2시간씩 증배하였다. 2학년의 경우 기초체력 증진을 위해 4시간 증배 운영하였다. 이 시간 배당을 기준으로 학급별로 각 교과에 대해 20%의 범위에서 증감 운영하도록 하였다.

나. 3, 4학년군

학년		3학년						4학년					
	교과	3~4학년						3~4학년					
		2013학년도		2014학년도				2012학년도		2013학년도			
		기준	3-1	3-2	4-1	4-2	증감	기준	3-1	3-2	4-1	4-2	증감
교과(군)	국어	408	104	100	104	100	0	408	112	106	98	92	0
	사회/도덕	272	70	67	70	67	2	272	69	65	72	68	2
	(사회)		52	50	52	50			51	49	54	50	
	(도덕)		18	17	18	17			18	16	18	18	
	수학	272	70	66	70	66	0	272	70	66	70	66	0
	과학/실과	204	52	50	52	50	0	204	52	49	53	50	0
	체육	204	52	51	52	51	2	204	52	49	53	52	2
	예술	272	68	68	68	68	0	272	70	66	68	68	0
	(음악)		34	34	34	34			35	33	34	34	
	(미술)		34	34	34	34			35	33	34	34	
	영어	136	34	34	34	34	0	136	34	34	34	34	0
	교과군(계)	1768	450	436	450	436	4	1768	459	435	448	430	4

	영역	기준	3학년	4학년	계	기준	3학년	4학년	계
창의적 체험 활동	자율 활동	204	77	77	154	204	70	87	157
	동아리 활동		8	8	16		10	8	18
	봉사 활동		7	7	14		5	7	12
	진로 활동		10	10	20		7	10	17
	창체(계)		102	102	204		92	112	204
계		1972	988	988	1976	1972	986	990	1976

3, 4학년군의 경우 과학/실과 교과군에서 실제로 실과 영역은 존재하지 않는다. 3, 4학년 역시 인성 교육과 기초체력 증진을 위해 사회/도덕 교과군과 체육을 2시간씩 증배하도록 하였다. 이 시간 배당을 기준으로 학급별로 각 교과에 대해 20%의 범위에서 증감 운영하도록 하였다.

다. 5, 6학년군

학년		5학년						6학년					
	교과	5~6학년						5~6학년					
		2013학년도		2014학년도				2012학년도		2013학년도			
		기준	5-1	5-2	6-1	6-2	증감	기준	5-1	5-2	6-1	6-2	증감
교과(군)	국어	408	104	100	104	100	0	408	98	93	109	108	0
	사회/도덕	272	70	67	70	67	2	272	68	64	70	70	0
	(사회)		52	50	52	50			50	48	54	52	
	(도덕)		18	17	18	17			18	16	20	18	
	수학	272	70	66	70	66	0	272	65	61	74	72	0
	과학/실과	340	87	83	87	83	0	340	85	78	90	87	0
	(과학)		52	50	52	50			50	45	54	52	
	(실과)		35	33	35	33			35	33	36	35	
	체육	204	52	51	52	51	2	204	54	50	52	50	2
	예술	272	68	68	68	68	0	272	70	66	68	68	0
	(음악)		34	34	34	34			35	33	34	34	
	(미술)		34	34	34	34			35	33	34	34	
	영어	204	52	50	52	50	0	204	52	50	51	51	0
	교과군(계)	1972	503	485	503	485	4	1972	492	462	514	506	2

	영역	기준	5학년	6학년	계	기준	5학년	6학년	계
창의적 체험 활동	자율 활동	204	67	67	134	204	102	52	154
	동아리 활동		8	8	16		20	8	28
	봉사 활동		7	7	14		7	5	12
	진로 활동		20	20	40		7	15	22
	창체(계)		102	102	204		136	80	216
계		2176	1090	1090	2180	2176	1090	1100	2190

5, 6학년의 시수 증배 역시 인성 교육과 기초체력 향상을 위한 조치이다. 창의적 체험 활동은 학년군 최소 수업 시간 수가 204시간이나 이미 5학년에서 136시간이 재량 활동 및 특별 활동으로 이수를 하였으므로 6학년에서는 그 여분의 시간, 즉 68시간 이상을 이수하면 된다. 그렇게 되면 6학년의 창의적 체험 활동 시간이 너무 줄어들게 되므로 이를 극복하기 위해 12시간 증배 운영한다. 이는 과도기적 현상으로 2014년부터는 이러한 문제가 모두 해소되므로 따로 고려하지 않아도 된다.

위와 같은 절차가 이루어지면 연간 실제 수업 시간 수를 산정하는 일이 남는다. 실제 수업 시간 수는 월별, 요일별로 자세히 가능 시간을 산출하여야 한다. 다음 표는 그 사례이다.

〈표 4-2〉 월별 요일별 가능 시간 수

월별 / 요일별	3	4	5	6	7	1학기계	8	9	10	11	12	2	2학기계	수업일계
월	4	5	3	4	3	19	1	4	4	4	4	1	18	37
화	4	4	5	4	3	20	1	4	4	4	3	2	18	38
수	4	3	5	3	3	18	2	4	4	4	3	2	19	37
목	4	4	5	4	3	20	2	4	3	5	4	2	20	40
금	5	4	4	5	3	21	2	4	3	5	4	2	20	41
계	21	20	22	20	15	98	8	20	18	22	18	9	95	193

이 표는 193일을 수업 일수로 산정한 것이며, 실제 수업이 이루어지는 날을 추출한 것이다. 즉 3월은 월요일 4회, 화요일 4회 수업이 이루어진다는 것이다. 이렇게 되면, 3월은 21일, 4월은 20일 등과 같이 수업 일수가 정해지게 되며, 최종적으로 학기별 수업 일수와 연

간 수업 일수가 산정된다. 위 표와 주당 수업 시수 배당표를 통해서 요일별, 월별, 학기별, 학년별 수업 시수가 산정된다. 이러한 절차를 거쳐 학년군별로 시수를 산정한 것이 다음의 사례이다.

〈표 4-3〉 학년별 가능한 시간 배당

학년군	기준 시수	학년	학년별 배당 시수	산출 시수	증감
1, 2학년군	1,680	1학년	830	839	+9
		2학년	850	861	+11
3, 4학년군	1,972	3학년	986	994	+8
		4학년	986	994	+8
5, 6학년군	2,176	5학년	1,088	1,118	+30
		6학년	1,088	1,118	+30

위의 표를 보면 학년별로 산출 시수가 학년별 배당 시수보다 9~30시간 정도 많다. 이 시간들은 다음과 같이 활용할 수 있을 것이다. 따라서 당연히 증가된 시간이 발생할 경우 이를 어떻게 활용할 것인가도 사전에 합의가 필요하다. 대체로 다음과 같은 시간들로 활용할 수 있을 것이다.

① 음악, 미술, 체육과 증배(6시간)를 포함하여 필요 교과에 증배 활용할 수 있다.

② 학기별로 치르는 학업성취도평가 등 학교 차원에서 활용할 수 있다.

③ 학기 초 학습 방법의 학습을 위해 담임 재량으로 활용할 수 있다.

④ 특색사업 구현을 위해 활용할 수 있다.

⑤ 지역적 여건을 고려하여 범교과 학습 등 다양한 교육활동에 활

용할 수 있다.

⑥ 하절기 및 동절기에 시수 감축으로 활용할 수 있다.

5~학년의 경우 2014년부터는 창의적 체험활동 시간이 다음과 같이 배당되어 적용된다.

　○ 5~6학년군

영역		기준	5학년	6학년	계	기준	5학년	6학년	계
창의적 체험 활동	자율활동	204	67	67	134	204	67	67	472
	동아리활동		8	8	16		8	8	32
	봉사활동		7	7	14		7	7	28
	진로활동		20	20	40		20	20	80
창체(계)			102	102	204		102	102	204
계		2176	1090	1090	2180	2176	1090	1090	2180

창의적 체험활동은 시수 감축이 허용되지 않고 증감만 가능하다.

4. 연간 행사 계획 및 행사 시간 배당표 작성

연간 행사 계획과 시간 배당표를 작성하는 일은 연간 수업 일수 및 교과별 수업 시수 산정과 깊은 관련이 있으므로 학교에서 실시하는 각종 행사는 빠짐없이 검토하여 교육과정 편성에서 누락되는 일이 없도록 해야 한다.

다음의 표는 연간 행사 계획 및 각 행사에 배당된 시간 수 사례이다.

학교에서 직접 이루어지는 행사를 중심으로 표를 만들어 전체 교무회의 등을 통해 시수를 어떻게 할 것인지를 정하는 것은 연간 수업 시수를 편성할 때도 용이할 뿐만 아니라 교사 개개인이 각각의 행사에 대한 준비, 계획 등을 보다 치밀하게 할 수가 있게 된다.

〈표 4-4〉 연간 행사 계획 및 시수 산출 예시 자료

학기	행사명	행사일	시수	예상할 수 있는 운영 형태	비고
1	시업식	3.2.	2	수업 전 행사	
	심성수련활동	4.9~11.	18	(1안) 창의적 체험 활동(행사활동) (2안) 전일로 수업 일수 확보	3일
	과학한마당축제	4.20.	4	창의적 체험 활동(과학과 연계)	
	...	...	...	...	...
	방학식	7.21.	1	수업 후 행사	
2	개학식	8.21.	1	수업 전 행사	
	수학여행	10.22.~24.	18	(1안) 창의적 체험 활동(관련교과) (2안) 전일로 수업 일수 확보	3일
				이하 생략	

5. 월별 교육활동 세부 시간 배당 계획 작성

연간 수업 일수가 산출되고 학교 또는 학년 행사 계획이 마련되면 마지막으로 할 일은 실제로 운영할 월별 교육활동 세부 시간을 배당하는 일이다. 여기서 교과별 시수를 어떻게 할 것인가를 정해야 한다. 계절을 고려하여 월별 또는 주별로 시수를 증감할 수도 있고, 교육과정 자율화 원칙에 따라 교과별 시수 증감을 할 수도 있다.

이러한 과정을 거치고 나면 학급별[11)]로 실제 시간 수를 확정하는 일만 남게 된다. 이를 위해서는 교과(군) 활동, 창의적 체험 활동 편성 계획이 필요하게 된다. 이때 유의할 것은 각 교과(군)별로 실제

---

11) 학급 교육과정 운영을 전제로 한 것이나 많은 학교에서 학년 교육과정을 작성 활용하는 경우가 많으므로 유의해야 한다.

수업 시수를 산출하는 일이다. 예를 들어 3, 4학년군 수학과의 경우 연간 기준 시수는 272시간이다. 이를 3, 4학년 각각 과거와 같이 동일하게 136시간씩 시수 배정을 할 수도 있고 학급 담임에게 시수 배정을 일임할 수도 있다.[12] 시수 배정은 학생들의 인성과 기본 생활 습관 형성이 우선 고려되어야 한다.[13]

가. 집중이수제를 운영할 경우

초등학교에서는 "학교의 여건과 교과(군)별 특성을 고려하여 학년, 학기별로 집중이수를 통해 학기당 이수 교과 수를 감축하여 편성·운영할 수 있다"[14]라고 규정하고 있다. 집중이수제 운영은 현실적으로 학교 여건이 허락하는 학교에서 실시하도록 하고 있으므로 모든 학교에서 적용할 필요는 없다.

집중이수제는 학기 또는 학년을 단위로 운영되므로 초등학교의 경우 이를 운영하려면 학기 단위로 편성하는 것이 가장 적합하다. 초등학교는 모두 2개 교과군이 있으므로 이를 대상으로 집중이수제를 편성하여 운영할 수 있을 것이다.

만약 집중이수제를 운영한다면 1, 2학기의 수업 일수를 조절해야한다. 그래야 특정 교과의 수업 시수 손실을 방지할 수 있다. 집중이수제를 운영하는 경우는 어떤 교과(군)에서 적용할 것인가를 정하는 것이 맨 처음 할 일이다.

---

12) 학년군 운영의 본래적 의미는 여기에 있다. 그러나 이 경우 특정 학년의 연간 수업 시수가 늘어나는 경우가 발생할 수 있으므로 여기에 대한 학교 구성원의 합의가 필요하며, 설문 등을 통한 학부모 의견 수렴과 함께 학교운영위원회의 심의를 하는 것이 좋다.

13) 2009 개정 교육과정 Ⅱ-1-다-(2)항은 "학교는 모든 교육활동을 통해 학생의 인성과 기본 생활 습관을 형성할 수 있도록 교육과정을 편성·운영한다"고 규정하고 있다.

14) 국가 수준 교육과정 Ⅱ-1-다-(5) 참조.

학기 간 수업 시수에 균형을 맞추려 한다면 3, 4학년군에서의 적용은 실과가 학습되지 않으므로 과학/실과 교과군은 제외되며, 예술(음악/미술) 교과군에 한정된다.

운영 방법은 다음과 같다.

1) 예술(음악/미술) 교과군 집중이수제(3~6학년)

초등학교에서 집중이수제를 편성하여 운영한다면 가장 적합한 교과군이 예술(음악/미술) 교과군이다. 음악과 미술은 수업 기준 시수가 동일하기 때문이다. 집중이수제를 운영할 경우 학년 중심으로 편성하는 방안과 학급(군) 중심으로 편성하는 방안이 있을 수 있다. 다음은 학년 중심 교과군 집중이수제 편성 사례이다.

〈표 4-5〉 학년 중심 교과군 집중이수제(3~6학년)

구분	3학년		4학년		5학년		6학년	
	1학기	2학기	1학기	2학기	1학기	2학기	1학기	2학기
교과	음악	미술	미술	음악	미술	음악	음악	미술

다음은 학급(군)을 중심으로 편성한 사례이다.

〈표 4-6〉 학급 중심 교과군 집중이수제(3~6학년)

구분	1학기		2학기	
	A학급(군)	B학급(군)	A학급(군)	B학급(군)
교과	음악	미술	음악	미술

2) 사회/도덕, 과학/실과 교과군 집중이수제(5, 6학년)

초등학교에서 집중이수제를 사회/도덕 및 과학/실과 교과군에서 적용하려고 한다면 몇 가지 고려 사항이 필요하다. 즉 3, 4학년군에서는 실과가 다루어지지 않으므로 과학/실과 교과군은 존재하지 않고 다만 과학 교과만이 있을 뿐이다.

사회/도덕 교과군의 경우 두 교과의 수업 시수 분량에 차이가 나기 때문에 학기 간 수업 시수의 형평을 고려한다면 학기별 교과군 내 교차 이수는 시수 차이로 불가능하다. 결국 사회/도덕 교과군과 과학/실과 교과군을 교차해서 적용하는 수밖에 없다. 따라서 이 경우 5, 6학년 교과군에서만 적용이 가능하다는 결론에 이른다.[15]

〈표 4-7〉 사회/도덕, 과학/실과 교과군 집중이수제(5, 6학년)

구분	5학년		6학년	
	1학기	2학기	1학기	2학기
교과	사회, 실과	도덕, 과학	사회, 실과	도덕, 과학

나. 교과 시수 20% 범위 내 증감 운영의 경우

2009 개정 교육과정 고시 이전까지의 학교 교육과정 편성·운영에 대한 학교의 자율권은 매우 제한적이었다. 모든 학교가 모든 교과에 대해 동일한 시간을 운영함으로써 실제로 자율권이 주어진 영역은 비교과인 재량 활동과 특별 활동에만 존재했던 셈이다. 그러나 2009 개정 교육과정은 학교의 특성, 학생·교사·학부모의 요구 및 필요에 따라 학교가 자율적으로 교과(군)별 20% 범위 내에서 시수

---

15) 이 경우도 사회/도덕 교과군과 과학/실과 교과군 사이의 시수 차이로 인해 학기 간 균등한 시수 운영은 불가능하다.

를 증감하여 운영[16]할 수 있도록 규정하고 있다.

다만 예외적으로 체육, 음악, 미술 등의 교과에서만은 교과 특성상 기준 시수를 감축하지 못하도록 하고 있다. 오히려 체육의 경우 학생들의 체력 증진과 인성 교육 차원에서 시수 증배 운영을 권하고 있다. 또한 도덕, 실과 등의 교과도 연간 시량이 절대적으로 적은 탓에 가급적 시수 감축을 하지 않도록 하고 있다. 결국 교과는 국어, 수학, 사회, 과학, 영어 등에 한정된다.

사회/도덕 및 과학/실과의 경우 방법상의 인접성, 생활양식에서의 연관성 등을 고려하려 교과군으로 재분류하였으므로 두 교과의 통합 등을 통해 시수를 증감 운영할 수 있다.

여기에서 주의할 것은 시수 증감 원칙은 교과 교육과정에만 적용되는 것이므로 창의적 체험 활동을 감축해서는 안 된다. 창의적 체험 활동은 그 성격상 증배만 허용된다고 보면 된다.

어떤 교과를 어떻게 증감하든 전체 시수는 학년군 총 수업 시간 수 이하로 되게 하여서는 안 된다. 따라서 시수 증감 형태는 다음과 같은 세 가지 경우뿐이다.

---

(1) 증감 균형 중심 운영: 증배 시간 수 = 감축 시간 수
(2) 증배 중심 운영: 증배 시간 수 〉 감축 시간 수
(3) 순증 중심 운영: 증배 시간만 적용

교과 시수를 증감하고자 할 경우는 증감 원칙을 사전에 설정하고 운영하여야 한다. 이러한 증감 운영을 결정하는 교육과정 모형은 다음과 같다.

---

16) 국가 수준 교육과정 Ⅱ-1-다-(4)항 참조.

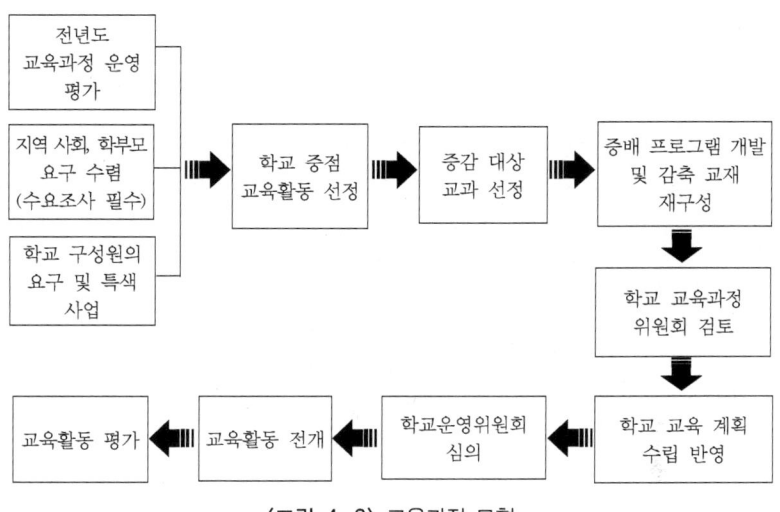

〈그림 4-2〉 교육과정 모형

　　한편 증감을 할 경우 그저 특정 교과의 시수를 덜어내고 더하는
것이 아니라 그에 합당한 이유가 있어야 한다. 이러한 합당한 이유
는 학교 교육 중점으로 드러나게 된다. 예를 들면 다음과 같다.

〈표 4-8〉 교과 시수 증배 운영 모형

학교 교육 중점	교육활동 강화 내용	비고
기초・기본 교육 강화	○ 기초・기본 학습 강화 ○ 수준별 학습 강화 ○ 학교 특색, 체험 활동 등	학교 교육 중점에 따라 '순증 중심', '증배 중심' '증감 균형' 방식 적용
예술・체육 교육 강화	○ 체육대회(체육), 기초체력 향상 프로그램 등 ○ 학・예술 프로그램(음악, 미술) 운영 ○ 학교 특색, 체험 활동 등	
외국어 교육 강화	○ 의사소통 중심 영어 교육 강화 ○ 외국어 교육 관련 체험 활동 ○ 외국어 교육 관련 학교 특색 등	

다음은 특정 교육활동 강화를 위한 시수 증감 모형이다.

물론 여기에 제시한 모형은 매우 제한적이다. 따라서 학교에서는 이를 준용하여 학교 나름의 모형을 만들어 활용할 수도 있다.

보다 중요한 것은 결국 학급 교육과정에 있을 것이므로 학교 교육과정에서는 다음의 해당 내용 중 개략적인 선에서 지침 형태로 제시하는 것이 좋다. 왜냐하면 증감 운영은 학생들의 수준을 고려한 것이며, 당연히 학급 간 학생들의 수준이 동일할 수는 없기 때문이다. 따라서 다음에 제시된 각종 시간 수는 설명의 편의이며, 개별 학급에 따라서는 해당 과목의 시수 증배를 하더라도 학급 간에 차이가 있다는 점을 이해해야 한다.

그리고 이러한 증감 운영은 학교 구성원들 간에 충분한 협의가 이루어진 후에 적용하는 것이 좋다.

1) 기초 · 기본 교육 강화

① 학교별 학업 성취 수준이 낮은 교과의 수업 시수를 증배하여 운영할 수 있다.

② 기초 · 기본 학력을 강화해야 하므로 순증 또는 증배 중심으로 교과 수업 시수를 조정할 수 있다.

〈표 4-9〉 기초 · 기본 교육 강화를 위한 교과별 시수 증감 편성의 예(6학년)

교과	기준 시수	시수 증배	시수 감축	증감 적용 시수	비고
국어	204	8		212	○ 독서 교육 강화
수학	136	8		144	○ 기초 학습 강화
○○	68		−6	62	○ 단원 재구성을 통한 시간
○○	68		−10	58	감축
계	476	16	−16	476	

2) 예술·체육 교육 강화

① 기초 체력 강화 및 체육 관련 체험 활동을 학교 특색 교육활동으로 추진하고자 할 경우 체육 시간을 증배 운영할 수 있으며, 학년 체육 대회 개최 등 학교의 특색을 살려 운영할 수 있다.

〈표 4-10〉 예술·체육 교육 강화를 위한 교과별 시수 증감 편성의 예(5학년)

교과	기준 시수	시수 증배	시수 감축	증감 적용 시수	비고
체육	102	17		119	○ 체육·음악·미술 순증
음악	68	6		74	○ 학기 중, 학기 말 탄력 운영
미술	68	6		74	
계	238	29	0	267	○ 29시간 순증

② 학습자·학부모의 요구를 반영한 예능 중심의 특색 있는 학교를 운영하고자 할 경우 음악, 미술 시간을 증배하여 운영할 수 있다.

3) 외국어(영어) 교육 강화

외국어(영어) 수업 시수를 증배하여 의사소통 중심의 영어 체험 교실 운영을 활성화하도록 한다.

〈표 4-11〉 외국어(영어) 교육 강화를 위한 시수 증감 편성의 예(4학년)

교과	기준 시수	시수 증배	시수 감축	증감 적용시수	비고
○○	204		−4	200	○ 단원 통합 및 재구성을 통한 시수 감축
○○	68		−2	70	
○○	68		−2	70	
영어	68	12		80	○ 체험 교실 운영
계	408	12	−8	412	

4) 자율학교 유형 및 주요 운영 내용

위의 모형과는 달리 자율학교의 경우는 그 학교가 운영하는 특정한 목적에 맞추어 편성 모형을 정하여 편성할 수 있다. 자율학교는 다음과 같은 유형이 있다.

〈표 4-12〉 자율학교 유형

종류	자율학교 주요 운영 내용	학교급		
		초	중	고
사교육 없는 학교	○ 정규 교육과정과 방과 후 학교 연계 운영 ○ 수준별 수업 및 자체 교재 개발 적용	○	○	○
학력 향상 중점학교	○ 기초 학력 부진 학생을 고려한 교육과정 운영 ○ 수업 개선과 기초 기본・교육 강화	○	○	○
농산어촌 전원학교	○ 자연 친화적 환경과 e-러닝 첨단 시설 활용 ○ 농산어촌의 미래 발전을 견인하는 모델 개발	○	○	

① 사교육 없는 학교 및 학력 향상 중점 학교 교육과정 편성의 예 (초 4학년)

사교육 없는 학교는 정규 교육과정을 방과 후 학교 운영 프로그램과 연계하여 편성・운영할 수 있으며, 자체 교재를 개발 활용하여 수준별 수업을 할 수 있도록 지정한 학교를 말한다.

〈표 4-13〉 사교육 없는 학교 교육과정 편성 사례

교과	기준 시수	시수 증배	시수 감축	증감 적용 시수	비고
수학	136	10		146	○ 17시간 순증 운영 ○ 방과 후 학교 프로그램과 연계
국어	204		-7	197	
영어	68	7		75	
음악	68	7		75	
계	476	24	-7	493	

<표 4-14> 학력 향상 중점 학교 교육과정 편성의 예(초등학교 4학년)

교과	기준 시수	시수 증배	시수 감축	증감 적용 시수	비고
국어	204	10		214	○ 순증 운영
수학	136	10		146	○ 순증 운영
영어	68	5		73	
사회/도덕	136		−5	131	○ 감축 운영
과학	102		−2	100	
계	646	25	−7	664	

② 농산어촌 전원학교 교육과정 편성

농산어촌 전원학교는 자연 체험 학습장 등 자연 친화적 시설과 IPTV 등 첨단 e－러닝 교실을 갖추어 자연과 첨단이 조화된 환경이 교육과정 운영에 반영된다.

<표 4-15> 농산어촌 전원학교 교육과정 편성의 예

교과	기준 시수	시수 증배	시수 감축	증감 적용 시수	비고
국어	204	5		209	○ 5시간 증배
사회/도덕	136		−5	131	○ 5시간 감축
수학	136	10		146	○ 10시간 증배
과학	102		−5	107	○ 5시간 감축 ○ 융합인재교육 프로그램
체육	102	2		104	○ 2시간 증배
음악/미술	68/68			68/68	
영어	68	10		78	○ 10시간 증배
창체활동	102			102	○ 주제 중심 수업
연간 총 시수	1,088	27	−10	1,105	○ 17시간 순증

V. 창의적 체험 활동의 편성

창의적 체험 활동은 교과 이외의 활동으로서 교과와 상호보완적 관계에 있으며, 앎을 적극적으로 실천하고 나눔과 배려를 할 줄 아는 창의성과 인성을 겸비한 미래지향적 인재 양성을 목적으로 한다.[17]

창의적 체험 활동은 자율 활동, 동아리 활동, 봉사 활동, 진로 활동 등의 4개 영역으로 구성된다. 창의적 체험 활동에 배당된 시간 수는 학생의 요구와 학교의 실정에 따라 융통성 있게 배정하여 운영할 수 있다. 이 경우 기준 시간보다 더 많은 시간을 확보하여 운영할 수 있으며, 학생들의 발달 단계를 고려하여 학년별로 활동 영역 및 내용을 선택하여 분산 또는 집중 운영 등 다양한 방법으로 편성할 수 있다.

초등학교의 창의적 체험 활동은 학생의 기초 생활 습관의 형성, 공동체 의식의 함양, 개성과 소질의 발현에 중점을 둔다.

창의적 체험 활동의 4개 영역이 서로 연계되고, 창의적 체험 활동과 교과가 연계되며, 지역 사회와 연계되도록 편성하도록 한다.

1. 창의적 체험 활동과 교과

창의적 체험 활동은 근본적으로 성취 목표 단위로 쪼개어진 시간 운영이 아닌 학생들의 다양한 경험을 다양한 지역, 다양한 사회 규모에 따라 학습할 수 있도록 다양한 시간 운영을 하는 데 목표가 있

---

17) 교육과학기술부, 「초·중등학교 창의적 체험 활동 교육과정」(2009 개정 교육과정 2009. 12. 23), 교육과학기술부 고시 제2009－41호.

다. 따라서 창의적 체험 활동은 교과에서 부족한 경험을 학생들이 풍부하게 할 수 있도록 하고, 교과 활동은 학생들의 경험을 창의적 체험활동에 연계될 수 있도록 하는 것이 필요하다. 즉 교과에서 배운 지식을 바탕으로 다양한 경험을 할 수 있도록 하는 상호보완적 관계가 되도록 해야 한다. 예를 들면 도덕과의 경우 '공경'에 대해 학습을 한 후 가까운 양로원을 방문하여 이를 실천해볼 수 있을 것이다. 결국 창의적 체험 활동의 운영은 교과 교육과정의 면밀한 검토를 그 출발점으로 삼을 수 있다.

즉 과거의 재량 활동이나 특별 활동처럼 구태의연한 활동이 되지 않도록 각별한 주의가 요구된다. 예를 들면, 동아리 활동을 과거 계발 활동의 다른 얼굴일 것이라는 해석이나 창의적 체험 활동이 교실 속에서만 이루어지는 구태의연함도 피해야 한다.

2. 창의적 체험 활동 편성 모형

2009 개정 교육과정은 학년군별로 기준 시수가 제시되어 있다. 그리고 그 시수 운영은 학생의 요구, 학교의 실정 등에 기초하여 학년별로 융통성 있게 배정하여 운영할 수 있도록 하고 있다. 교과 교육과정의 경우 아직은 2009 개정 교육과정에 맞는 교과서가 전면 개발되지 않은 관계로 이러한 운영이 다소 무리일 수 있으나 창의적 체험 활동은 2009 개정 교육과정을 지금 당장 가장 적절히 운영할 수 있다. 즉 창의적 체험 활동의 하위 4개 영역을 어떻게 편성할 것이며, 학년군 내 학년별 시간을 어떻게 배정하는가에 따라 얼마든지 다른 모습의 창의적 체험 활동이 될 수 있으며, 이러한 운영 형태는

그 학교 나름의 독특한 문화를 창출할 수 있을 것이다.

창의적 체험 활동은 시수를 중심으로 교육과정을 편성하는 방법을 생각해볼 수 있을 것이며, 활동 내용을 중심으로 편성하는 방법을 생각해볼 수도 있다. 시수 배당 중심은 학년군 단위의 시수를 학년별로 어떻게 배정하는가 하는 데 따른 편성 방식이다. 활동 내용 중심의 편성은 동일한 활동을 전 학년 또는 학년군별로 적용할 것인지, 학년 특성을 고려하여 강화 활동을 다르게 하여 적용할 것인지에 따른 편성 방식이다. 이 둘은 결국 서로 결합되어 나타날 것이므로 경우의 수는 다음 표와 같다.

〈표 4-16〉 창의적 체험 활동 편성 모형

활동 내용 중심 시수 배당 중심	동일 활동 내용	중점 강화 활동 내용
균등 시수 배당	균등 시수-동일 활동	균등 시수-중점 강화 활동
차등 시수 배당	차등 시수-동일 활동	차등 시수-중점 강화 활동

표에서 균등 시수 배당 편성은 학년별 창의적 체험 활동 시수를 102시간으로 동일하게 배정하는 방식을 의미한다.[18] 그리고 차등 시수 배당 편성은 특정 학년에 시간을 더 배당하는 방식을 의미한다. 즉 5, 6학년을 예로 들면, 5, 6학년 모두 102시간이 아니라 5학년에 120시간, 6학년에 84시간을 배정하여 편성을 할 수도 있는 것이다.

또한 활동 내용 중심 편성에서 동일 활동 내용 중심 편성은 창의적 체험 활동 하위 영역별로 동일한 내용을 편성하는 방식을 의미하

---

18) 1학년의 입학 초기 적응 활동 시간은 자율 활동으로 편성될 것이므로 여기에서는 제외하고 논의한다.

며, 중점 강화 활동 내용 중심 편성은 학년별로 강화할 내용을 선정하여 편성하는 방식을 의미한다.

가. 균등 시수-동일 활동 중심 편성 형태

학년별로 동일한 시수를 적용하며, 하위 영역별 활동 내용을 전 학년 또는 학년군 별로 동일한 내용으로 편성하는 방식이다. 1~4학년을 예로 들면 대체로 다음과 같은 편성 형태가 된다. 물론 5, 6학년도 동일한 형태의 편성이 된다.

〈표 4-17〉 균등 시수-동일 활동 중심 편성 형태

학년군	구분	자율 활동		동아리 활동		봉사 활동		진로 활동		시수 계
		활동	시수	활동	시수	활동	시수	활동	시수	
1, 2	1	적응, 행사	62[19]	스포츠 활동	20	교내 봉사	10	자기이해	10	102
	2	적응, 행사	62	스포츠 활동	20	교내 봉사	10	자기이해	10	102
3, 4	3	적응, 행사	52	스포츠 활동	30	교내 봉사	10	정보탐색	10	102
	4	적응, 행사	52	스포츠 활동	30	교내 봉사	10	정보탐색	10	102

물론 이 경우 하위 활동 내용은 복수의 활동으로 나타날 것이 일반적이라고 생각된다. 예를 들면, 자율 활동의 경우 적응 활동, 행사 활동 이외에도 특색 활동, 자치 활동 등이 학년 수준에 맞게 편성되는 것이 일반적이라 할 수 있다. 그리고 더욱 세분화하면 인성 교육, 한자 교육, 정보통신 활용 교육, 학예회, 체육대회 등으로 구체화할 수 있다.

---

19) 입학 초기 적응 활동 시간은 제외한 것임.

나. 균등 시수-중점 강화 활동 중심 편성 형태

학년별로 동일한 시수를 적용하되, 하위 영역별 활동 내용은 학년 단위로 편성하는 방식이다. 대체로 다음과 같은 편성 형태가 된다.

〈표 4-18〉 균등 시수-중점 강화 활동 중심 편성 형태

학년군	구분	자율 활동		동아리 활동		봉사 활동		진로 활동		시수계
		활동	시수	활동	시수	활동	시수	활동	시수	
3, 4	3	적응, 행사	62	문화예술 활동	20	교내 봉사	10	자기이해	10	102
	4	적응, 행사, 특색	62	스포츠 활동	20	자연보호 활동	10	정보탐색	10	102
5, 6	5	적응, 행사, 특색	62	청소년 단체	20	캠페인 활동	10	진로계획	10	102
	6	적응, 행사,자치	62	실습 노작	20	지역사회 봉사	10	진로체험	10	102

학년군 또는 학년 특색을 가장 잘 반영하는 편성 방식이라고 할 수 있다. 물론 여기서도 활동 내용은 학교의 실정이나 지역 사회의 요구 등에 따라 다양한 형태로 나타날 수 있을 것이다.

다. 차등 시수-동일 활동 중심 편성 형태

학교에 따라서는 학년군 내 학년별로 시수 편성을 다르게 하는 방법을 생각해볼 수 있다. 즉 창의적 체험 학습으로 학년군에 주어진 시수 204시간을 학년별로 서로 다르게 편성하는 방법이다. 이 경우는 반드시 동일 학년군은 담임교사가 동일해야 한다는 전제가 따라야 한다. 그래야 운영의 일관성을 기할 수 있을 것이기 때문이다.

이 경우 역시 활동 중심 단위를 동일하게 편성하는 것을 생각해볼 수 있을 것이며, 다음의 형태를 띠게 될 것이다.

<표 4-19> 차등 시수-동일 활동 중심 편성 형태

학년군	구분	자율 활동		동아리 활동		봉사 활동		진로 활동		시수계
		활동	시수	활동	시수	활동	시수	활동	시수	
3, 4	3	적응, 행사	72	문화예술	15	자연보호	5	자기이해	10	102
	4	적응, 행사	62	문화예술	25	자연보호	5	자기이해	10	102
5, 6	5	행사, 특색	52	문화예술	25	자연보호	15	진로체험	10	102
	6	행사, 특색	42	문화예술	20	자연보호	20	진로체험	20	102

사실 2009 개정 교육과정에서 학년군 운영은 이러한 학급 담임의 연임제를 염두에 두고 있음을 상기할 필요가 있으며, 교과 교육과정과 달리 창의적 체험 학습은 특정한 교과서가 있는 것이 아니므로 학교의 실정이나 학교 구성원들의 의지 등에 따라서 적용할 수 있다.

라. 차등 시수-중점 강화 활동 중심 편성 형태

그런가 하면 시수도 학년별로 차등을 두어 운영하고 활동 내용 역시 학년의 요구 및 수준을 고려하여 다르게 편성하는 방법도 생각해 볼 수 있다. 대체로 다음의 형태를 띠게 될 것이다.

<표 4-20> 차등 시수-중점 강화 활동 중심 편성 형태

학년군	구분	자율 활동		동아리 활동		봉사 활동		진로 활동		시수계
		활동	시수	활동	시수	활동	시수	활동	시수	
3, 4	3	적응 활동	72	문화예술	15	교내 봉사	5	자기이해	10	102
	4	행사 활동	62	스포츠 활동	25	자연보호	5	자기이해	10	102
5, 6	5	특색 활동	52	실습 노작	25	지역사회 봉사	15	진로계획	10	102
	6	자치 활동	42	청소년단체	20	캠페인	20	진로체험	20	102

어떻든 차등 시수를 적용할 경우 각 영역별 시수를 얼마로 할 것인가는 전적으로 학교의 실정에 달린 문제이다.

이 경우 주의를 기울여야 할 것은 무엇을 강화할 것인가의 문제보다 교육과정 편성 주체를 어떻게 설정하는가에 있다. 즉 학급 단위의 교육과정을 운영하는 경우 전체 학급 간 활동의 차이가 발생하게 마련이다. 집중과 선택에 치중하여 특정 영역의 활동을 중심으로 운영할 경우 학년 간 또는 학년군 간 연계에 문제가 발생할 수도 있다는 것이다. 다음은 창의적 체험 활동 편성의 몇 가지 예이다.[20]

〈표 4-21〉 학년군별 특색을 반영한 편성

세부 영역						시간 배당	비고
1학년	2학년	3학년	4학년	5학년	6학년		
자율 활동(적응 활동)						○	
		동아리 활동		동아리 활동		◎	
봉사 활동		봉사 활동		봉사 활동		⊗	
·		진로 활동		진로 활동		△	
범교과 학습		범교과 학습		범교과 학습		▽	
·		ICT 활용		보건 교육		◎	
계						272/204	1~2(276), 3~6(204) 이상

〈표 4-22〉 국가·학교·학년 요구를 반영한 편성

영역	세부 영역	영역별 지도 시간					
		1학년	2학년	3학년	4학년	5학년	6학년
국가 요구 수준	보건 교육					○	○
	ICT 활용	△		△		△	
학교 요구 수준	자율 활동(녹색 성장)		△		△		△

---

20) 인천시교육청, 위의 책, p.55.

학년 요구 수준							
	자율 활동(자치)			◎	◎	◎	◎
	자율 활동(적응)	▢					
	자율 활동(행사)	⊗	⊗	⊗	⊗	⊗	⊗
	봉사 활동	○	○	○	○	○	○
	동아리 활동			▽	▽	▽	▽
	진로 활동	▢		▢		▢	
계		276		204		204	

한편 다음과 같이 창의적 체험 활동 모형을 제시한 경우도 있다.[21]

활동 내용 시간 배당	전 학년 동일 활동 중심	학교 특색 활동과 학년별 특색 활동 절충형	학년별 특색 활동 중심
학년별 균등배정	Ⅰ-A	Ⅰ-B	Ⅰ-C
학년별 차등배정	Ⅱ-A	Ⅱ-B	Ⅱ-C

이 모형은 앞의 모형에서 중점 강화 활동을 학교 특색활동과 학년별 특색활동으로 보다 세분화하였다는 점을 제외하면 운영 형태는 대동소이하다.

3. 하위 영역의 선택

위에서 제시한 창의적 체험 활동 편성 모형은 다소 단순하다. 실제 운영 시에는 그보다 훨씬 많은 상황들이 고려될 수 있을 것이다. 그러나 여기에서 간과하지 말아야 할 것은 어떤 형태를 띠더라도 학급, 학년군, 학교의 관계를 잘 고려해서 편성해야 한다는 점이다.

창의적 체험 활동은 선택과 집중 편성이 가능하다. 학년 또는 학

---

21) 서울시교육청, 『창의적 체험 활동 길라잡이』, 2010 참조.

년군별로 일부 영역에 집중하여 시수 배정이 가능할 수도 있으나, 학년군에서는 가급적 영역별에 어느 정도는 시수 배정을 하라는 의견도 있는 만큼 너무 확산되지 않도록 하는 것이 중요하다. 즉 학년군 단위로 볼 때 네 가지 영역이 시수 차이는 있을 수 있으나 모두 편성될 수 있으면 된다.

4. 편성 시기에 따른 유형

① 정일제: 매주 같은 요일 같은 시간에 실시하는 형태
② 전일제: 2주에 한 번 격주로 3(6)시간씩 실시하는 형태
③ 집중 운영: 한 달에 한 번 정도 하루 종일 실시하는 형태
④ 혼합형: 주제에 따라 2~3개의 운영 방식을 혼합하는 형태

5. 활동 집단에 따른 유형

① 학급별 운영: 학급별로 서로 다른 내용의 프로그램을 집중 운영하는 형태
② 학년별 운영: 학년별로 활동 주제를 결정하여 중점적으로 운영하는 형태
③ 학년군별 운영: 각 학년군별로 활동 주제를 달리 정하여 운영하는 형태

6. 창의적 체험 활동 편성 시 고려사항

창의적 체험 활동의 운영은 학교 나름의 고유한 방법을 택할 수도 있을 것이나 몇 가지 점에서 주의를 요한다.

가. 창의적 체험 활동의 시수 감축 문제

창의적 체험 활동은 교육과정에 제시된 최소 시수 이상을 반드시 편성·운영하도록 하며 학교의 필요에 따라 기준 시간(단위)보다 더 많은 시간을 확보하여 운영할 수 있다. 주의할 것은 창의적 체험 활동은 수업 시수 20% 감축 운영 대상이 아니므로 시수를 감축 운영하는 사례가 발생하지 않도록 해야 한다.

나. 창의적 체험 활동 시간의 편법 운영 문제

창의적 체험 활동은 교과 외 활동이므로, 교과 관련 심화학습 활동 중심의 동아리 활동 등은 지양해야 한다. 그리고 학교의 행사활동 중 수련활동, 국토순례, 수학여행 등은 일회성 행사에서 벗어나 주제 탐구형 현장체험학습으로 프로그램을 보완하여 운영하도록 한다. 또한 행사 활동의 경우, 시·도교육청의 지침에 의해 별도의 시간으로 확보·운영할 수 있다.

다. 정보통신 활용교육 등의 운영 문제

정보통신 활용교육, 보건교육, 한자교육 등은 교과(군)와 창의적 체험 활동 시간을 활용하여 지도하되, 별도의 의무 교육 시간은 없으므로 학교 재량으로 편성·운영한다. 다만 보건교육의 경우 최소한 1개 학년 이상은 연간 17차시 이상 정규교육과정에서 보건교육이 지속적으로 이루어질 수 있도록 하고 있다.[22]

또한 '우리들은 1학년'과 같은 입학 초기 적응 활동을 자율 활동 시간을 통해 운영하게 된다. 이와 관련해서는 시·도교육청 단위에서 관련 교육 자료를 개발 보급하고 있으므로 자료 활용의 문제는 없다. 다만 시수 배정은 학교의 자율권에 속하는 문제이다.

라. 창의적 체험 활동의 통합 운영 문제

창의적 체험 활동은 교과 및 4개 활동 영역 간 통합운영을 권장하며, 통합 운영 시 두 영역에 시수를 중복으로 배분하지 않도록 한다. 예를 들어 동아리 활동과 봉사 활동을 통합하여 5시간 운영할 경우, 동아리 활동 5시간, 봉사 활동 5시간으로 시수를 배정하는 것은 안 된다.

마. 창의적 체험 활동과 범교과 학습

창의적 체험 활동과 범교과 학습 및 자기 주도적 학습과의 연계 운영 시, 별도의 시간을 확보하여 운영하기보다는 해당 교육 목표가 창의적 체험 활동의 하위 영역 및 세부 활동 속에 자연스럽게 포함될 수 있도록 편성·운영하도록 한다.

바. 창의적 체험 활동의 담당

창의적 체험 활동 담당은 모든 교사가 담당할 수 있다. 다만 담임 교사에게 업무과중이 되지 않도록 하며, 교사의 수업 시수로 인정하도록 한다.

---

22) 교육과학기술부, 「교과부 주요 교육정책 안내」, 2012.12. 참조.

사. 창의적 체험 활동의 시간 운영

창의적 체험 활동은 학교의 필요에 따라 기준 시간(단위)보다 더 많은 시간을 확보하여 운영할 수 있으며, 시간 운영은 통합, 집중 등 다양한 방식으로 융통성 있게 할 수 있다.

활동의 내용, 조직 단위, 장소, 시설 등 규모와 여건을 고려하여 정일제, 격주제, 전일제, 집중제 등과 같이 융통성 있게 운영할 수 있다.

아. 그 외 체험 활동 시 고려 사항

① 생활보호대상, 저소득층 자녀 등의 비용 부담에 관한 문제는 학교에서 정하는 대로 따르게 된다. 여기에 관해서는 이미 수학여행, 현장체험학습 등 관련 교육활동을 준용할 수 있을 것이다.

② 창의적 체험 활동과 관련한 학생 안전사고에 대비한 학교안전공제회, 여행자보험 가입 등은 반드시 철저히 하도록 하여야 한다.

③ 창의적 체험 활동 장소인 청소년 수련시설의 '청소년 활동 안전공제회' 가입 여부를 반드시 확인하여야 한다.

Ⅵ. 교육과정 편성 시 유의할 점

지금까지 교육과정 편성과 관련하여 다양한 경우에 대해 논의하였다. 결국 2009 개정 교육과정은 편성상의 다양한 변수들로 인하여 개별 학교 단위의 교육과정이 만들어질 수밖에 없음을 보았다. 말하자면 집중이수제를 운영하는 학교와 그렇지 않은 학교, 교과 시수 증감 운영을 하는 학교와 그렇지 않은 학교, 또한 시수 증감 운영을 하더라도 어떤 활동에 더욱 역점을 두는가에 따라서도 편성 내용은 사뭇 달라진다.

더구나 학급 교육과정을 들여다보면 블록타임제를 운영하는 경우와 그렇지 않은 경우도 달라진다. 물론 블록타임제를 적용하더라도 어떤 교과의 어떤 내용에 적용하는가에 따라서도 달라진다. 따라서 학급 간의 교육과정도 서로 다른 모습을 하게 된다. 이렇게 본다면 학년 교육과정이라는 것은 별로 의미가 없어지게 된다는 점을 이해하는 것이 중요하다.

학급 교육과정은 그 학급 학생들의 수준, 학습 능력 등을 고려한 것이므로 그 학급에 고유한 교육설계도이다. 따라서 학생들에게 맞는 내용으로 정선 조직될 때 학습 효율이 커질 것은 자명한 일이다.

학급 교육과정의 편성

Ⅰ. 교과 교육과정 분석 및 단원 편성

교과 교육과정을 편성할 경우 포함시켜야 할 구성 요소에는 교과(군) 목표, 지도 중점, 지역화 내용, 교수·학습 방법, 평가 방법 등이 있다. 그렇다고 해서 반드시 이렇게 해야 할 필요는 없으며, 학교 나름으로 지역의 특성과 학교의 실정을 고려하여 창의적으로 구성하면 된다.

교과 교육과정을 학교 교육과정에서 다루는 경우는 대체로 두 가지 형태로 나타나고 있다. 하나는 학년(급) 교육과정 편성을 위한 지침 형태로 단순화하여 제시하는 경우이고, 다른 하나는 학교 교육과정 편성 계획에 이를 모두 담아 활용하는 경우이다. 과거에는 학년 교육과정을 주로 활용하여 학년의 모든 학급이 거기에 맞추어 교육 과정을 운영하였다. 그러나 2009 개정 교육과정은 교육과정 편성에 다양한 변수가 존재하여 그런 편의는 더 이상 의미가 없어졌다. 따라서 다음 내용들은 학급 교육과정 편성에 효율적으로 활용할 수 있다. 물론 학년에서 공동으로 분석을 하고 이를 토대로 각 학급의 여건을 고려하여 적용하는 것이 효과적이다.

교과 교육과정 분석 및 편성 자료 작성을 위해서는 다음과 같은 점을 고려해야 한다.

1. 교과 교육과정 분석

가. 교육 목표 분석

교육 목표는 국가 수준 교과 교육과정에 제시되어 있다. 그러나 그 목표 수준이 개별 학교의 학생들 수준에 적합한지는 면밀히 검토해야 한다. 그 결과 목표를 상향 조정할 것인지, 아니면 하향 조정할 것인지를 정해야 한다.

① 국가 수준 기준에는 교과별로 학교급별 학년 목표가 제시되어 있지 않으므로, 각 학교에서 학급 교육과정 편성 시에 당해 학년의 학습자 실태 및 특성 등을 고려하여 적정한 학년 목표를 필수적으로 결정해야 한다.

② 학년 목표의 수준, 목표 수, 설정 영역 등은 그 학교의 학생에 적합하게 결정해야 한다.

③ 국가 수준 교육과정 및 해설서와 교사용 지도서의 단원별 목표를 근거로 구체화, 상세화한다.

나. 교육 내용 분석

목표의 조정이 이루어지고 나면 그에 따라 교육 내용을 어떻게 할지를 결정해야 한다. 말하자면 내용을 추가할 것인지, 보완할 것인지 아니면 그 반대로 축소할 것인지, 또는 통합하여 편성할 것인지 등을 결정하게 된다. 대체로 이러한 과정은 학기 초 진단평가 결과를 토대로 하는 것이 좋다.

이를 위한 제안으로 3월 한 달의 교육과정 편성은 가장 기본적으로 하고, 진단평가 결과를 토대로 위와 같은 다양한 형태로 편성하여 4월부터 적용하는 것을 생각해볼 수 있다.

① 국가 수준에 제시된 교과별, 영역별, 학년별 교육 내용을 골격으로 상세화, 보완한다.

② 교육 내용을 상세화, 간략화, 중점화, 특성화, 보완화, 통합화하는 작업을 한다.

③ 교육 내용별로 그 지역, 그 학교에 적절한 수업 소재를 선택·결정한다.

④ 소재 선정 시에는 학습자와 친근한 것, 간단한 것, 최근의 것, 보편적인 것, 구체적인 것부터 우선으로 하는 원칙을 중시한다.

다. 교육 순서 분석

대체로 교과서의 내용은 계절적인 요인을 고려하여 제작되고 있다. 그러나 그것이 반드시 일치하는 것은 아니므로 충분한 고려 요인이 된다. 그런가 하면, 학교의 행사, 시설 활용, 자료의 활용 등을 고려하여 내용을 조직하는 것이 중요하다. 말하자면 가을체육대회를 개최한다고 하면 그 이전에 체육 교과를 집중 편성하는 방안이 고려될 수 있을 것이다.

라. 교육 분량 분석

내용이 정선되고 순서가 정해지면 그다음에 고려할 사항이 주어진 수업 시간에 충분히 학습 목표에 도달할 수 있는가를 살펴야 한다. 이러한 접근을 통해 시간을 확대하거나 축소할 수 있게 된다. 이 과정에서 교과 시수 증감 및 블록타임제 적용 여부 등이 결정되게 된다.

2. 단원 편성

앞의 분석은 학년 간의 협조를 통해서 할 수도 있으나 단원 편성은 학급 단위로 이루어지는 것이 보다 효율적이다. 그러나 이 경우도 충분한 동 학년 간 협의가 반드시 필요하다. 특히 다음과 같은 점들이 그렇다.

가. 단원의 총 수업 시간 수

이 부분은 대체로 교사용 지도서에 예시적으로 제시되어 있다. 학급에서는 이를 토대로 학생들의 수준을 고려하여 앞의 절차에 따라 적정한 시수를 산출하는 것이 좋다.

나. 차시별 학습 목표 설정

교과별 성취 기준과 교사용 지도서를 면밀히 검토하여 차시가 결정되면 해당 차시의 학습 목표를 설정해야 한다. 목표는 계획한 시간 내에 충분히 도달될 수 있도록 해야 한다.

다. 차시별 주요 내용 및 활동 선정

각 차시별로 핵심 내용이 무엇인지, 어떤 내용을 강조할 것인지, 학습 요소 중 어떤 내용을 추가 또는 보완할 것인지 등을 정해야 한다. 여기서 추가 또는 보완의 경우 학교 자체 개발 자료를 활용하게 된다.

라. 학습 자료 및 수업 형태 선정

학습 자료는 수업을 어떻게 운영하는가에 따라 다양한 형태를 띤다. 학습 자료는 개별 자료와 모둠이 함께 활용할 수 있는 모둠 단위 자료가 있을 수 있다. 어떤 것이든 간에 학습 효율을 극대화할 수 있는 것이어야 한다.

수업 형태는 다양한 모형이 개발되어 있으므로 수업 내용에 따라 활용하면 된다. 다만 이 경우 학생들에게 생소한 모형을 적용할 경우 오히려 수업 그 자체보다는 기계적인 수업 흐름으로 될 수도 있으므로 주의해야 한다. 학기 초에 수업 모형을 충분히 익혀두는 것이 좋다. 초등학교의 경우 그저 서너 가지의 모형이면 충분하다고 본다.

Ⅱ. 학급 교육과정 편성 시 고려할 사항

학교 교육과정 편성은 각종 기초 조사와 실태 분석을 통하여 학교 교육과정에 반영할 시사점을 추출하고, 그 결과를 종합해서 학교 교육과정의 편성과 운영을 위한 기본 원칙이나 방향을 결정하게 된다. 이와 함께 학교장의 교육적인 신념과 판단에 따라 학교장의 학교 경영 방침이 명확하게 제시되고 모든 교직원이 참여하는 민주적인 절차에 따라 학교 교육 목표와 그해에 특색 있게 강조해야 할 노력 중점이나 교육 중점을 교과별, 학년별로 뚜렷이 부각시키게 된다.

학급 교육과정은 이를 토대로 작성을 하게 되는데 기본적으로 필요한 항목은 다음과 같다. 아래 내용은 대체로 학년 단위에서 이루어지게 되므로 동 학년 협의회에서 함께 정하면 된다. 다만 이와 관련하여 블록타임제 운영, 교과 시수 증감, 교과군 운영 시기 등은 학급에서 결정하는 것이 좋다. 이 부분은 매우 중요하다. 즉 교과서 중심의 운영을 하는가 아니면 교육과정 중심의 운영을 하는가 하는 갈림길이 되기 때문이다.

1. 교육방법의 결정

① 교사의 일방적인 강의, 해설, 설명은 꼭 필요한 경우에만 적용
하는 것을 원칙으로 하고, 팀티칭, 협력 학습 등 다양한 교육방
법 등을 도입한다.

② 학생의 직접 체험 활동, 소그룹별 공동 과제 해결 활동, 개별
학습 활동이 전개될 수 있는 교육방법을 선택한다.

③ 수준별 수업을 적용하는 교과의 학습 결손을 보충할 수 있도록
'특별 보충 수업'의 운영 방법을 결정한다.

2. 학습 시간의 결정

① 교육 내용의 수준과 분량, 특성, 학습 형태와 학습 방법 등을
고려하여 적정 학습 시간을 배당한다.

② 고정적인 학습 시간 배당의 종래 방식에서 벗어나 유연하고 융
통성 있게 배당한다.

③ 심도 있는 학습이 이루어질 수 있도록 개인차에 따른 소집단별
학습 시간을 고려한다.

④ 창의적 체험 활동의 영역별 학습 시간을 균형 있게 배정한다.

3. 학습 시기의 결정

① 교육과정 및 교과서에 제시된 배열 순서에 전혀 구애받지 않고
그 학교에서 학습하기에 가장 알맞은 시기를 결정한다.

② 특히 계절, 기후, 세시 풍속, 국가 및 지역의 행사, 환경, 자연계의 생태, 각종 역사적 사회적 사건 등과 관련 있는 교육 내용은 학습 최적합 시기에 학습 과제가 다루어질 수 있도록 편성한다.

4. 학습 형태, 학습 조직의 결정

① 학습 과제의 특성에 적합한 학습 형태와 학습 조직을 선택한다.
② 학생 중심의 다양한 학습이 조화 있게 이루어지도록 배합, 조직한다.
③ 수준별 수업 운영을 위한 학습 형태와 학습 조직을 결정한다.

5. 학습 매체의 결정

① 학습 매체는 교사용, 학생용을 모두 포함하여 선택·결정한다.
② 초빙 인사도 학습 매체 선정 시 계획해야 한다.
③ 교과용 도서 외에 다양한 학습 매체를 활용하도록 한다.

6. 평가 계획의 결정

① 평가 도구, 평가 방법, 평가 시기 등을 결정한다.
② 선다형, 선택형, 서술형 등 학생의 수행 능력을 평가할 수 있는 다양한 방법을 선정하도록 특별히 유의한다.
③ 학생은 기대하는 대로 성장하기보다는 평가하는 대로 성장한다는 점에 유의한다.

Ⅲ. 교육과정의 재구성

1. 교육과정 재구성에서 고려할 사항

우리는 교과서를 너무 맹신하는 경향이 있다. 그저 학교의 교육과정 편성·운영 계획이 어떻게 되어 있어도 교과서만 있으면 모든 것이 해결된다. 심지어는 3월 초 학교의 교육 계획이 발표되지 않았어도 그건 마찬가지이다.

교과서는 잘 정선된 교수·학습 자료 중의 하나이다. 교과별로 교과서는 단 한 가지에 불과하다. 따라서 정선된 자료라고 하더라도 개별 학생들의 수준이 고려된 것은 아니므로 학습자의 특성에 따라 이를 재구성하여 활용할 필요가 있다.

교과서에 제시되는 내용은 교사가 그 순서와 내용을 재조직하여 지도할 수 있으며 또 그래야 한다. 물론 이 경우의 기준은 학생들의 수준이 된다. 물론 특정 교육활동 강화를 위한 교과시수 20% 증감을 위한 재구성도 같은 범주에 해당한다. 사실 앞에서 설명한 교과 교육과정 편성은 모두 재구성에 따른 결과이다.

교육과정을 재구성할 경우는 다음과 같은 점을 고려하게 된다.
① 시사성·지역성을 고려해야 한다.
② 학습 지도 원리를 고려해야 한다.
③ 지도 시기, 순서 조정, 특정 교수법 등의 적용을 고려해야 한다.

이러한 교육과정 재구성은 다인수 학급에서도 필요하지만 소규모 학교에서 복식 학급을 편성하는 경우에는 더욱 그러하다. 즉 복식 학급의 경우는 교육 내용의 학년별 순서를 조정하거나 공통 주제를 중심으로 교재를 재구성하여 활용할 수 있다.

블록타임제를 운영하는 경우는 교육과정 재구성이 반드시 필요하다.

2. 교육과정 재구성 방법

일반적으로 교육과정 재구성은 다음과 같이 할 수 있다.[1]

① 교과 내에서의 교육과정 재구성으로 가장 일반적인 방법이며 차시 통합, 지도 시기 조절, 단원 내 차시 조정 등이 이에 해당 한다.

3학년 1학기 과학과 4. 온도재기 3차시는 온도계를 사용할 때 주의할 점을 알고 온도를 측정하고 바르게 읽는 활동이며, 4차시는 온도계를 바르게 사용하여 여러 가지 상황에서 온도를 재어 보는 활동이다.
각각의 활동을 별개로 지도하기보다는 두 차시를 통합하여 지도하면 시간적 측면이나, 실험 도구의 준비 면에서 효율적이다.

---

② 교과 간 연계를 통해 교육과정을 재구성할 수 있다. 말하자면 서로 다른 교과이기는 하지만 학습 주제가 유사한 경우 수업 전개가 비슷해질 것이므로 둘 또는 그 이상의 교과를 통합하 여 운영하는 것이 효율적이다. 주로 사회/도덕, 과학/실과 교과 군에 해당된다.

---

1) 재구성에 대한 각각의 사례는 인천시교육청, 『학교 교육과정 편성·운영 매뉴얼 — 초등학교』, 2010, pp.47~48을 참고함.

6학년 1학기 과학과의 3. 쾌적한 환경과 실과 8. 환경을 살리는 나의 생활 그리고 도덕 7. 자연 사랑의 경우 학습 주제가 유사하다. 이 경우 수업의 전개가 비슷한 경우가 많이 있는데, 과학, 실과, 도덕을 통합 운영할 수 있다.

③ 교과와 창의적 체험 활동을 연계하여 교육과정을 재구성할 수 있다. 예를 들어 역사적인 사실을 학습하고 난 후, 조상들의 생활상을 실증적으로 살펴보기 위해 실제 유적지가 많은 지역으로 체험 활동을 계획할 수 있을 것이다.

5학년 사회 2단원 고려 시기에 거란, 몽골의 침략과 이를 극복하기 위한 조상들의 노력을 조사하는 학습과 연계하여 고려 항몽 유적지가 많은 강화도 체험 활동을 통합 운영하는 방법이다.

④ 주제 중심 학습을 위해서도 교육과정을 재구성할 수 있다. 서로 다른 교과 내용 중 주제가 유사한 것을 중심으로 통합하여 운영하는 방식이다. 사회/도덕 그리고 과학/실과 교과군은 이러한 형태의 통합을 가정하고 설정된 교과 운영 방식이며, 1, 2학년의 통합 교과 역시 이 범주에 속한다.

6학년 사회 1단원 우리 민족과 국가의 성립, 3단원 대한민국의 발전, 국어 다섯째 마당 소중한 우리말, 음악 10단원 극음악은 우리나라의 역사와 전통을 이해하고 우리 민족에 대한 긍지와 자부심을 가지기라는 주제로 통합 운영이 가능하다.

⑤ 지도 시기 조절을 위해서도 교육과정을 재구성할 수 있다. 교육과정 재구성 중 가장 일반적인 방법이다. 계절적 특성을 고려할 필요가 있는 자연 관찰이나 야외활동은 봄이나 가을에, 물을 많이 이용하는 활동은 여름에 편성하는 것이 합리적이다. 또 음악, 미술, 연극 등의 감상은 공연 및 전시 일정을 참고하여 융통성 있게 조절하지 않으면 안 된다.

지도 시기와 관련해서 또 하나 언급해둘 것은, 교과군에 대한 의미 이해이다. 교과군의 설정은 서로 다른 교과 간의 유사한 내용을 통합하여 운영함으로써 학습 효율을 높인다는 의미도 있지만 두 교과의 지도시기를 달리함으로써 학생들의 책가방 무게를 줄여준다는 의미도 들어 있다. 따라서 사회와 도덕, 과학과 실과, 음악과 미술의 학습 시기를 실제로는 특정한 시기에는 7개 교과만 집중 운영할 수도 있는 것이다. 예를 들면 다음과 같다.

(사회: ☐ , 도덕: ▨)

	3월	4월	5월	6월	7월
1안					
2안					
3안					
4안					

〈그림 5-1〉 사회/도덕 교과군의 지도 시기 조정

물론 위에서 제안된 형태보다 훨씬 다양한 형태를 생각해볼 수 있다. 이러한 모형은 과학/실과 교과군에서도 적용이 가능하다.

그런가 하면 체육대회나 학예회를 앞두고 해당 교과를 집중 운영할 필요가 제기될 수도 있다. 이 경우는 체육, 음악, 미술 등을 특정한 시기에 집중 편성하여 그 시기에 다른 교과가 부실하게 운영되는 것을 방지할 수 있도록 한다.

한편 복식 학급은 서로 다른 학년의 학습이 동시에 이루어지므로 교재 재구성은 주제 통합형 교육과정 편성이 효율적이다.

교육과정 재구성을 할 경우 학교의 여건 및 학생의 실태를 고려하여 교육과정에 제시된 사항의 순서 및 비중 등을 조정하여 지도할 수 있다는 것이지 교육과정에 제시된 내용이나 목표를 생략하여 지도해도 된다는 것은 아니라는 점을 인식해야 한다.

지금까지 설명한 교육과정 재구성 내용과 앞의 내용들을 함께 검토하여 유기적으로 활용해야 한다. 교과 교육과정 분석과 편성이 있고 교육과정 재구성이 있는 것이 아니라 그 둘이 사실은 하나로 움직여야 한다. 다만 여기서는 설명 편의로 구분했을 뿐이다. 다음은 교과 교육과정 편성 사례 자료이다.

〈표 5-1〉 국어과 교육과정 편성 예시

교과 목표		언어활동과 언어와 문학의 본질을 총체적으로 이해하고, 언어활동의 맥락과 목적과 대상을 종합적으로 고려하면서 국어를 정확하고 효과적으로 사용하며, 국어문화를 바르게 이해하고, 국어의 발전과 민족의 언어문화 창달에 이바지할 수 있는 능력과 태도를 기른다.[2]
학년 목표	1학년	문장부호의 쓰임을 바르게 알고 내 생각을 친구들에게 자신 있게 말할 수 있다. 받침이 있는 1학년 수준의 낱말을 사용하여 바르게 받아쓸 수 있다.
	2학년	알맞은 낱말이나 문장을 사용하여 말하며, 자신의 생각을 정확하게 문장으로 나타낼 수 있다. 받침 있는 2학년 수준의 낱말을 바르게 받아쓸 수 있다.

2) 교육과학기술부, 『학교 교육과정 편성·운영의 실제』, 2001에서 발췌.

지도 중점	○ 설득적 언어 사용 능력 신장 ○ 다양한 국어 활용 상황 제공 - 생각, 느낌 표현 기회 ○ 실제적인 활동 중심의 학습 제공 ○ 경기도의 설화, 민요, 전래동요 감상 기회 제공 ○ 올바른 독서습관 형성 및 다양한 독후 활동 전개	
지역화 내용	○ 국어 교과 학습과 연계한 독서 지도 ○ 지역의 설화, 민요, 민담을 이야기 소재로 재구성 ○ 지역 사회 글짓기 행사 참여 계획 반영 ○ 고장의 쟁점이 되는 주제를 토론학습에 반영	
학년 지도 중점	1학년	○ 바른 자세로 상대방 말 듣기 ○ 자신감 있게 말하는 태도 기르기 ○ 글을 정확한 발음으로 소리 내어 읽기 ○ 연필 바르게 잡는 법 익히기 ○ 받침이 있는 낱말이나 문장 받아쓰기
	2학년	○ 바른 자세로 상대방 말 듣기 ○ 대화의 흐름에 벗어나지 않게 말하기 ○ 바른 자세로 책읽기 ○ 크기와 모양을 조절하며 글자 쓰기 ○ 책 읽는 습관 기르기
교수 학습 방법	○ 영역별 학습 내용의 특성을 고려하여 다양한 방법으로 교수-학습을 전개한다. ○ 강의, 토의, 토론, 현장 학습, 협동 학습 등 학습 내용과 학습 목표에 적합한 수업 모형을 적용하여 교수-학습을 전개한다. ○ 본질, 원리, 태도의 학습 내용이 실제 국어 사용과 연관되도록 교수-학습을 전개 한다.	
평가	○ 국어과의 여섯 가지 영역의 특성에 맞는 다양한 평가 ○ 필요에 따라 질적 평가와 양적 평가 활용	

3. 교과 학습 지도 연간 진도표 작성 활용

단원의 모든 활동이 결정되고 나면 교과별로 학습 지도를 위한 연간 진도표를 작성하여 활용하게 된다. 다음은 연간 진도표 작성 사례이다.[3]

---

[3] 인천석남서초등학교 4학년 3반 2012년도 1학기 진도계획에서 발췌.

2013학년도 4학년 3반 1학기 진도표

범례: 블록타임제 시수 증배

구분	국어	사회/도덕	수학	과학	체육	예술 (음악/미술)	영어	창의적 체험 활동	계획 시수	운영 시수
1주 (3.1.~3.2.)	- 기억에 남는 이야기 속 인물과 나를 관련지어 말하기 - 이야기를 듣고 이야기에 남는 장면에 대한 내 생각 말하기(1/2)							시업식 교실 정리	4	
2주 (3.5.~3.9.)	- 이야기의 느낌을 친구들과 이야기 나누기(2/2) - *독서 감상문 쓰는 방법을 알아보고 독서 감상문 쓰기(1-2/2)* - 독서 감상문을 고쳐 쓰고 친구들 앞에서 발표하기(3/3) - 진단평가	- 단원 도입 및 우리 지역의 자리 잡은 곳(1/3) - *우리 지역의 자리 잡은 곳(2/3)* - *우리 지역의 자리 잡은 곳(3/3)* - 진단평가	- 만의 이해 - 십만, 백만, 천만의 이해 - 억의 이해 - 진단평가	- 용수철 저울로 무게를 재어 봄 시다[안전교육] - 진단평가 - *용수철 저울와 무게 사이의 관계(1~2/2)[안전교육]*	- 단원 도입 및 균형 있는 우리 몸 - 영양 섭취의 중요성 및 중과의 관계 - 비만이 건강에 미치는 영향[성교육]		- 그림 보며 주측하기 - CD-ROM 보며 내용 이해하기, 듣고 따라 말하기 - 농구 시험 듣고 이해하기 - 진단평가	1학기 학급 정부 회장 선출	26	

주	국어	사회	수학	과학	체육	미술	영어	창체	
3주 (3.12.~3.16.)	- 반복되는 표현을 살려 시 낭송하기 - 실감 나게 읽는 방법 알기 - 인물의 성격을 살려 이야기를 실감 나게 읽기(1~2/2)	- 우리 지역의 자연환경(2/5) - 우리 지역의 자연환경(3/5) - 우리 지역의 자연환경(4/5) [녹색성장교육]	- 조의 이해 - 큰 수의 계열 - 큰 수의 크기 비교	- 무게란 무엇일까요?[안전교육] - 수평이 되게 하여 봅시다[안전교육] - 수평 잡기의 원리를 알아보기 [안전교육]	- 올바른 식생활 습관과 규칙적인 운동 [성교육] - 공 듣고 이동하기(1~2/2) [안전교육]	- 비슷한 색, 반대색 - 비슷한 색과 반대색으로 표현하기(1/2) - 비슷한 색과 반대색으로 표현하기(2/2) - 형과 색의 어울림(1/2)	- CD-ROM 보며 내용 이해하기, 듣고 따라 말하기, 소리와 철자의 관계(p/p, b/b)를 이해하여 단어 듣고 쓰기	- 선교 정부회장 선출 - 친구사랑주간 행사 참여(1/2) - 친구사랑주간 행사 참여(2/2)	26
4주 (3.19.~3.23.)	- 1단원 평가 - 설명하는 말을 들을 때에 주의할 점 알기 - 설명하는 말을 듣고 중요한 내용을 정리하는 방법 알기(1~2/2) - 중요한 내용에 유의하며 설명하는 말을 들어 보기 - 설명하는 말을 듣고 중요한 내용을 정리하기	- 우리 지역의 자연환경(5/5) - 우리 지역의 생활 모습(1/4) - 우리 지역의 생활 모습(2/4)	- 단원 평가 - 탐구 활동 및 문제 해결 - 놀이 마당 - 100, 1000, 10000을 금 하기	- 윗접시 자울을 이용하여 무게 재기[안전교육] - 여러 가지 종류의 자울에 대해 알아보기[안전교육] - 나만의 저울을 만들어 봅시다(1/2)[안전교육] - 나만의 저울을 만들어 봅시다(2/2)[안전교육]	- 빈 공간의 개념 이해하며, 공 듣고 이동하기(2/2)[안전교육] - 빈 공간을 활용하여 공 연결하기(1/2)[안전교육]	- 형과 색의 어울림(2/2) 작품 감상하기 - 예술적 정원 미술기 시룸 미습로	- 전자시계를 만들어 인사하고 안부 묻고 답하는 활동하기, 단원 학습 내용 정리하기 - 그림 보며 축하기 - CD-ROM 보며 내용 이해하기, 듣고 따라 말하기 - 다른 사람 소개하기 따라 놀이하기	- 하급홈페이지 꾸미기[스마트 정보통신윤리 교육] - 동아리활동 참여(1/2) - 동아리활동 참여(2/2)	27

주	국어	사회	수학	과학	창의적 체험활동		영어	
5주 (3.26~3.30.)	- 설명하는 말을 듣고 중요한 내용을 발표하기 - 사전에서 필요한 내용을 찾는 방법을 아는 방법 알기(1-2/2)[스마트교육][보조신문교육] - 사전을 찾아가며 글을 읽고, 새로 알게 된 내용을 정리하기(1/2)	- 우리 지역의 생활 모습(3/4) - 우리 지역의 생활 모습(4/4) - 우리 지역 현장 답사(1/3)[교통안전교육]	- 몇백, 몇천의 곱셈의 곱셈식 (세 자릿수)×(두 자릿수) (네 자릿수)×(두 자릿수) - 세 수의 곱셈	- 마무리(되짚어보기, 확인하기, 과학 글쓰기) - 여러 가지 흙에 대하여 알아보기(1/2)	- 빈 공간을 활용하여 공연 연결하기(2/2)[안전교육] - 간이 택비 게임 하기[안전교육] - 단원 도입 및 손으로 꿈을 다루며 원하는 곳으로 이동하는 방법 탐색하기[안전교육]	- 무요을 마음로(1/2) - 무요을 마음로(2/2) - 영화나 연극을 마음로 - 서로의 작품 감상하기	- CD-ROM 보며 내용 이해하기, 듣고 따라 말하기 - 쉽고 간단한 낱말을 소리 내어 읽고 쓰기 - 소리와 철자의 관계(t/t, d/d)를 바탕으로 낱말 읽고 쓰기	- 읽어본 도서자 세 및 좋은 책 고르기 - 한국십진분류표(KDC)에 따른 책 분류법 배우기	26
6주 (4.2.~4.6.)	- 사전을 찾아가며 글을 읽고, 새로 알게 된 내용을 정리하기(2/2) - 2단원 평가 - 토의가 무엇인지 알기 - 토의할 때 지켜야 할 점 알기	- 우리 지역 현장 답사(2/3)[교통안전교육] - 우리 지역 현장 답사(3/3)[교통안전교육] - 단원 정리 - 단원 도입 및 우리 시·도의 살림살이(1/3)	몇십으로 나누기 (두 자릿수)÷(두 자릿수) (세 자릿수)÷(두 자릿수)(1/2) (세 자릿수)÷(두 자릿수)(2/2)	- 여러 가지 흙에 대하여 알아보기(2/2) - 식물이 잘 자랄 수 있는 흙 알아보기[녹색성장교육] - 흙은 어떻게 만들어졌는지 알아보기	- 공 이어 주고 받기(1/2)[안전교육] - 공 이어 주고 받기(2/2)[안전교육]	- 잠층의 성질 탐색하기 - 합주로 만들기(1/2) - 부주로 만들기(2/2)	- 가족 방을 만들어 가족 소개 활동하기, 단원 학습 내용 정리하기 - 이야기 듣고 이해하기, 역할놀이 연습하기	- 효행 편지 쓰기 - 동아리활동 참여(1/2) - 동아리활동 참여(2/2)	27

주									
7주 (4.9.~4.13.)	— 토의 절차에 따라 토의하는 방법 알기 — 서로 다른 의견을 비교하며 토의하기(1-2/2) — 토의 절차에 따라 토의하기(1-2/2)	— 우리 시·도의 살림살이(2/3) — 우리 시·도의 살림살이(3/3) — 시·도 대표는 우리 손으로(1/3)	— 단원 평가 — 탐구 활동 해결, 놀이 마당 — 문제 해결, 놀이 마당	— 지표가 오랜 시간 동안에 어떻게 달라지는지 알아보기	— 빈 공간으로 이동하여 득점하기(1/2)[안전교육] — 빈 공간으로 이동하여 득점하기(2/2)[안전교육]	— 나무 그리기 첫 번째(1~2/2) — 나무에 대해 알아보기 — 나무 그리기 두 번째(1/2)	— 역할놀이하기, 인사에 대한 문화 이해하기	— 역할놀이하기, 인사에 대한 문화 이해하기	22
8주 (4.16.~4.20.)	○ 양쪽에 듣기 위해 정답과 틀지 않겠다고 한 정화의 활동 — 알맞지 않는 행동을 한 우리 반 — 글에 제시된 의견을 비교하는 방법 알기(1-2/2)	— 시·도 대표는 우리 손으로(2/3) — 시·도 대표는 우리 손으로(3/3)	○ 여러 가지 곱셈과 나눗셈 문제 해결하기 각의 크기 비교 각의 크기 재기 각도가 주어진 각 그리기	— 물에 의한 지표의 변화를 알아보기(1-2/2) 과학한마당	— 같이 놀구 계임 하기[안전교육] — 단위 도임 및 발도 공을 다루며, 원하는 곳으로 이동하는 방법 알아보기	— 나무 그리기 두 번째(2/2) — 작품 감상하기 그림책의 세계(1/2) 그림책의 세계(2/2)	— CD-ROM 보며 내용 이해하기, 듣고 따라 말하기 'It's Time for School' 노래하기, 카드 집기 놀이하기	— 과학한마당 행사 참여 — 직업의 종류 알아보기	26
9주 (4.23.~4.27.)	— 주장인물의 의견이 다른 글을 읽고 글에 제시된 의견 비교하기(1-2/2) — 1차학업성취도평가 3단원 평가	— 우리 시·도의 문제와 해결(1~2/4) — 1차학업성취도평가 유적지 탐방학습 유적지 탐방학습	— 각도의 어림, 합과 차 — 1차학업성취도평가 — 사각형의 세 각의 크기와 합	— 강의 상류에서 하류로 가면서 지표가 어떻게 달라지는지 알아보기(1/2) — 1차학업성취도평가	— 공간을 탐색하며 공 이어 주고 받기(1/2)	— 이야기 그림책 만들기(1~3/3) — 서로의 작품 감상하기	— 1차학업성취도 평가	— 유적지 탐방학습 유적지 자연보호 활동환경교육	25

—이하 생략—

4. 창의적 체험 활동 편성

가. 활동 단위를 중심으로 한 편성

창의적 체험 활동에는 학교 단위의 활동, 학년 단위의 활동, 학급 단위의 활동이 있다. 창의적 체험 활동은 하위 영역의 활동 내용 중 어떤 활동에 가중치를 두는가에 따라 다양한 편성이 가능하다.

학년군 단위로 중점 지도 내용을 정하여 운영할 수도 있으며, 학교 단위 활동, 학년 단위 활동을 구분하여 시수를 산정하고 그 나머지 시간을 학급 활동으로 정하여 운영할 수도 있다. 다음은 그중 후자의 사례로 학교, 학년, 학급 활동을 구분하여 위의 내용들을 절충하여 편성한 내용이다.[4]

창의적 체험 활동은 학교 단위 체험 활동, 학년 단위 체험 활동, 학급 단위 체험 활동으로 구분하여 편성하였다.

학교 단위 체험 활동은 3개 학년 이상이 동일 체험 활동을 하는 경우로, 학년 단위 체험 활동은 3개 학급 이상이 동일 체험 활동을 하는 경우로 제한하였다. 학년군 내 학년의 하위 영역별 운영 기준 시간 수를 제시하였으며, 이를 토대로 영역별 시수 증배를 하도록 하였다.

학년군 내 학년의 운영 기준 시수는 다음과 정하였다.

---

4) 인천용현초등학교, 학교 교육 계획(2013) 참조.

〈표 5-2〉 학년군 내 학년의 창의적 체험 활동 운영 기준 시수

영역	학년					
	1학년	2학년	3학년	4학년	5학년	6학년
자율 활동	152	104	77	87	67	52
동아리 활동	4	4	8	8	8	8
봉사 활동	7	7	7	7	7	5
진로 활동	7	7	10	10	20	15
계	170	122	102	112	102	80

1) 학교 단위 체험 활동

학교 단위 체험 활동은 학교 행사를 위주로 편성하도록 하였다.

① 3개 학년 이상이 동일 체험 활동을 하는 경우

② 시업식, 방학식, 개학식, 체육행사, 수행평가발표회 등

〈표 5-3〉 학교 단위 체험 활동

행사명	실시일	요일	영역	학년별 시수						비고
				1	2	3	4	5	6	
시업식	3.4.	월	자율		1	1	1	1	1	행사 1
입학식	3.4.	월	자율	1						입학적응 1
학급임원 선출	3.6.	목	자율			1	1	1	1	자치 1
전교임원 선출	3.13.	목	자율				1	1	1	자치 1
인성적성검사	3.25.~29.	월~금	진로			2	2	2	2	진로 2
S-A-S동아리	3.25.	월	동아리			2	2	2	2	동아리 2
S-A-S동아리	6.10.	월	동아리			2	2	2	2	동아리 2
1학기 수행평가발표회	7.11.~12.	목, 금	자율	1	1	1	1	1	1	즐생 3,음악 1,미술 2
여름방학식	7.24.	수	자율	1	1	1	1	1	1	교과 2(4교시)
			봉사	1	1	1	1	1	1	
개학식	8.19.	월	자율	1	1	1	1	1	1	교과 2(4교시)
			봉사	1	1	1	1	1	1	
S-A-S동아리	8.26.	월	동아리			2	2	2	2	동아리 2

				자율	2	2	2	2	2	2	1~2학년: 즐생 2(4교시)
가을운동회	9.13.	금		봉사			1	1	1	1	3~6학년: 체육 3(6교시)
S-A-S동아리	10.21.	월	동아리			2	2	2	2	동아리 2
수행평가발표회	11.28.~29.	목, 금	자율		1	1	1	1	1	1	즐생 3,음악 1,미술 2
겨울방학식	12.27.	금	자율	1	1	1	1	1	1	교과 2(4교시)
			봉사	1	1	1	1	1	1	
개학식	2.3.	월	자율	1	1	1	1	1	1	교과 2(4교시)
			봉사	1	1	1	1	1	1	
종업식 및 졸업식	2.14.	금	자율	2	2	2	2	2	2	행사 2(전일)
계				19	19	27	28	28	28	

③ 기타 행사는 각 부 활동계획에 의거하여 학년별로 교과와 창의
   적 체험 활동 시간을 연계하여 운영

(예) 육상대회, 체격 및 체력 측정, 과학행사, 독서행사 등

④ 1학년 입학식은 '창의적 체험 활동의 자율 활동'으로 산입

⑤ <비고>란에 표시된 교과 시수는 창의적 체험 활동과 연계 운
   영하며, 시수 표시가 없는 경우 교무 계획에 따라 일일 시수를
   운영하되, 학급 계획에 따라 교과 운영

⑥ 보건교육, 정보통신윤리교육, 한자교육은 학년 단위로 시간 배
   분 운영

〈표 5-4〉 학교 단위 체험 활동 시간 현황

구분		1학년	2학년	3학년	4학년	5학년	6학년	비고
자율	자율	11	11	12	13	13	13	
	보건교육	2	2	2	2	9	17	총 34시간
	정보통신윤리	7	7	7	7	7	7	

한자교육	4	4	4	4	4	4	한자인증제(6회) 4회-창체시간 2회-중간활동시간
소계	24	24	25	26	33	41	
동아리	4	4	8	8	8	8	S-A-S동아리
봉사	4	4	5	5	5	5	
진로			2	2	2	2	인적성검사
계	32	32	40	41	48	56	

⑦ 한자교육은 아침 자습 시간 및 중간활동시간(2~3교시 휴식시
  간)으로 운영
⑧ 1~2학년 동아리 활동은 학급단위로 활동한다.

2) 학년 단위 체험 활동
① 4개 학급 이상이 동일 체험 활동을 하는 경우
② 현장체험학습(수학여행, 1일 체험 활동), 학년 행사 등

〈표 5-5〉 학년 단위 체험 활동

학년	활동 시기		활동 내용	활동 장소	창의적 체험 활동				교과	계	비고
					자율	봉사	동아리	진로			
1	1회	5.13.	1일현장체험학습	서울대공원	3			1	1	5	슬생 1
	2회	5.14.	독서활동 및 전시회	학교	2			1	1	4	국어 1
	3회	6.17.	1일현장체험학습	수영장	2			1	2	5	즐생 2
	4회	10.28.	1일현장체험학습	수안산생태공원	2	1			2	5	슬생 1, 바생 1
	5회	10.29.	만들기체험	학교	2	1			1	4	즐생 1
2	1회	5.13.	책만들기 및 전시회	학교	2			1	1	4	국어 1
	2회	5.14.	1일체험학습	6.3빌딩	3			1	1	5	슬생 1

3회	6.21.	1일체험학습	수영장	2			1	2	5	즐생 2
4회	10.28.	비누체험학습	학교	2	1			1	4	즐생 1
			이하 생략							

〈표 5-6〉 학년 단위 체험 활동 시간 현황

구분	1학년	2학년	3학년	4학년	5학년	6학년	비고
자율	79	11	7	7	22	11	1학년: 입학 초기 적응 활동(68시간)
동아리	0	0	0	0	0	0	
봉사	2	2	1	1	2	0	
진로	3	3	4	4	4	4	
계	84	16	12	12	26	15	

3) 학급 단위 체험 활동

① 학급 단위의 체험 활동

② 자율 활동, 봉사 활동, 동아리 활동, 진로 활동

③ 학급 자율로 하위 영역별 활동 계획 수립

※ 시수 산출: (기준 시수)-(학교 창체 시수)-(학년 창체 시수)

〈표 5-7〉 학급 단위 체험 활동 시간 현황

영역	구분	학년																
		1			2			3			4			5			6		
자율 활동	기준	152			104			77			87			67			52		
	구분	학교	학년	학급	학교	학년	학급	학교	학년	학급	학교	학년	학급	학교	학년	학급	학교	학년	학급
	시간	24	79		24	11		25	7		26	7		33	22		41	11	
동아리 활동	기준	4			4			8			8			8			8		
	시간	–	–		–	–		8	–		8	–		8	–		8	–	
봉사 활동	기준	7			7			7			7			7			5		
	시간	4	2		4	2		5	1		5	1		5	2		5	–	

진로 활동	기준	7		7		10		10		20		15	
	시간	–	3	–	3	2	4	2	4	2	4	2	4
시간 계	기준	170		122		102		112		102		80	
	시간	32	84	32	16	40	12	41	12	48	26	56	15

④ 영역별 학급 시간 설정: 시간 계는 해당 학년(군)의 기준 시수를 초과토록 함.

⑤ 학년 내에서는 각 영역별로 시수 조정 가능

⑥ 학급 교육과정 편성 시에는 위 기준 시간에서 가감하여 편성 다만 전체 시수의 감축은 허용되지 않으나 증배 운영은 가능

나. 하위 영역 간의 통합 편성·운영

창의적 체험 활동의 하위 활동 영역은 자율 활동, 동아리 활동, 봉사 활동, 진로 활동으로 구분되어 있으나 교육적 효과 증대 및 운영의 효율성을 높이기 위하여 개별 활동 영역을 둘 또는 그 이상 통합하여 편성 및 운영할 수 있다. 이 경우 시수 산입은 하위 활동 영역 간에 중복이 되지 않도록 유의해야 한다. 시간 산입은 하위 활동 영역 중 주된 활동 영역에서 산입하는 방법과 분산하여 산입하는 방법이 있을 수 있다.

다음의 표는 하위 영역 간의 통합 사례이다.[5]

예를 들어 창의적 체험 활동의 활동 영역인 자율 활동의 창의적 특색 활동으로 진로 교육을 편성하고자 하는 경우, 자율 활동은 창의적 체험 활동의 또 다른 활동 영역인 진로 활동과 중복된다. 이 경

---

5) 교육과학기술부, 『초·중·고 창의적 체험 활동 교육과정 해설』, 경기: 한국시각장애인연합회, 2010, p.51.

Chapter 5. 학급 교육과정의 편성 203

우 창의적 체험 활동의 하위 영역의 하나로 통합하여 편성·운영할 수 있다.

〈표 5-8〉 창의적 체험 활동 하위 영역 간 통합 편성·운영(예시)

영역 Ⅰ	영역 Ⅱ	통합 편성·운영
자율 활동	동아리 활동	○ 동아리 활동의 운영 결과를 자율 활동의 하위 활동인 행사활동을 통하여 발표하는 경우 ○ 자율 활동의 하위 활동인 자치 활동을 동아리 활동으로 구성하여 운영하는 경우
자율 활동	봉사 활동	○ 봉사 활동을 자율 활동의 하위 활동인 행사 활동과 통합하여 학년(군) 혹은 학급 단위로 운영하는 경우 ○ 봉사 활동을 자율 활동의 하위 활동인 창의적 특색활동과 통합하여 학교 특색 또는 학년 특색 활동으로 운영하는 경우
자율 활동	진로 활동	진로 교육에 대한 학생 및 학부모의 관심을 증대하기 위하여 진로 활동을 자율 활동의 하위 활동인 행사 활동이나 창의적 특색 활동으로 운영하는 경우
동아리 활동	봉사 활동	○ 봉사 관련 동아리를 운영하는 경우 ○ 동아리별로 관련된 봉사 활동을 계획하여 운영하는 경우
동아리 활동	진로 활동	○ 진로 관련 동아리를 운영하는 경우 ○ 동아리별로 관련된 진로 활동을 계획하여 운영하는 경우
봉사 활동	진로 활동	다양한 봉사 활동을 수행하며 직업의 세계를 이해하고 자신의 진로를 탐색하는 기회를 제공하는 경우

다. 창의적 체험 활동과 관련 교과의 통합 편성·운영

창의적 체험 활동의 하위 활동 영역 또는 내용이 교과의 교육 내용과 연관이 있을 경우 이를 통합하여 운영할 수 있다.[6]

예를 들어 자율 활동의 하위 활동 영역인 자치 활동을 사회/도덕 교과군과 관련하여 도덕 교과 교육과정의 우리·타인·사회 영역에서 제시된 공중도덕을 중심으로 구체적인 실천 계획을 세워 편성·운영할 수 있다. 또한 봉사 활동의 하위 활동 영역인 캠페인 활동을

---

6) 위의 책, p.48.

위해 봉사 활동 주제에 맞는 노래를 만들어 부르거나 포스터 그리기 등을 수행할 때에는 예술 교과군과 관련하여 음악 교과 교육과정에 제시된 친숙한 악곡의 일부를 변형하여 즉흥 표현하기 및 미술 교과 교육과정에서 자유로운 발상을 통하여 주제를 표현하기 등과 통합하여 편성·운영할 수 있다.

〈표 5-9〉 창의적 체험 활동 영역과 관련 교과(군) 통합 편성·운영(예시)

영역	활동	교과(군)	통합 활동 내용 예시
자율 활동	적응 활동	국어	적응 활동에서 국어 교과와 통합하여 자기소개하기 등 말하기 영역을 운영하는 경우
	행사 활동	사회/도덕	적응 활동에서 사회/도덕 교과군과 통합하여 예절, 질서 등의 기본생활 습관을 형성하기 위하여 운영하는 경우
	자치 활동	사회/도덕	자치 활동에서 도덕 교과와 통합하여 공중도덕과 관련된 실천 계획을 수립하여 운영하는 경우
	창의적 특색활동	체육	학교 특색 활동의 일환으로 체육 교과와 통합하여 기초체력 향상을 위한 신체활동 프로그램을 운영하는 경우
동아리 활동		수학	'창의 수학부' 운영: 수학 교과에서 배운 내용을 바탕으로 다양한 게임을 통하여 문제를 해결하는 동아리 활동을 운영하는 경우
		예술 (음악/미술)	'예술 작품 감상부' 운영: 음악 교과 및 미술 교과에서 배운 내용을 바탕으로 다양한 예술 작품을 감상하는 동아리 활동을 운영하는 경우
봉사 활동		사회/도덕	봉사 활동에서 사회/도덕 교과군과 통합하여 우리 학교와 지역사회에 필요한 봉사 활동의 종류를 배우고 봉사 활동 계획을 수립하는 활동을 운영하는 경우
		예술 (음악/미술)	캠페인 활동에서 음악 교과와 통합하여 친숙한 악곡의 일부를 변형하거나 미술 교과와 통합하여 자유로운 발상을 통하여 봉사활동 주제를 표현하는 활동을 운영하는 경우
진로 활동		각 교과	각 교과와 관련하여 직업의 종류를 알고 자신에게 적합한 직업이 무엇인지 모색하는 활동은 운영하는 경우

학급 교육과정의 운영

교육과정 운영은 대체로 학급 교육과정과 관련이 있다. 따라서 여기서는 학급을 중심으로 논의하고자 한다.

특정 학교가 가진 제반 교육적 여건은 모든 학급에 동일하게 적용된다. 그렇다고 학년이 동일하게 교육과정을 운영해야 한다는 말은 아니다. 교육적 여건은 동일하더라도 학급에 속한 학생들의 교육적 특성은 학급마다 다르다. 특정 교과의 학습 수준이 다를 수 있고, 그 학급만의 교육활동과 관련한 특별한 문제가 있을 수도 있다. 말하자면, A학급의 수학 학업성취 수준과 B학급의 그것과는 상호배타적이다.

특정 교과를 중심으로 논의해보면, 예를 들어 A학급은 수학 교과에 대한 학업성취수준이 다른 학급에 비해 조금 낮다고 가정해볼 수 있다. 이 경우 당연히 다른 학급보다는 수학 시수를 더 많이 편성하여 운영하는 것이 올바른 방법일 것이다. 그러한 논리는 국어나 다른 교과도 마찬가지이다.

이와 관련되는 영역이 교과 시수의 증감 운영, 블록타임제 운영과 같은 것들이다. 아무래도 이 부분은 아직도 그리 사례가 많지 않아 다소 혼란을 빚을 가능성이 있어 주의를 요한다. 이러한 관점에서 앞의 편성에서 논의한 것들이 실제 어떻게 운영되는지에 초점을 맞추어 보고자 한다. 교과 집중이수제 운영은 학년 또는 학교 단위로 이루어질 것이므로 여기서는 교육과정 재구성과 관련해서만 언급한다.

I. 교과(군) 집중이수제

교과(군) 운영은 이수 교과의 탄력적 운영에 그 의미가 있다. 이를 위해 국가 교육과정은 학교의 여건과 교과(군)별 특성을 고려하여 학년, 학기별로 집중 이수를 통해 학기당 이수 교과 수를 감축하여 편성·운영[1]할 수 있도록 규정하고 있다. 그러나 이 규정은 강제 조항이 아니므로 모든 학교에서 적용할 필요는 없다. 즉, 현실적으로 여건이 허락하는 학교에서 선택적으로 실시할 수 있도록 하고 있다.

집중이수제를 운영할 경우 사전에 교사의 협력과 학부모의 동의 및 학교운영위원회의 심의를 거쳐야 한다. 이 경우 전입생에 대한 대비책도 미리 마련해두어야 한다.

집중이수제를 운영할 경우도 교과 시수 20% 범위 내 증감이 가능하므로 이를 적절히 활용할 수 있다. 이 경우 감축 교과의 내용 선택은 신중히 해야 한다.

집중이수제는 성격상 학급 단위로 하기에는 전담 교사로 인해 다소의 어려움이 따른다. 따라서 최소한 학년 단위 또는 학교 단위 운영이 바람직하다.

초등학교에서는 집중이수제 운영에 부정적 시각이 많으나 차츰 연구학교를 중심으로 이를 운영하는 학교 수가 늘어나고 있다.

집중이수제를 운영할 경우 해당 교과의 교육과정을 재구성하는 문제가 필연적으로 따른다. 특히 음악과의 경우 교과서를 중심으로 할 경우 5학년 1학기에 1, 2학기 전 과정을 모두 이수한다는 의미로 이해될 수 있다. 이 경우 겨울과 관련된 곡을 한여름에 학습을 하게 되는 웃지 못할 일이 벌어진다. 이 경우는 5, 6학년 음악 교과서를 대상으로 새로이 교육과정을 재구성해서 운영해야 한다. 다음은 그 한 사례이다.

---

1) 국가 수준 교육과정 Ⅱ-1-다-(5) 참조.

<표 6-1> 5, 6학년 예술(음악/미술) 교과군 집중이수제 운영

구분	5학년		6학년		비고
	1학기	2학기	1학기	2학기	
교과	음악	미술	미술	음악	○ 음악 교육과정 재구성 ○ 음악 전담 교사 배치 운영 ○ 미술과는 교환 수업 가능 ○ 매 학기 말 수행평가발표회 개최 ○ 시수 증배 운영

이를 토대로 실제 5학년 음악 교육과정 연간 지도 계획을 예시한 것이 다음이다.

<표 6-2> 5학년 음악 교육과정 연간 지도 계획

5학년 음악 교육과정 연간 지도 계획

2010학년도 1학기							
주	기간	학년	단원명	학습주제	차시	쪽수	비고
1	3.1.~3.6.	5	어린이 노래	당김음, 여린내기, 비슷한/다른 가락	1/2	4~5	
2	3.8.~3.13.	5	어린이 노래	성부의 어울림	2/2	4~5	
		5	고사리 꺾자	시김새, 놀이와 노래	1/2	6~7	
		5	고사리 꺾자	단소 불기	2/2	7	
		5	모두 모두 자란다	변박, 부분 2부 합창	1/3	8~9	
5	3.29.~4.3.	5	파란 마음 하얀 마음	지휘에 맞추어 기악합주하기	3/3	14~15	
		6	봄 오는 소리	사장조 음계, 가락의 흐름	1/2	6~7	
		6	봄 오는 소리	프레이즈 살려 노래부르기	2/2	6~7	
		6	봄 -사계 중-	감상 <사계> 중 '봄', 시와 음악의 관계	1/2	10~11	
7	4.12.~4.17.	6	봄 -사계 중-	여러 가지 소리를 그림으로 나타내기	2/2	10~11	
		6	봄비	4박자의 여러 가지 리듬꼴을 치기	1/3	12~13	

		6	봄비	악곡에 맞는 셈여림으로 노래 부르기	2/3	12~13	
		6	봄비	지휘에 맞춰 2부 합창하기	3/3	12~13	
8	4.19.~4.24.	5	하늘나라 동화	사장조의 으뜸음 알기, 가락의 흐름 알기	1/2	16~17	
		5	하늘나라 동화	악곡의 특징을 살려 노래 부르기	2/2	16~17	
		5	숲속을 걸어요 감상 <메시아> 중 '할렐루야'	가락의 형태파악하기, 임시표를 바르게 표현하기	1/3	18~19	
		5	숲속을 걸어요 감상 <메시아> 중 '할렐루야'	부분 2부 합창하기, 노래 듣고 평하기	2/3	18~19	
총 시수	68	* 2010학년도 5학년 1학기(6학년 봄, 여름 관련 노래들을 2010학년도 1학기 음악교육과정에 편성함 - 10시간) * 2011학년도 6학년 2학기(5학년 가을, 겨울 관련 노래들을 2011학년도 2학기 음악교육과정에 편성함 - 10시간)					

Ⅱ. 교과 시수 증감 운영

국가 수준 교육과정은 학교의 특성, 학생·교사·학부모의 요구 및 필요에 따라 학교가 자율적으로 교과(군)별 20% 범위 내에서 시수를 증감하여 운영할 수 있도록 하고 있다. 이러한 탄력적인 교과 (군) 운영 방식은 교육과정 자율화라는 이름으로 처음 출발이 되었다.

교육과정 자율화란 학교장이 국가 수준의 교육과정과 관련 정책 방안 등을 토대로 학교 구성원들의 의견을 수렴하여 해당 학교의 여건과 실정에 알맞게 학교 교육과정을 자율적으로 편성·운영하는 것을 의미한다. 2)

---

2) 교육과학기술부, 교육과정 자율화 보완 자료.

1. 교과(군) 시수 증감 운영 절차

　초등학교에서 학습은 기초·기본 학습 능력과 상당한 연관을 가지고 있다. 초등학교 시절 기초·기본 학습 능력에 부진을 보이는 경우 상급 학교에서의 학습은 대체로 실패할 확률이 크다. 그러나 경직적인 교육과정 운영이 이루어지고 있는 현실 속에서 기초·기본 학습 능력이 떨어지는 학생들이 정상적인 학생들과 어깨를 나란히 하기는 어렵다. 따라서 처음부터 이들을 배려하는 교수－학습 활동을 전개하는 일이 무엇보다 필요하다.

　먼저 교육과정 자율화, 시수 증감 운영에 대한 학교 구성원의 합의가 필요하다. 무엇 때문에 교육과정을 자율적으로 운영해야 하는지에 대한 합의가 필요하다는 말이다. 예를 들면, 기초·기본학습 부진학생들을 효율적으로 지도하기 위한 교육과정 재구성 운영 또는 학기 초 진단평가 결과 특정 과목에 대한 시수 증배 필요와 같은 것이다. 그리고 이를 위해서 무엇을 어떻게 할 것인지를 명확히 할 필요가 있다. 일종의 운영 방침이라고 할 수 있을 것이다. 예를 들면 다음과 같다.

　① 시수 증감 범위
　② 교육과정 분석: 교과통합, 주제통합 등
　③ 블록타임제 운영과 연관
　④ 교과 시수 증감 방법: 증감 균형, 증배 > 감축, 순증 등
　⑤ 연간 총 수업 시간 수 확보

　교육과정 자율화 방안을 효율적으로 적용하기 위하여 다음과 같은 절차로 진행할 수 있다.

○ 강화요구영역선정 ○ 진단평가 결과	강화내용 및 진단평가 결과를 중심으로 한 시수의 증감영역 선정	운영기간 및 방법 선정	교과 시수 증배에 따른 교재 개발

2. 시수 증감 운영 방법

증감을 어떻게 하는가의 문제로, 구체적으로 어느 교과의 어느 단원에서 몇 차시를 증감할 것인가를 밝히는 것이다. 이러한 증감 요구는 학급마다 다를 수 있으므로 학급 교육과정에서 이를 구체적으로 하되, 학교 교육과정에서는 시수 증감 운영에 관해 선언적으로 규정해 두는 것이 좋다. 증배는 대체로 특정 교육활동 강화와 관련된다. 그런가 하면 학급에서는 진단평가 등을 토대로 학생들의 학습 수준이 뒤지거나 특별한 영역에서 집단적 학습 장애를 일으키는 경우 해당 단원의 시수를 증배하여 운영하는 방법을 택할 수도 있다. 이렇게 하는 경우 실제적으로 교육과정은 만들어가는 교육과정의 역할을 하게 된다.

가. 특정 교육활동 강화
특정 교육활동을 강화하는 경우는 앞장의 교육과정 편성에서 다루었다. 다음 사례는 특정 교육활동 중 기초학습 능력 신장에 중점을 둔 경우이다.

〈표 6-3〉 기초 학력 신장을 위한 시수 증배 운영

학년	강화 내용	증배교과		감축교과	
		교과	시수	교과	시수
1	○ 바른 글씨 쓰기를 통한 글자형 교정 및 어휘력 신장 ○ 글쓰기 시간 확대를 통해 생각이나 느낌을 담은 글쓰기 능력 향상	국어	8시간	바른 생활	2시간
				슬기로운 생활	3시간
				즐거운 생활	3시간
2	○ 받아쓰기를 통한 한글 맞춤법 완성 ○ 자신의 언어를 창의적으로 표현하기 위한 언어사용 능력 향상	국어	8시간	바른 생활	2시간
				슬기로운 생활	3시간
				즐거운 생활	3시간
3	○ 수학과 연산능력 향상 ○ 교과학습 부진 해소	수학	10시간	국어	6시간
				사회	4시간
4	○ 수준별 학습을 통해 수업 내용 보충 지도와 심화 학습을 함.	수학	5시간	국어	2시간
				사회	3시간
5	○ 기초연산 능력 신장 ○ 창의적 문제 해결 능력 신장	수학	7시간	국어	3시간
				사회	2시간
				과학	2시간
6	○ 기초학력 부진에 따른 학습 불균형 현상을 극복	수학	12시간	사회	6시간
				과학	6시간

나. 진단평가 결과 반영

진단평가는 학교마다 대체로 3월 7~8일경에 이루어진다. 따라서 이를 학급 교육과정에 반영하기는 어렵다. 이를 해결하는 현실적인 방법은 학교 차원의 특정 교육활동의 반영과 진단평가 결과 반영을 이원화하는 방법이다.

다음은 진단평가 결과를 반영한 교과 시수 증감 운영 시기별 내용이다.

<표 6-4> 교과 시수 증감 운영을 위한 시기별 내용

시기	증감 운영을 위한 내용
3월	교과 시수 증감 없이 교사용 지도서를 중심으로 교육과정 운영
3월	진단평가 실시
4~7월	○ 진단평가 결과를 반영한 시수 증감 운영 계획 수립 ○ 증감 운영 시수 표 작성 및 활용 ○ 증배 운영 자료 개발 활용
2학기	여름방학 중에 증감 운영 계획 수립 및 2학기 적용

다. 증배 자료 개발 활용

시수 증배를 잘못 운영하면, 그저 교과별 차시 늘리기가 되고 만다. 앞에서 왜 증배를 하는지에 대한 인식이 뚜렷이 공유되었다면 이를 보다 조직화할 필요가 있다.

시수를 증배하는 경우는 특정 단원이나 영역에 추가적인 시수를 운영하는 것이므로 반드시 이에 대한 학습 자료가 필요하다. 이 경우 학습 자료는 그 학교 또는 학급만의 고유한 것이므로 자체 제작을 하는 수밖에 없다.

다음은 실제 시수 증배를 위해 활용한 교재 개발 사례이다.

<표 6-5> 시수 증배를 위한 교재 개발

학년군	학년	증배교과	학습 강화 내용	증배 시수(%)	교재 개발 차시	비고
1, 2	1	국어	쓰기 학습 강화	20(18.35)	20	
	2	국어	기초국어사용능력 신장	22(19.64)	22	
3, 4	3	수학	기초연산능력 강화	12(20.0)	12	
	4	수학	수학적 사고력 신장	11(18.64)	11	
5, 6	5	수학	수학과 기초연산 능력 신장	12(19.67)	12	
	6	수학	수학과 기초연산 능력 신장	12(18.75)	12	

라. 감축을 위한 교육과정 재구성 운영

사실 교육과정 자율화는 그 핵심 관건이 시수 감축에 있다. 물론 교사들이 학생들의 학력 향상을 위해 시수를 증배해서 운영을 하는 경우는 주어진 시수보다 더 운영하는 것이므로 교재만 개발되면 운영에는 그리 문제가 없다. 그러나 감축의 경우는 교과서와의 관계를 고려하지 않을 수 없다. 감축은 다음과 같이 몇 가지 방법이 있다.

① 특정 교과의 특정 차시를 감축하는 방법
② 전후 차시를 통합하는 방법
③ 타 교과 통합으로 차시를 감축하는 방법
④ 비교과 통합으로 차시를 감축하는 방법
⑤ 주제 중심의 교과 운영으로 차시를 감축하는 방법

어떤 방법을 통하든지 교육과정 재구성은 필요하다. 그러므로 시수 감축을 하는 경우에도 왜 감축을 하는지, 감축 운영을 할 경우 그 폭을 얼마나 할 것인지, 교육과정 재구성을 어떻게 할 것인지 등에 대한 사전 합의가 필요하다.

예를 들면 다음과 같다. 다음은 6학년의 감축 교과 사례이다.

교과	단원명	차시별 주제	계획 시수	감축 시수	실제 시수	비고
실과	7. 컴퓨터 와 나의 생활	정보 검색과 발표 자료 만들기	6	2	4	○ 차시통합운영 ○ 수업 내용상 재량(정보)교과와 중복 으로 차시 감축 운영
		전자 우편과 정보 나누기	6	3	3	
		계	12	5	7	

미술	9. 알리는 것 꾸미기	알리는 것 꾸미기	4	2	2	○ 차시통합운영 ○ 학습 능력을 고려하여 2차시로 충분하며, 꾸미기 구상하기는 과제 학습으로 제시하는 것이 효율적임.
	12. 현대 미술	현대 미술의 특징 알아보기	2	1	1	○ 차시통합운영 ○ 직접 체험이 불가능하므로 간단한 이론만 수업 중에 학습하고 실제 감상하는 것은 과제 학습으로 제시
		여러 가지 방법으로 감상하기				
		작품 모음집 만들기	3	1	2	○ 차시통합운영 ○ 2차시로 충분히 운영할 수 있으며 만들기 구상 및 작품 모으는 활동은 과제 학습으로 제시
	계		9	4	5	

마. 외국의 창의·인성 중심 자율화 교육과정[3]

세계 여러 나라의 교육과정을 면밀히 살펴보면 2009 개정 교육과정에서 추구하고자 하는 자율화 내용, 즉 과목 수 축소, 집중이수제, 블록타임제 도입 및 창의적 체험 활동 활성화 등이 선행적으로 이루어지고 있는 경우를 발견할 수 있다. 이에 몇 가지 사례를 통해 그 운영 과정과 결과를 살펴보면 다음과 같다.

1) 뉴질랜드 린모어 초등학교

뉴질랜드는 국가교육과정이 주어지면 각 학교에서 학교 교육과정을 충실하게 계획한다. 학교마다 교육과정에 맞게 매해 교과서를 만들어내기 때문에 통일된 교과서가 없다. 학교장은 보다 나은 학교 교육과정을 수립하기 위해서 교사들과 매일 학교에서 교육과정과 수업 방식에 대해 토의하고 교육과정을 수정해 나간다. 교과서가 없

---

3) 인천초등교육과정연구회, 『창의·인성 교육 중심의 교육과정 자율화 방안』, 2012, pp.14~17.

기 때문에 매해 새로운 교육이 펼쳐진다. 학생들은 선행 학습의 필요성을 느끼지 못하고 사교육을 받을 필요가 없는 이유이다. 또한 학교에서 예체능을 비롯하여 다양한 활동을 오후 3시까지 실시하기 때문에 따로 학원을 가야 할 이유도 없다.

수업은 매학기 주제별 프로젝트 학습으로 운영된다. 학생들은 토론을 통해 좋은 해결책을 찾아가게 된다. 따라서 학생들은 모둠활동에서 토론활동을 활발하게 펼치고 있다. 교사 없이도 그들 스스로 끊임없이 대화를 나누며 과제를 해결해 나가는 모습은 일상생활 속에 토론이 생활화되어 있음을 알게 한다.

학생들의 활동 중심 수업에서도 수업의 개별화가 여실히 드러난다. 30여 명의 학급 학생들은 소규모의 모둠으로 나뉘어 수업을 받는데 모둠마다 교재나 학습 내용이 다르다. 담임교사는 학생의 개인차를 인정하고 개인별 맞춤형 교육과정을 운영하며 차시 운영의 속도도 다르게 진행하고 있으며 학생들은 "I'm not sure"부터 "I can do it"까지 여섯 가지 카드 중 자기 수준에 맞는 카드를 들어 보이며 문제를 푸는 과정을 거친다. 학생 자신이 스스로 아는 것과 모르는 것을 정확하게 구분하고 모르는 것을 해결하기 위해 노력하는 과정이 교육과정에 드러나 있는 모습이다.

2) 독일의 발도르프(Waldorf) 교육

발도르프 교육이 90여 년이 지난 지금까지도 전 세계 학부모들로부터 많은 관심을 받고 있는 이유는 발도르프 교육이 미래 교육이기 때문이다. 설립 당시부터 아이들의 미래에 초점이 맞추어져 있고 교육과정의 중심인 인간학을 근거로 해서 지금도 교육하고 있다. 발도르프 교육과정은 아이들의 소질과 재능을 중심으로 이루어져 있는 것이 특징이다. 이를 위해 1학년 때부터 일반적인 과목과 함께 다양한 예술 수업이 시작된다. 이러한 수업을 통해 학생들은 창조적인 능력과 체험력을 배우게 된다.

발도르프 교육에서 가장 중요시하는 수업 방식으로는 '에포크' 수업이 있는데 과목별로 한 과목씩 매일 오전 2시간 정도 같은 과목을 집중적으로 3~4주 수업하는 것을 말한다. 집중 수업이 끝나면 이후 며칠 동안은 이 교과의 수업을 하지 않는다. 에포크 수업은 집중적인 학습을 통해 아이들이 학습 내용을 소화할 수 있도록 해준다. 그리고 지속적인 연습이 필요한 예술 수업이나 영어, 불어, 러시아 등 외국어는 전문 수업시간인 오후에 이루어진다.

자유 발도르프 학교는 교과서가 따로 없다. 수업 중에 일어나는 모든 일은 학생 스스로가 직접 그리고 써서 자신만의 책을 만들어낸다. 이를 통하여 학생들은 수업 충실도와 집중력, 이해도를 높일 수 있다. 학생들이 만든 책을 과목별 책을 통해 학부모들은 아이들의 발전 상황과 성과를 눈으로 직접 확인할 수 있다.

3) 스웨덴의 실용 교육

스웨덴은 교육비 비중(사교육 및 공교육)이 6.46%로 유럽에서 가장 높은 국가이며 모든 교육활동이 전액 무료로 실시된다. 1인당 국민소득이 3만 8,000달러(2008년 기준)가 넘는 나라가 선배들이 쓰던 낡은 교과서를 그대로 물려받아 사용한다.

스웨덴의 조상은 9~10세기경 활발한 활동을 한 바이킹족이다. 따라서 바이킹족에 걸맞게 대부분 보트 타기를 할 줄 안다. 어려서부터 초등학교에서 바람을 이용한 배를 다루는 수업을 받게 되고 정식 과목으로 세일링과 수영이 있어 누구나 성인이 되면 할 수 있다. 학생 때부터 환경 적응 훈련과 생존 능력을 배우는 것이다.

이러한 실용주의 교육은 초등학교와 중학교의 'WOOD'라는 수업 시간을 통해서 엿볼 수 있다. 나무로 각종 집과 장난감을 만들며 학생들은 자신의 집을 외부 도움 없이 스스로 지을 수 있는 능력을 어려서부터 기르는 것이다. 이러한 교육적 특성은 교과목 구성에서도 나타나는데 교과목 수가 전체적으로 적을 뿐 아니라 음악시간에는 기타, 피아노, 드럼 등 다양한 악기를 직접 다루고 체육 시간에는 인근 공원을 달리거나 지도를 갖고 2~3명씩 조를 짜서 목표 지점을 찾아 정해진 시간에 도달하는 것을 훈련한다. 이러한 교육방식은 초·중·고를 거쳐 대학에 가서도 일반 교양과목을 배우지 않고 바로 전공과목을 수강하도록 연계된다.

4) 핀란드의 예술 교육

핀란드의 3, 4학년용 음악 교과서를 보면 핀란드를 대표하는 록밴드의 곡과 민속음악 등 인기곡 순위에 이름을 죽 올려놓은 사람들의 곡이 여러 곡 들어 있다. 물론 명곡이라 일컫는 클래식도 있어서 오케스트라 편성은 어떻게 되어 있고 어떤 악기들이 있는지 해설을 해놓았다. 놀라운 점은 초등학생 아이를 모델 삼아 전자기타 켜는 방법을 사진과 그림으로 설명을 해놓았다는 것이다. 음악에 흥미를 느끼는 학생들이 밴드를 만들고 싶어 하면 음악 수업 시간 외에도 음악 선생님이 가르쳐주며 실력이 늘면 학교에서 발표할 기회를 주고 기성밴드를 흉내 내다가 스스로 작곡을 하고 격렬하게 연주하는 경지에 이르게 된다. 체육 수업은 1주일에 2시간 정도이나 정해진 체육복도 없고 움직일 때 편한 복장이면 무엇이든지 오케이다. 동계 스포츠인 스키, 스케이트, 크로스컨트리 등을 체육 과목에 도입하며 낚시도 훌륭한 체육 시간이 된다.

Ⅲ. 블록타임제(Block Time) 운영

교과와 창의적 체험 활동의 내용 배열은 반드시 학습의 순서를 의미하는 것이 아닌 예시적인 성격을 지니고 있으므로, 필요한 경우에 지역의 특수성, 계절 및 학교의 실정과 학생의 요구, 교사의 필요에 따라 각 교과목의 학년별 목표에 대한 지도 내용의 순서와 비중, 방법 등을 조정하여 운영할 수 있다.

각 교과목별 학습 목표를 모든 학생이 성취하도록 지도하고, 능력에 알맞은 성취가 가능하도록 다양한 학습의 기회와 방법을 제공하며, 이를 위한 계획적인 배려와 지도를 하여 학습 결손이 누적되거나 학습 의욕이 저하되지 않도록 노력해야 한다. 이를 위해 제안된 수업 방법이 블록타임제 운영이다.

블록타임제(Block Time)란 특정 과목의 수업을 월요일 1시간, 목요일 1시간 등으로 나누지 않고 월요일 2시간으로 한꺼번에 묶어 운영하는 형태를 말한다.

따라서 미술수업이 주당 1~2시간인 경우, 학생들이 주어진 시간을 활용하여 작품 완성에 어려움이 있으나 집중이수제를 통해 3~4시간 연속 수업을 진행할 경우 학생들에게는 작품의 완성도를 높일 수 있고, 교사에게는 효과적인 수업이 가능하다.

또한 1~2시간씩 분산 운영되어 과제의 완성을 도모하지 못한 문제점이 개선될 뿐만 아니라 과제 완성에 따른 성취감과 정서 함양에도 기여할 수 있다.

블록타임제를 운영한다고 모든 교과에서 매시간 그렇게 운영할 필요는 없다. 교사의 필요에 의해 블록타임제 운영이 효율적이라고 판단되는 경우에 한해서 운영하게 된다.

블록타임제 운영은 다양한 방법이 가능하다. 대체로 다음과 같다.

① 주제 중심으로 블록타임제 운영

② 음악, 미술 등 집중이수 블록타임제 운영

③ 블록타임제 운영교과 20% 증배운영

그러나 블록타임제 운영은 아직은 익숙하지 않은 시간 운영 방법이므로 적용할 경우 점진적인 방법을 택하는 것이 좋다.

1. 블록타임제의 운영

2009 개정 교육과정에서는 블록타임제를 실시함으로써 각 교과에서 학생들의 체험 활동, 창작 활동, 탐구수업, 토론수업, 발표수업이 촉진될 수 있을 것으로 기대한다.

교육 내용의 특성이나 학습자의 요구에 상관없이 항상 40분 단위로 수업이 진행되는 전통적인 시간 계획표에서는 아동의 개별성과 이를 존중해주기 위한 다양하고 융통성 있는 그리고 자율적인 교수 학습 활동이 불가능해진다. 그 결과 40분 단위 시간을 일률적으로 적용함으로써 능력이 우수한 아동들은 남는 시간을 무료하게 낭비

하고 능력이 떨어지는 아동들은 시간 안에 주어진 학습과제를 해결하지 못하고 그대로 넘어가는 비효율적인 학습을 하게 된다.

또한 일반적인 수업시간으로 인해 교사들도 사용할 수 있는 교수전략의 유형에 제한을 받는다. 효율적인 협동학습, 탐구학습, 인지획득, 질문, 역할극 및 모의실험 같은 교수 전략은 40분으로 구성된 전통적인 시간표에서 수행되기에 제한이 많다. 특히 최근에 이슈화되고 있는 STEAM 교육은 블록타임제를 필요로 하는 부분이 많다.

블록타임제란 수업 시간을 단위 시간에 따라 운영하는 것이 아니라 필요에 따라 묶어서 운영하는 형태를 갖는다. 시간을 보다 큰 묶음으로 나누어 학습자들로 하여금 하나의 과업에 집중할 수 있도록 해주며, 학습에 좀 더 참여하도록, 학습에 좀 더 적극적이 되도록, 그리고 학습자가 주체가 되는 학습이 되도록 도움을 준다.

2. 블록타임제 운영을 위한 교육과정 재구성

블록타임제를 운영하기 위해서는 여러 가지 접근 방법이 있을 수 있다. 어떤 접근 방법을 택하든 그에 합당한 교육과정 재구성이 반드시 필요하다. 그리고 그에 따라 교재 재구성을 포함한 교재 연구가 필연적이다. 아마 이러한 연유로 블록타임제가 생각보다는 일선 학교에서 환영을 덜 받는 것이 아닌가 싶기도 하다.

블록타임제를 운영할 수 있는 여건을 먼저 고려해보면 다음과 같다.
① 주제 학습: 주제 중심으로 단원을 재구조화하여 지도하게 된다. 이 경우 학생 활동이 많이 요구되는 특정 차시들을 묶어서 운영할 수 있다.

② 단원의 재구성: 특정 단원을 재구성하여 교과서 내용을 보완하여 운영할 수 있다.

③ 교과와 비교과의 통합: 창의적 체험 활동과 연계하여 운영할 수 있다.

④ 수준별 수업: 학생들의 학습 능력을 고려하여 수준별 수업을 할 경우 충분한 시간을 할애하여 지도하는 것이 효율적일 수 있다.

어떤 경우이든 시수를 20% 범위 내에서 증감 운영이 가능하며, 이를 위해서는 교육과정 재구성 노력이 필연적이다. 여기서 문제는 증배 운영을 할 경우는 심화 또는 보충적 학습이 될 것이므로 별문제가 없으나 감축할 경우 어떤 교과의 어떤 내용을 감축할 것인가를 정하는 일이 중요하다. 이는 학기 초의 진단평가 결과, 선수 학습 진단 결과 등을 토대로 신축적으로 적용할 수 있으며, 이를 위해서는 학급 교육과정 운영이 절대 필요하다.

블록타임제 수업을 할 경우 모든 교과의 모든 단원에 대해 일률적으로 실시하는 것이 아니므로 당연히 현재와 같은 40분 단위의 수업으로 충분한 경우도 있다.

블록타임제 운영을 위한 한 단원의 교수-학습 계획의 예를 들면 다음과 같다.

1차시	2~3차시	4차시	5차시	6~7차시	8차시(증배)
강의식 수업	발견·탐구 학습	토론 학습	강의식 수업	창의적 문제해결 학습	(수준별 학습)

각 교과별 블록타임제 적용은 <표 6-6>과 같은 점에 착안할 수 있다.

<표 6-6> 블록타임제 적용이 가능한 교과(군)별 학습 활동 내용

교과(군)	학습 활동
국어	읽고 쓰는 과정, 토론, 발표 등
수학	개념 익히기, 토의를 통해 문제 해결하기 등
체육	준비-연습-경기-정리/연습 및 경기의 경우 충분한 시간 필요
음악	악기 연주, 합창 등의 경우 파트 연습부터 전체 연주 및 합창까지 운영 가능
미술	작품의 완성도를 높일 수 있으며 교사에게도 효과적인 수업 가능
사회/도덕	조사, 발표, 견학, 보고서 쓰기, 토론하기, 덕목 실천하기 등 주제 통합 운영
과학/실과	실험, 관찰, 실측, 노작 활동 등 주제 통합 운영

블록타임제 적용은 모든 교과목이 대상이다. 교과 및 단원 특성상 필요시에는 주간 배당 시간 범위 내에서 한 교과를 2~3시간 이상 계속 운영할 수 있다.

탐구, 발표, 토론, 실험실습, 작품 활동 중심의 수업 활성화로 과제 및 작품 완성도를 높여 수업의 효율성을 높인다.[4]

<표 6-7> 블록타임제 운영방안 예시

교과	교과서	학습 내용	차시
사회	84~88	※ 단원 도입(다양한 삶의 모습과 관계 살펴보기) ※ 우리들이 살아가는 모습(1/3)	1~2/15
음악	28~29	빠르기를 비교하며 감상하기, 빠르기에 따라 달라지는 느낌 이야기하기	2/2
과학	62~63(실25)	▥ 땅에 사는 동물의 특징을 살펴봅시다	5/10
영어	102~103	♤ CD-ROM 타이틀 보며 듣기, 듣고 따라 말하기, 띠 빙고 놀이하기	1/4
창체		♧ 동아리 체험 활동하기	1~2/2
수학	46~48	☆ 단원 평가 및 탐구활동	7~8/9

---

4) 인천초등교육과정연구회, 위의 책 참조.

다음은 블록타임제 운영 사례이다.[5]

① 교과 간 통합을 통한 블록타임제 운영(5학년)

교과	단원	학습내용	차시	블록형태
국어	6. 깊이 있는 생각	문제에 대한 내 입장 정하기	2/6	
사회	2. 다양한 문화를 꽃 피운 고려	고려 사회에 대해 알게 된 내용으로 여러 가지 역사책 만들기	7/16	융합형
미술	4. 관찰과 표현	부분을 확대하여 표현하기	5/6	
미술	4. 관찰과 표현	부분을 확대하여 표현하기	6/6	

② 교과와 창의적 체험 활동 통합을 통한 블록타임제 운영(6학년)

교과	단원(영역)	학습내용	차시	블록형태
사회	1. 우리나라의 민주 정치	생활 속의 법(1/5) - 사회과 교실	9/17	
창의적 체험 활동	자율영역	생활 속의 법(2/5) - 법원탐방(인천지방법원)	10/17	프로젝트형
창의적 체험 활동	자율영역	생활 속의 법(3/5) - 법원탐방(인천지방법원)	11/17	
사회	1. 우리나라의 민주 정치	생활 속의 법(4/5) - 사회과 교실	12/17	

③ 교과(군)과 창의적 체험 활동의 블록타임제 운영

교과	학습주제	성취기준	차시	비고
미술	비슷한 색과 반대의 색 표현하기 (1~2/2)	비슷한 색과 반대의 색을 구분할 수 있다.	2~3/6	
창체	잔상 그림 그리기			
과학	여러 가지 씨앗을 관찰하여 봅시다.	민들레 씨앗 표본을 관찰한 후 특징을 말할 수 있다.	1/11	
창체	씨앗 표본 만들기			

---

5) 인천서림초등학교, 2009 개정 교육과정연구학교 운영 보고서, 2012 참조.

④ 교과(군) 성취기준 분석을 통한 융합 블록타임제 운영

교과	학습주제	성취기준	차시	비고
과학	나만의 저울을 만들어봅시다.(1/2)	저울의 원리를 응용하여 간이 저울을 만들 수 있다.	6/11	
과학	나만의 저울을 만들어봅시다.(2/2)		7/11	
과학	물이 얼 때의 무게와 부피 변화를 알아봅시다.(1/2)	물이 얼 때의 변화를 알고 설명할 수 있다.	4/11	
과학	물이 얼 때의 무게와 부피 변화를 알아봅시다.(2/2)		5/11	
국어	그림책 만들기(1/2)	이야기를 담아 그림책을 제작할 수 있다.	4/12	
국어	그림책 만들기(2/2)		5/12	

⑤ 교과군 간 성취기준 분석을 통한 융합 블록타임제 운영

교과	학습주제	성취기준	차시	비고
음악	노래에 맞추어 신체 표현하기	음악에 맞추어 신체표현을 할 수 있다.	2/3	
체육	리듬의 변화를 몸으로 표현하기		3/4	
체육	무용 작품 감상하기	무용을 이해하고 미적 표현을 할 수 있다.	6/6	
미술	무용을 미술로(1~2/2)		3~4/6	
과학	나무의 한살이 표현하기 (교육과정 재구성)	나무의 특징을 살려 나무의 한살이를 표현할 수 있다.	11/12	
미술	나무에 대해 알아보기		3/6	

⑥ 진로교육을 위한 블록타임제 모델 구안

주제 및 단원	학습 내용	관련 교과	구분
진로 및 적성검사	진로 및 적성검사를 통하여 나에 대하여 알기	창체	
1. 최선을 다하는 삶	정성과 노력으로 가꾸는 나의 삶	도덕	융합형 블록타임
자기 관리	나의 시간, 돈, 환경	창체	
1. 하나된 겨레	골품제와 신라 사람들의 생활모습 알아보기	사회	융합형 블록타임
교육세계의 이해	평생교육과 진로, 교과 및 진학과 진로	창체	

다음은 블록타임제 운영 사례이다.[6]

① 목적
- 블록타임제 적용을 통하여 나눔과 배려를 실천하는 창의적 인재를 기른다.
- 블록타임제 적용을 통하여 교실 수업에 변화를 꾀한다.

② 운영
- 블록타임제 운영을 위하여 다음과 같이 모형을 구안하여 적용하고 있다.

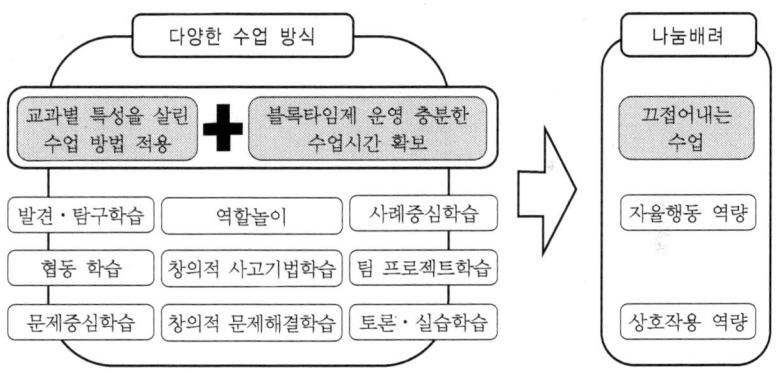

6) 인천석남서초등학교, 학교 교육 계획(2012) 참조.

- 블록타임제를 적용하기 위해 기본 시간표를 다음과 같이 구안·운영하고 있다.

구분	시간	월	화	수	목	금
등교	08:30~08:40	역할분담활동				
아침자습	08:40~09:00	아침방송 한자교육	학교특색	학급활동	한자교육	학교특색
1교시	09:00~09:40	○ 블록타임제 중 필요하면 휴식 ○ 블록타임제 아닐 경우 휴식 및 다음 학습 준비				
2교시	09:45~10:25					
중간활동	10:25~10:45	휴식 및 중간활동 - 독서지도, 기초체력운동				
3교시	10:45~11:25	○ 블록타임제 중 필요하면 휴식 ○ 블록타임제 아닐 경우 휴식 및 다음 학습 준비				
4교시	11:30~12:10					
점심시간	12:10~13:10	식사예절 지도, 편식 교정, 음식물 쓰레기 줄이기 지도				
5교시	13:10~13:50	○ 학생의 학습 능력, 흥미, 적성을 존중하고 고려하는 수업 ○ 혼자서 해결할 수 있는 적정량의 과제 제시				
6교시	13:55~14:35					

다음은 차시 통합의 블록타임제 운영 사례이다.[7]

국어 블록타임 연간지도계획

단원명	학습주제	차시	쪽수	비고
(듣·말·쓰)1. 생생한 느낌 그대로	독서 감상문 쓰는 방법을 알아보고 독서 감상문 쓰기	4~5/12	14~19	
(읽기)1. 생생한 느낌 그대로	인물의 성격을 살려 이야기를 실감 나게 읽기	11~12/12	18~27	
(듣·말·쓰)2. 정보를 찾아서	설명하는 말을 듣고, 중요한 내용을 정리하는 방법 알기	2~3/12	28~31	
(읽기)2. 정보를 찾아서	사전에서 필요한 내용을 찾아 정리하는 방법 알기 [스마트정보통신윤리교육]	8~9/12	33~38	
(듣·말·쓰)3. 이 생각 저 생각	서로 다른 의견을 비교하며 토의에 참여하기	4~5/13	52~55	

---

7) 인천석남서초등학교 4학년 3반 학급교육과정 편성·운영(2012) 참조.

양파의 왕따일기	양파에 들기 위해 경미와 놀지 않겠다고 한 정화의 행동은 올바른가? - 왕따 없는 행복한 우리 반	1~2/2		시수 증배
(읽기)3. 이 생각 저 생각	글에 제시된 의견을 비교하는 방법 알기	9~10/13	55~59	
	등장인물의 의견이 다른 글을 읽고, 글에 제시된 의견 비교하기	12~13/13	64~69	
(듣·말·쓰)4. 이 말이 어울려요	웃어른께 마음을 전하는 편지 쓰기	5~6/12	72~77	
(읽기)4. 이 말이 어울려요	높임말을 바르게 사용하는 방법 알기	8~9/12	75~79	
	높임말이 바르게 사용되었는지 생각하며 글 읽기	11~12/12	82~89	
(듣·말·쓰)5. 알아보고 떠나요	조사한 방언을 정리하고 발표하는 연습하기	4~5/12	88~91	
(읽기)5. 알아보고 떠나요	필요한 정보를 찾는 법 알기[스마트정보통신윤리교육]	8~9/12	94~97	
	필요한 정보를 찾아 내용을 정리하며 글 읽기	11~12/12	102~109	
종이밥	주인공이 처한 환경 분석하기 주인공이 처한 환경을 바꾸면 어떻게 될까?	1~2/2		시수 증배
(듣·말·쓰)6. 의견을 나누어요	문장 성분에 주의하며 제안하는 글을 쓰고, 발표하여 보기	5~6/12	110~115	
(읽기)6. 의견을 나누어요	등장인물의 의견이 적절한지 생각하며 글 읽기	11~12/12	122~127	
(듣·말·쓰)7. 넓은 세상 많은 이야기	그림책 만들기	4~5/12	130~133	
수일이와 수일이	자신의 하루 일과 컷만화 그려 미니북 만들기 내 경험과 비교하기	1~2/2		시수 증배

사회 블록타임 연간지도계획

순	단원명	학습주제	차시	쪽수	비고
1	1. 우리 지역의 자연환경과 생활 모습	우리 지역이 자리 잡은 곳 (2~3/3)	2~3/16	12~15	
2	1. 우리 지역의 자연환경과 생활 모습	우리 지역 현장 답사 (2~3/3)[교통안전교육]	14~15/16	37~41	
3	2. 주민 참여와 우리 시·도의 발전	시·도 대표는 우리 손으로(2/3)	5~6/15	60~63	
4	◆ 유적지 탐방학습	유적지 탐방학습	1~2/2	–	
5	3. 더불어 살아가는 우리 지역	도움을 주고받는 자매결연 (1~2/2)	2~3/16	86~91	
6	3. 더불어 살아가는 우리 지역	우리 지역의 안내도 (1~2/2)[교통안전교육]	14~15/16	116~121	
1학기 블록타임 수업 시수		12시간			

창의적 체험 활동 교육과정 연간지도계획

순	단원명	학습주제	차시	영역	구분			비고
					학교	학년	학급	
1	친구사랑주간	친구사랑주간 행사 참여	4~5/30	자율			○	학교특색
2	동아리 활동	동아리 활동 참여	1~2/2	동아리	○			
3	동아리 활동	동아리 활동 참여	1~2/2	동아리	○			
4	진로의 날	진로의 날 행사 참여 (표준화검사)	1~2/2	진로	○			
5	유적지 탐방학습	유적지 탐방학습[교통안전교육]	1/1	자율	○			
6	환경정화활동	유적지 자연보호[환경교육]	1/1	봉사		○		
7	1일 체험 학습	원적산 자연관찰[교통안전교육]	1/1	자율		○		과학연계
8	환경정화활동	원적산 자연보호[환경교육]	1/1	봉사		○		과학연계
9	동아리 활동	동아리 활동 참여	1~2/2	동아리	○			
10	독서교육	자신의 느낌을 그림으로 표현하기	17~8/30	자율			○	노력중점
11	독서교육	이야기 재구성하기	21~2/30	자율			○	노력중점
12	동아리 활동	동아리 활동 참여	1~2/2	동아리	○			
13	독서교육	모둠별 독서신문 만들기	26~7/30	자율			○	노력중점
1학기 블록타임 수업 시수		22시간						

다음은 블록타임제를 적용한 학급의 주간학습 안내 자료이다.

9월27일 ~10월 2일(6주)
인천석남서초등학교 4학년 3반

	월(27일)	화(28일)	수(29일)	목(30일)	금(1일)	토(2일)
1교시	읽기 ○이야기 구성 요소	체육 ☆플라잉 디스크를 이용한 게임	과학 ☞지층은 어떻게 만들어지는지 알아봅시다 과학: 56~59 실과: 24~26	듣말쓰 ○중요한 내용 간추려 쓰기	영어 ◎카드 집기 놀이하기	듣말쓰 ○중요한 내용 간추려 쓰기 – 일의 차례 – 원인과 결과
2교시	사회 ♠ 생산 활동과 직업의 세계[진로교육]	읽기 ○이야기 구성 요소			사회 ♠가정의 살림살이	
3교시	영어 ◎'개미와 베짱이' 역할 놀이하기	창체 학급홈페이지 꾸미기[정보통신윤리교육]	듣말쓰 ○내용 간추려 쓰기	사회 ♠생산 활동과 직업의 세계)[진로교육]	수학 ♣소수 한 자릿수의 뺄셈	사회 ♠가정의 살림살이[청렴교육]
4교시	수학 ♣소수 두 자릿수의 덧셈	사회 ♠직업의 세계[진로교육]	수학 ♣혼소수의 덧셈	과학 ♣퇴적암 관찰		수학 ♣혼소수의 뺄셈
5교시	음악 ♫차례 가기 가락으로 노래 부르기	음악 ♫듣고부르기로 노래 부르기		창체 4-3단계인증시험[자율/창의적 특색활동]		
6교시						

시수계	과목	국어	도덕	사회	수학	과학	체육	음악	미술	영어	창체	합계
	전주	0	0	0	0	0	0	0	0	0	0	0
	계획	7	0	5	5	3	1	4	0	2	2	29
	실시	7	0	5	5	3	1	4	0	2	2	29
	누계	17	7	10	13	14	57	19	0	9	15	131
	기준	89	26	49	65	47	48	68	0	32	51	475

Ⅳ. 수준별 수업

국가수준 교육과정은 공통 교육과정에서 학생의 능력과 적성, 진로를 고려하여 교육 내용과 방법을 다양화하도록 하고 있다. 특히 국어, 사회, 수학, 과학, 영어 교과에서는 수준별 수업을 권장하고 있다. 아울러 수준별 수업 운영을 위한 학습 집단은 학교의 여건이나 학생의 특성에 따라 다양하게 편성할 수 있으며, 학습 결손을 보충할 수 있도록 '특별 보충 수업'을 운영할 수 있다. 특별 보충 수업의 편성·운영에 관한 제반 사항은 학교가 자율적으로 결정하도록 하고 있다.[8]

따라서 학교의 여건과 학습자 및 학부모의 요구, 학습자의 수준 등을 고려하여 다양한 수준별 수업 전략을 개발하고 실시하여야 한다. 또한 학습 결손이 누적되지 않도록 적기에 특별 보충 과정을 개설하여야 한다. '특별 보충 수업'은 관련 예산과 연관되므로 치밀한 계획과 운영이 필요하며, 실제적으로 기초학습 미도달 학생들에게 도움이 되도록 운영되어야 한다.

학생들의 개인차 및 학습 능력을 고려하여 학습 수준을 달리 전개하는 수업을 우리는 흔히 수준별 수업이라고 한다. 수준별 수업의 가장 이상적인 형태는 모든 학생들이 개별 수준에 맞는 교육을 제공하는 교육의 개별화, 교육과정의 개별화를 실현하는 것이다. 이를 현실 교육과 연관 지어 보면 앞부분이 일반적으로 교실 수업에서 일어날 수 있는 상황이라면 뒷부분은 특별 보충 수업과 연관 지을 수 있다.

---

8) 국가 수준 교육과정, 4. 학교급별 공통사항 4-가-(10), (11) 참조.

1. 수준별 수업을 위한 학습 집단 편성

초등학교에서 수준별 수업 운영 시 학급 내 학습 집단 편성을 비롯하여, 학교의 여건이나 교사, 학생의 특성에 따라 다양한 방법을 활용할 수 있다.

수준별 수업을 위해서는 학교에서 학년도마다 수준별 수업계획을 수립하여 시행하도록 한다.

교과의 특성, 활동 주제의 성격, 학생의 개인차 등에 대한 교사의 판단에 따라 단일 활동 일제 수업, 단일 활동의 수준별 수업, 복수 활동 수업 등 다양한 형태로 수업을 운영할 수 있다.

수준별 수업 방법은 교과, 활동 주제, 개인차, 학교의 실정에 따라 다를 수도 있다. 학년군에 따라 정도의 차이가 있으나 다음과 같은 다양한 방법을 구안해야 한다.

① 학습자의 수준을 고려한 다양한 동기 유발 방법 및 학습 활동
② 수준별 학습을 위한 교수·학습 자료 개발
③ 학생 간 상호작용을 통한 학생 중심 수업
④ 심화 학습은 개별 학습, 자기 주도 학습, 협동 학습 중심
⑤ 보충 학습은 기본 과정 내용 학습을 위한 교수·학습 방법 개발

수준별 수업을 위한 학습 집단 편성 방법은 다음과 같이 할 수 있다.

① 이질 학급 내 수준별 분단 편성
- 편성 방법: 진단평가나 교사의 종합적인 판단에 의하여 3~4개 정도의 수준별 소집단(심화, 기본, 보충 집단) 편성

- 수업 진행 방법: 소집단 순환 학습 지도
- 교사가 소집단별로 돌아가면서 수업을 진행하고, 나머지 집단은 자신의 수준에 따른 개별 학습 진행

② 이질 학급 내 협력 학습을 위한 이질 분단 편성
- 편성 방법: 학업 성취 수준 차 고려 없이 무작위로 4~10개 소집단 편성
- 수업 진행 방법: 교사가 전체 집단 대상으로 기본 과정 중심의 수업 실시 후 교사는 도움이 필요한 학생이나 집단에 다가가 보충 지도함.

③ 집단혼용 편성
- 학급 내에서 협동 학습 집단과 수준별 집단을 동시에 운영
- 협동 학습 집단: 중·상위 학생 집단으로 자기 주도적 심화 학습
- 수준별 동질 집단: 하위 학생 집단으로 교사의 지도를 통한 보충 학습 운영

2. 수준별 수업을 위한 학습 여건

수준별 수업을 효율적으로 운영하기 위해서 다음에 예시한 바와 같이 교사 및 시설 등의 교육 여건과 환경이 갖추어지는 것이 바람직하다.

가. 교실 여건
일반적으로 각 학급에서 수준별 수업이 이루어지나 필요에 따라

서는 다양한 수업이 가능한 교실을 고려해볼 수 있다.

① 자유로운 책상·의자 배치

② 소집단 학습, 개별 학습이 가능한 교실

나. 교사 여건

다양한 교수·학습 활동에 관한 지식을 갖추고 기능이 숙달되도록 해야 한다. 특히 노력해야 할 것들은 다음과 같다.

① 전체 강의, 소집단 순환 학습 지도, 개별 학습 지도 능력

② 이질 능력 집단의 협력학습 지도 능력

③ 보조 교사, 자원 봉사자 활용: 소집단 지도나 개별 학습 지도 시 교사를 보조

다. 교수·학습 자료 여건

① 심화와 보충 내용 지도를 위한 학습 지도안 작성

② 개별 학습용 평가 문제지 준비

③ 심화 및 보충 교재: 시·도교육청 개발 교재 및 자체 제작 교재

④ 보충 학습 교재

– 교사가 담당 학생들의 수준을 고려하여 기존의 자료 재구성 활용

– 학습 정도에 따른 다양한 교재 개발 활용

3. 수준별 수업 운영 방법

수준별 수업 운영 방법은 다음과 같이 할 수 있다.

① 학생의 능력과 적성, 진로를 고려하여 교육 내용과 방법을 다양화

② 수준별 수업을 적용하는 교과의 추가 시간이 필요할 경우, 교과(군) 시수를 20% 범위 내에서 증배하여 활용 가능

③ 수준별 수업 운영을 위한 학습 집단은 학교의 여건이나 학생의 특성에 따라 편성 가능

이는 결국 교육과정 재구성과 관련되는 문제이며, 블록타임제 운영과도 관련되는 문제이다.

수준별 수업은 대체로 학습 집단 편성·운영과 관련되는 것이기도 하다. 수준별 수업을 위한 소집단 편성은 진단평가나 교사의 종합적인 판단으로 3~4개 정도로 편성하는 것이 수업 중 소집단 순환 지도에도 가장 무난하다.

수준별 수업의 집단 수준에 따른 수업 전략은 다음과 같다.[9]

〈표 6-8〉 수준별 수업의 집단 수준에 따른 수업 전략

단계	주도성 정도	수업 전략
1단계	의존적인 학습자 (낮은 수준의 자기주도성을 가진 학생)	이 단계의 학생들은 '무엇을 어떻게 학습할 것인가'에 대한 관심이 낮다. 따라서 교사는 이 단계의 학생들에게 수업 목표와 학습 방법을 명확하게 제시해줄 필요가 있다. 여기에서는 주로 교과 내용을 강의하는 것이 바람직하며, 구체적인 숙제의 부과와 학생들의 반응에 즉각적인 피드백을 제공하는 수업 전략의 활용이 권장된다.
2단계	흥미를 보이는 학습자 (약간 수준의 자기주도성을 가진 학생)	이 단계에 속한 학생들은 일단 학습에 어느 정도의 흥미를 가지고 있고, 따라서 학생들을 위해 학습에 대한 동기화에 치중해야 한다. 이 단계의 학생들에게 적절한 수업은 주로 강의와 교사 주도의 토론인데, 수업 진행 시 교과의 내용을 학생들의 흥미와 관련시키는 활동이 적극 활용될 필요가 있다.
3단계	참여적인 학습자 (보통 수준의 자기주도성을 가진 학생)	이 단계의 학생들은 자신의 학습에 스스로 가담할 태세가 되어 있다. 따라서 교사는 학생들의 의사결정을 존중하고 보다 많은 역할을 부여하여, 점차 독자적인 학습을 수행해 나가도록 해야 한다. 이 단계에서 적절한 수업방법은 교사와 토론을 하거나 집단 프로젝트를 수행하도록 권장하는 것이다.

9) 백경선, 『2009 개정 초등학교 교육과정의 이해』, 2010, 연수자료 및 인천광역시교육청, 앞의 책 참조.

4단계	자기주도적인 학습자 (높은 수준의 자기주도성을 가진 학생)	이 단계의 학생들은 자신의 학습에 책임을 질 줄 안다. 즉 학습 목표의 설정, 시간관리, 정보의 수집 및 활용, 자기평가 등을 주도적으로 수행할 수 있다. 따라서 교사는 이러한 학생들에게 도전적인 학습 과제를 스스로 해결해 나가도록 하기 위해, 장기 프로젝트, 개인연구, 학생 주도적 토론 등의 기회를 부여해도 **좋을** 것이다.

4. 학습 내용 선정 방법

학습 내용의 선택에 초점을 둔 개별화 교수·학습의 유형으로 학생들은 공통의 단일 목표와 관련된 많은 학습 내용 중에서 자신의 흥미, 관심, 필요를 고려하여 학습하고 싶은 내용이나 꼭 하여야 할 필요가 있는 내용을 선택하여 학습하도록 한다.

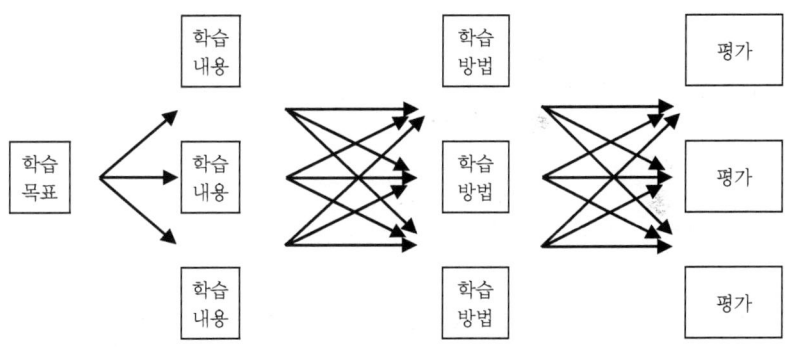

〈그림 6-1〉 학습 내용 선정 유형

〈표 6-9〉학습 내용 선정을 통한 개별화(예시)

교과	영역	단원	목표	내용 선정
국어	듣기 말하기	1-1-04 아, 재미있구나!	이야기를 듣고 어떤 인물이 나오는지 알 수 있다.	○ 이야기의 내용 알아보기 ○ 이야기의 인물 정리하기
즐생	만들기	2-2-2 만화영화속의 친구들	만화영화에서 본 것을 만들 수 있다.	○ 불을 뿜는 '용' 만들기 ○ 주인공 '오늘이' 만들기 ○ '연 꽃나무' 만들기
수학	수와 연산	1-2-3 10을 가르기와 모으기	두 구체물이나 두 수를 모아 10을 만들 수 있다.	○ 구체물로 10이 되게 더해 보기 ○ 숫자로 10이 되게 더해 보기

5. 다양한 학습 방법 적용

다양한 학습방법에 따른 개별화 교수·학습 유형은 학생들이 도달하거나 성취하여야 할 목표와 관련된 내용의 이해와 숙달을 위해 한 가지 이상의 다양한 방법들을 학생들이 자신의 관심과 흥미, 필요에 의해 선택하여 해결하도록 한다.

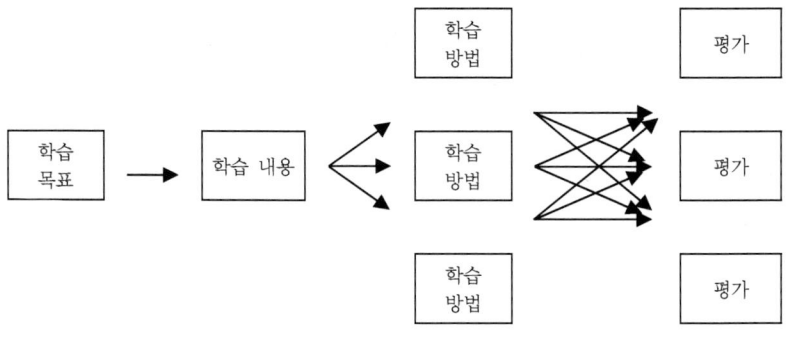

〈그림 6-2〉 학습 방법 선정 유형

〈표 6-10〉 다양한 학습 방법에 따른 개별화(예시)

교과	영역	단원	목표	학습 내용	학습 방법의 다양화
국어	읽기	2-2-2 바르게 알려줘요	새로 알게 된 내용을 알 수 있다.	새로 알게 된 것 표현하기	○ 역할극으로 꾸미기 ○ 생각 그물로 나타내기 ○ 가상 일기 쓰기
슬기로운 생활	조사 발표 하기	2-2-3 아름다운 우리나라	계절에 따라 달라지는 생활모습을 분류할 수 있다.	계절에 따라 달라지는 생활 모습 살펴보기	○ 다양한 방법으로 사진 분류하기 ○ 계절에 따른 생활 모습 정리하기 ○ 계절별 생활모습을 역할극으로 꾸며 발표하기
바른 생활	나라 사랑	2-2-4 통일을 향해서	북한사람과 우리는 같은 민족임을 이해할 수 있다.	북한과 우리는 한민족	○ 학습 주제망 완성하기 ○ 남북한 사람들이 같은 민족임을 알아보고 영역별 수직선에 표시하기 ○ 남북한 사람들이 사용하는 말 흉내 내어 보기

6. 기초·기본 학습 결손 예방을 위한 별도 프로그램 운영

국가 수준 교육과정은 각 교과의 기초적, 기본적 요소들이 체계적으로 학습되도록 계획하고, 정확한 국어사용 능력을 신장할 수 있도록 배려한다. 특히 기초적 국어사용 능력과 수리력이 부족한 학생들을 위해 별도의 프로그램을 편성·운영할 수 있도록 규정하고 있다.

그리고 각 교과의 기초적, 기본적 요소들이 체계적으로 학습되도록 계획하고, 이를 일관성 있고 지속성 있게 지도하도록 하고 있으며, 각 교과목별 학습 목표를 모든 학생이 성취하도록 지도하고, 능력에 알맞은 성취가 가능하도록 다양한 학습의 기회와 방법을 제공하며, 이를 위한 계획적인 배려와 지도를 하여 학습 결손이 누적되거나 학습 의욕이 저하되지 않게 노력하도록 규정하고 있다. 이 부분은 특별 보충 수업과 관련된다.

이를 위해 단위학교에서는 기초적 국어 사용 능력과 수리 능력이

미흡한 학생을 위해 별도의 기초 학력 증진 프로그램을 편성·운영할 수 있도록 하고 있다. 이는 초등학교 저학년 학생의 기초·기본학습 능력 제고에 대한 단위학교의 자율성과 책무성을 동시에 강조하는 조치라고 할 수 있다.

특별 보충 수업은 학교마다 별도의 운영 계획을 수립하여 시행하고 있으므로 그에 따르면 된다. 특별 보충 수업은 별도의 수당이 지급되는 경우가 있으며, 교사의 수업 시수에 산입은 되지 않는다.

〈표 6-11〉 단위 시간 내 수준별 수업 과정 모형 적용 사례

과정	시량	단계	교수·학습 활동
기본 과정	5'	도입	○ 동기 유발 ○ 문제 파악 - 생활 장면 제시(수학과의 경우 반드시 있어야 할 내용)하기 · 교사 발문 / 학생 예상 응답 - 학습문제 제시
	25'	전개	○ 문제 추구 - 학습순서(활동) 안내 ○ 문제 해결: 활동1 / 활동2 / 활동3
		형성 평가	○ 기본 학습 내용 도달 확인 - 학습 목표 도달 정도 점검 - 상위 학습군, 하위 학습군으로 나누기[10]
수준별 학습	7'	수준 별	상위 학습군 개별 학습
			하위 학습군 개별 학습(교사 직접 지도)
학습 정리	3'	학습 정리	○ 학습 내용 종합 정리 - 학습하고 나서 새롭게 알게 되거나 느낀 점 ○ 차시 예고: - 다음 차시에 공부할 내용 알아보기 * 학습 주제 및 준비물 예고 및 예습적 과제 제시

---

10) 학습 목표 도달수준이 현저히 높은 학습군을 상위 학습군으로, 중간보다 낮은 학습군을 하위 학습군으로 설정함.

V. 범교과 학습 운영 방법

국가 수준 교육과정은 범교과 학습의 경우 범교과 학습 주제와 관련되는 교과와 창의적 체험 활동 등 교육활동 전반에 걸쳐 통합적으로 다루어지도록 하고 지역 사회 및 가정과의 연계 지도에도 힘쓰도록 규정하고 있다.

범교과 학습 영역은 다음 박스 안의 내용과 같다.

민주 시민 교육, 인성 교육, 환경 교육, 경제 교육, 에너지 교육, 근로정신 함양 교육, 보건 교육, 안전 교육, 성 교육, 소비자 교육, 진로 교육, 통일 교육, 한국 정체성 교육, 국제 이해 교육, 해양 교육, 정보화 및 정보 윤리 교육, 청렴·반부패 교육, 물 보호 교육, 지속 가능 발전 교육, 양성 평등 교육, 장애인 이해 교육, 인권 교육, 안전·재해 대비 교육, 저출산·고령 사회 대비 교육, 여가 활용 교육, 호국·보훈 교육, 효도·경로·전통 윤리 교육, 아동·청소년 보호 교육, 다문화 교육, 문화 예술 교육, 농업·농촌 이해 교육, 지적 재산권 교육, 미디어 교육, 의사소통·토론 중심 교육, 논술 교육, 한국 문화사 교육, 한자 교육, 녹색 교육 등

이러한 범교과 학습은 교과와 창의적 체험 활동과 연계하여 운영되므로 융통성 있는 편성 및 운영이 요구된다.

범교과 학습은 학생, 학부모, 교사, 지역 사회의 다양한 요구를 반영하여 편성되고 운영된다. 따라서 이는 반드시 교육과정 편성·운영 계획을 수립할 때 학교운영위원회 소위원회인 학교교육과정위원회 심의를 받도록 해야 한다.

이때 유의할 것은 학습자의 학습 부담이 증가되지 않도록 하는 것이 교육적 효과를 높일 수 있다.

교수·학습 자료의 활용은 학교 자체로 제작하여 활용하거나 교육과학기술부·교육청 주관 개발 자료, 기존의 교육 프로그램이나 기타 교육 방송 프로그램, 각종 기관 발행 자료 등을 활용할 수 있다.

주요 교육 시책, 국가 시책·중점 사업 등은 학교 교육과정 속에서 통합 운영되어야 한다. 환경, 교통, 절약, 안전, 질서·준법, 경로효친, 예절 등과 같이 국가·지역·시대·사회적으로 교육과정이나 교과서에 반영되기를 요구하는 범교과적인 학습 내용은 관련 교과(군) 및 창의적 체험 활동에서 학년별로 학교 교육과정에 그 내용이 편성되어야 하고, 심도 있는 수업을 통하여 계획적·조직적·반복적으로 학습되고 실천되어야 할 것이다.

계기 교육은 교육과정에 제시되지 않은 정치, 사회, 경제, 문화 등의 사회 현안에 대한 학생들의 올바른 이해와 가치관의 확립에 도움을 주기 위해 실시할 수 있다. 이때 계기 교육의 지침을 따르도록 규정하고 있다. 지침은 교육과학기술부 또는 시·도교육청 수준에서 만들거나 학교가 자율적으로 정할 수도 있으나 상위 기관의 지침에 어긋나지 않아야 한다.

범교과 학습 운영은 다음을 고려하도록 한다.

① 교육적으로 효과를 기대할 수 있고 실천 가능성 있는 내용인가?
② 지속적으로 지도할 수 있는 내용인가?
③ 시대의 변화에 능동적으로 대응하는 능력을 기르는 데 유용하고 학생들의 직접적 체험을 중시하는 내용인가?
④ 그러한 내용을 지도할 인적 자원과 시설, 교재의 확보는 가능한가?
⑤ 각 학년의 발달 단계에 적합한가?

범교과 학습 내용은 학생, 학부모, 교사, 지역 사회의 다양한 요구를 반영하도록 해야 한다. 대체로 이와 관련해서 특별한 경우 학기가 시작되기 전의 기초 실태 분석 자료에 반영할 수 있다. 그런가 하면 학년 단위로 학기가 시작되기 전에도 기초 조사를 실시하여 이를 다음 학기 교육과정 운영 계획에 반영할 수도 있다.

이 경우 반드시 학교교육과정위원회 심의와 학교장의 결재를 받아서 시행하도록 하며, 필요한 경우 학교장은 결정된 교육활동에 대해 행정적 지원을 하게 된다.

범교과 학습 자료의 경우도 창의적 체험 활동 등과 마찬가지로 학교 자체 제작 프로그램이나 교육과학기술부 및 시·도교육청의 개발 자료, 기존의 교육 프로그램, 기타 교육방송 프로그램이나 각종 기관 발행 자료 등을 활용할 수 있다.

다음은 범교과 학습 운영 사례이다.[11]

□ **범교과 학습(예시): 경제 교육**

차시	주제명	주요 내용
1	기초 경제 개념	시장, 가격, 희소성, '청소년 경제신문' 등 활용 경제 학습
2	경제적 의사 결정	합리적 선택과 소비, 합리적 의사 결정과 태도
3	소비자는 왕이다	소비자 권리, 소비자 피해 구제, 전자상거래 유의점
4	생산 활동	생산자의 활동 모습, 생산현장 방문
5	위대한 사업가 및 회사	사업을 성공적으로 하는 기업가 소개 및 기업 방문 등

---

11) 인천광역시,『초등학교 교육과정 편성·운영 매뉴얼』, 2010, pp.96~97.

□ 현장체험학습 활동 사례

일시	2013.○.○.	장소	( ) 수질환경사업소	6학년 ( )반 성명:
학습 주제	현장체험학습을 통해 수질 오염 방지 대책을 알아본다.			
학습 목적	1. 인천 지역의 수질 오염 방지를 위한 하수처리과정을 설명할 수 있다. 2. 인천 지역의 수질 오염의 실태를 인식한다.			
학습 방법	현장체험학습			
학습 내용	하수 처리 시설 답사를 통한 ○○지역 수질 오염 실태 조사 및 수질 오염 방지 대책 수립			
학습 과정 기록	1. 하수를 정화시키는 과정을 견학하면서 다음 내용을 조사하여 적으시오. 가. 최초 침전지의 기능은? 나. 최종 침전지의 기능은 무엇이고 어떤 방법에 의해 침전을 시키는가? 다. 소화조의 기능은? 라. 위의 소화조와 같은 방법으로 유기물을 분해하여 처리하는 방법을 무엇이라고 하는가? -중략-			

□ 주제별 탐구 활동 사례

차시	탐구 주제	영역	탐구 과제 및 내용	활동 방법	비고
1 2	개항지역 조사를 통한 도시기능 변화와 개발 방향	인천 개항의 역사에 대한 고찰	○ 개항장의 풍경 ○ 개항의 역사적 배경과 과정 ○ 인천 도시 기능의 변화	ppt를 활용한 수업	
3 4 5 6		인천 개항의 역사에 대한 현장 탐구 체험하기	○ 개항장 주변 유적 및 조계지에 대한 조사 ○ 화교촌의 변화와 미래에 대한 조사 ○ 하인천, 동인천 일대의 도시 기능의 변화 경향 조사	자유 공원 일대를 돌면서 자료 수집 및 사진 촬영	
7 8		인천 개항의 역사에 대한 정리 및 발표	○ 조사 내용 정리 ○ 보고서 작성 ○ 보고서 발표 ○ 총평	발표 수업	

□ 주제별 탐구 활동 사례

차시	탐구 주제	영역	탐구 과제 및 내용	활동 방법	비고
1	환경 오염 실태 조사 및 개선 방안	환경 오염의 의미 및 현황 파악	○ 환경 오염에 대한 이해 ○ 수질, 토양, 대기 오염 등 ○ 인천 환경 오염의 현황 인식	ppt를 활용한 수업	
2					
3		인천지역의 수질 오염 실태 현장 체험하기	○ 수질 오염의 유형 및 측정 방법 습득 ○ 하수 처리 과정 이해 ○ 하수 처리 과정 답사 ○ 수질 오염을 줄이기 위한 방안 모색	가좌 수질 환경 사업소 견학	
4					
5					
6					
7		인천지역 환경 오염 방지 대책에 대한 발표	○ 인천지역 수질 오염 실태 및 개선 방안 발표 ○ 교내 환경 오염 실태 조사 및 개선 방안 발표	현장 조사 및 발표 수업	
8					

VI. 융합인재교육

최근에 이르러 융합인재교육에 대한 관심이 높다. 교과부에서는 연간 10시간 이상을 이와 관련한 내용으로 교육과정을 운영할 것을 권고하고 있다. 그런가 하면 융합인재교육을 활성화하기 위해 다양한 지원을 하고 있다.

STEAM은 과학(Science), 기술(Technology), 공학(Engineering), 예술(Art), 수학(Mathematics)을 따서 만든 용어로 통합교육의 한 가지 방법이다. STEAM은 미국의 STEM에 A를 추가하여 발전되어 온 개념이다.

우리 교육이 가지고 있는 문제점은 어려운 학습 수준과 많은 학습량, 연계와 융합이 부족한 과학교과와 문제풀이 위주의 수학교육 등이다. 하지만 STEAM 교육은 이러한 단편적인 지식 습득에서 벗어날 수 있게 한다. 이미 실생활에서 이용되는 것들 중에서 여러 가지 학문의 기술과 지식, 예술적 감각까지 집약되어 있는 것들이 많기 때문이다.

STEAM 교육은 딱딱한 교육 방식이 아닌 학습자의 흥미 증진과 탐구 및 토론학습, 소통과 협력의 수업을 지향해서 다양한 실험과 체험 활동을 통해 수학, 과학을 따분하게 여기던 학생들이 관심을 갖고, 즐겁게 공부하도록 만드는 것이 목표이다.

융합교육을 위해서는 활동을 통한 개념 이해가 반드시 선행되어야 한다. 실생활에 학문을 적용해보고, 사고력을 확장시킬 수 있도록 해야 한다.

초등학교의 융합인재교육은 교과통합적인 내용보다는 기술의 가치를 이해하고, 수학 또는 과학과 타 교과 간의 연관성을 인식하는 것에 그 의미를 두고 있다고 할 수 있다. 즉 교과서가 융합형으로 바뀌는 것이 아니라 수업에 통합교과 방식을 도입한다는 것이다.

1. 융합인재교육 학습 준거

가. 상황제시(Context)

학습에 몰입할 수 있도록 전체 프로그램을 아우르는 상황을 의미한다. 학생들이 스스로 문제 해결 필요성을 구체적으로 느낄 수 있도록 해야 한다.

나. 창의적 설계(Creative Design)

학생 스스로 문제 해결 방법을 찾아가는 과정이다. 즉 주어진 상황에서 창의성, 경제성, 효율성, 심미성을 발현하여 최적의 방안을 찾아 문제를 해결하도록 한다.

결과보다는 과정을, 지식보다는 활동을 강조함으로써 학생이 수업의 전 과정에 주도적으로 참여하면서 스스로 개념을 깨우치도록 한다.

학습의 과정은 동료 및 교사와의 소통과 나눔(협력 학습)을 통해 보다 생산적이고 가치 있는 아이디어를 반영하여 설계하게 된다.

다. 감성적 체험(Emotional Touch)

학생이 문제를 해결하였다는 성공의 경험을 갖게 한다. 학습에 대한 긍정적 감정을 느끼고 성공의 경험을 하는 것으로 학습자가 스스로 활동을 평가할 수 있는 기회를 제공함으로써 차기 열정을 가지고 새롭게 도전할 수 있는 기회를 부여한다.

2. 융합인재교육 수업 유형

융합인재교육 수업 유형은 다음과 같다.

가. 교과 내 수업형

하나의 중심 교과에 과학, 기술, 공학, 예술, 수학 요소를 연계하여 운영하는 방법이다. 예를 들면, 과학 시간에 기술, 공학, 예술, 수학 등의 관련 교과의 요소를 연계하여 학습을 하나 주된 활동 시간은 과학인 경우이다.

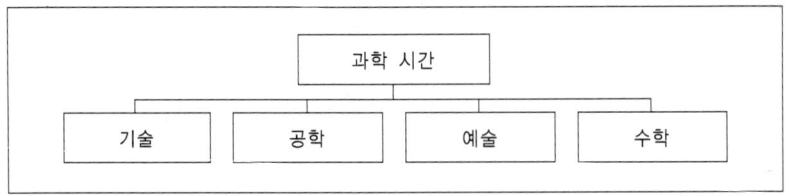

나. 교과 연계 수업형

주제 중심으로 관련된 여러 교과를 연계 운영하는 방식이다. 이 경우 관련 교과를 연속 배정하여 운영할 수도 있고, 서로 다른 요일에 배정하여 운영할 수도 있다. 서로 다른 요일에 배정하는 경우는 과제 학습을 제시하기에 알맞다.

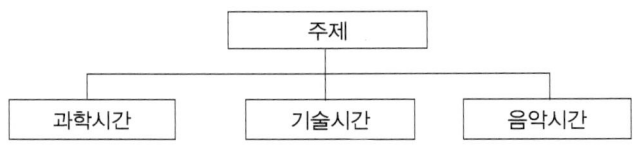

구분	월	화	수	목	금
1	과학	음악	국어	국어	음악
2	영어	수학	도덕	체육	국어
3	국어	사회	영어	과학	사회
4	국어	수학	수학	미술	과학
5	수학	과학	체육	미술	수학
6	체육	실과		창체	실과

구분	월	화	수	목	금
1	과학	음악	국어	국어	미술
2	영어	수학	과학	도덕	국어
3	국어	사회	영어	과학	사회
4	국어	수학	수학	음악	과학
5	수학	과학	체육	미술	수학
6	체육	실과	창체	창체	실과

다. 교육과정 재구성 · 창의적 체험 활동 · 방과 후 학교 활용형

주제 중심으로 학교에서 이루어지는 모든 교육활동을 포함하여 별도의 프로그램을 개발하여 운영하는 방식이다. 즉 주제와 관련된

교과를 재구성하고 여기에 창의적 체험 활동뿐만 아니라 방과 후 학교 활동까지 연계함으로써 충분한 시간을 확보할 수 있다. 그러나 현실 여건상 방과 후 학교 활동의 경우는 수익자 부담으로 이루어지고 있으므로 전체 학생을 참여시키는 데는 다소의 무리가 따른다. 전체 학생이 비용 부담 없이 방과 후 학교 활동으로 참여한다면 이는 창의적 체험 활동의 시수 증배 운영과 다를 바 없을 것이다.

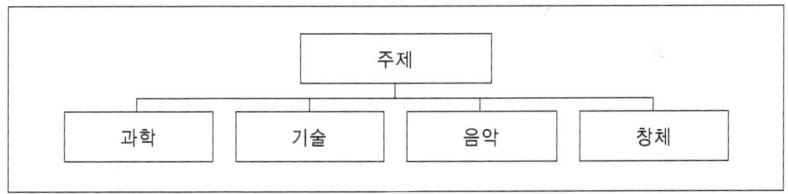

라. 학교 밖 창의적 체험 활동

많은 교육활동이 학교 밖에서 이루어지고 있다. 이를 융합인재교육으로 활용할 수도 있을 것이다 .

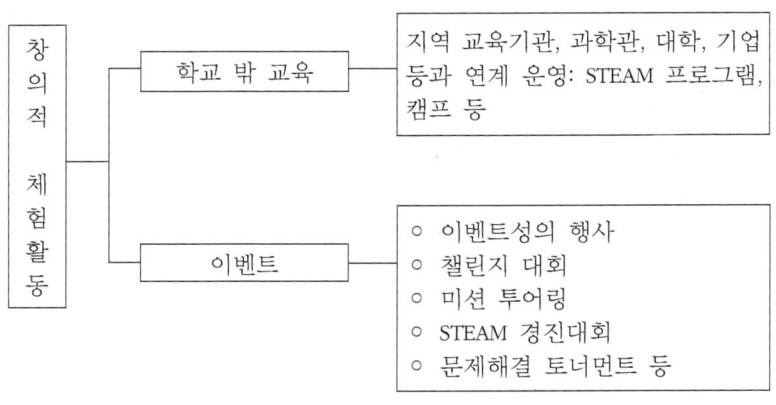

3. 운영 사례[12]

다음은 융합인재교육을 위한 교육과정 설계, 수업 형태 및 교육과정 재구성 등에 대한 3학년 운영 사례이다.

가. 교육과정의 설계

1) 기본 설계 방향

과학과 중심의 설계		시수 확보		융합인재교육 학습 준거 반영
○ 월별 주제 1개 선정 　(3~6월, 9~12월) ○ 전체 10차시 내외 구성	⇨	○ 교과 ○ 창의적 체험 활동	⇨	○ 상황 제시 ○ 창의적 설계 ○ 감성적 체험

2) 수업 형태 설계

주제 중심 수업	프로젝트 학습	문제 해결 학습

나. 교육과정 재구성 사례

월	주제	학습 유형	관련 교과
3	우리 교실 꾸미기	프로젝트	과학, 미술
4	자석으로 꾸미는 미술관	주제 중심	과학, 미술, 국어
5	생명의 뫼비우스 띠	주제 중심	과학, 미술, 체육
6	나는 기상 캐스터	주제 중심	과학, 수학, 미술, 음악
9	더불어 사는 우리	프로젝트	과학, 수학, 미술
10	닮은꼴 찾기	주제 중심	과학, 미술
11	물체의 특성 밝히기	문제 해결	과학, 미술
12	그림자의 비밀	프로젝트	과학, 도덕, 국어

---

12) 한국과학창의재단, 종합 원격연수원, 융합인재교육원격 연수자료(2012) 참조.

다. 교육과정 재구성 및 시간표 구성 사례

1) 교육과정 재구성

3학년 1학기 4단원
날씨와 우리 생활

⇨

3학년 1학기 6월
나는 기상 캐스터

2) 융합교과 적용 차시

1~2차시	3~4차시	5~6차시	7~8차시	9~10차시	11~12차시
수학	수학 · 미술	과학 · 미술	과학 · 미술	과학	과학 · 음악

라. STEAM 단계 요소의 적용

상황 제시	날씨를 전할 땐 어떤 요소들을 고려해야 할까?
창의적 설계	○ 날씨 소식 전하기 ○ UCC로 제작하기
감성적 체험	날씨 소식을 전하고 이를 UCC로 제작하면서 즐거움 및 성취감 갖기

이를 토대로 차시별 수업 안을 작성하고 실제 수업에 적용하게 된다.

Ⅶ. 창의적 체험 활동 운영

1. 운영

창의적 체험 활동 교육과정은 자율 활동, 동아리 활동, 봉사 활동, 진로 활동의 4개 영역으로 구성된다. 창의적 체험 활동에 배당된 시간 수는 학생의 요구와 학교의 실정에 기초하여 융통성 있게 배정하여 운영할 수 있다.

학교는 창의적 체험 활동이 실질적 체험 학습이 되도록 지역사회의 유관기관과 적극적으로 연계·협력해서 프로그램을 운영해야 한다.

창의적 체험 활동의 효율적인 운영을 위하여 지역 사회의 인적, 물적 자원을 계획적으로 활용하여 학생의 개성, 취미, 흥미, 특기 등이 신장될 수 있도록 한다.

창의적 체험 활동에 배당된 시간 수는 학생의 요구와 학교의 실정에 기초하여 융통성 있게 배정하여 운영할 수 있다.

① 단위학교에서는 창의적 체험 활동 연간 지도 계획을 수립하여 운영한다.

② 1학년 학생들의 입학 초기 적응교육은 창의적 체험 활동의 시수를 활용하여 자율적으로 입학 초기 적응 프로그램을 편성·운영할 수 있다.

③ 창의적 체험 활동은 학교의 독특한 교육적 필요, 학생의 요구 등에 따른 범교과 학습과 자기 주도적 학습을 위한 것이다.

④ 초등학교 창의적 체험 활동의 하위 영역은 자율 활동, 동아리 활동, 봉사 활동, 진로 활동으로 구분하며 학교와 교사, 학생의 요구와 필요에 따라 편성하여 선택적으로 운영할 수 있다.

⑤ 창의적 체험 활동은 교사의 지도를 원칙으로 하되, 일부 특수한 활동 주제에 관련된 분야는 해당 시간에 한하여 학부모, 지역 사회 인사의 도움을 받아 운영할 수 있다.

⑥ 학생들이 계획·실천·평가해볼 수 있는 자율적인 집단 활동 기회를 제공하여 공동체의식과 토론 문화가 형성되도록 지도한다.

⑦ 학생의 적성과 능력에 적합한 진로를 인식할 수 있도록 한다.

⑧ 학생 봉사 활동 계획은 학생 발달 단계와 지역 사회의 여건을 고려하여 수립하고 실천한다.

⑨ 자율 활동 중 운동회 및 학예회는 지역 주민, 동문회, 지역 단체 등이 함께 참여하는 마을 축제가 될 수 있도록 다양한 프로그램을 마련하여 운영할 수 있다.

2. 운영 유형

창의적 체험 활동에 배당된 시간 수는 학생의 요구와 학교의 실정에 기초하여 융통성 있게 배정하여 운영할 수 있다. 따라서 창의적 체험 활동은 학교의 필요에 따라 기준 시간(단위)보다 더 많은 시간을 확보하여 운영할 수 있으며, 시간 운영은 통합, 집중 등 다양한 방식으로 융통성 있게 할 수 있다. 또한 학교와 교사, 학생의 요구와 필요에 따라 범교과 학습을 창의적 체험 활동 영역과 연계하여 운영할 수도 있다.

창의적 체험 활동은 자율 활동, 동아리 활동, 봉사 활동, 진로 활동의 4개 영역으로 구성되고 있으나, 학교의 특수한 여건에 따라 꼭 이를 따를 필요는 없다. 즉 교육과정에 제시되는 영역과 활동 내용은 권고적인 성격의 것이다.[13] 즉 영역별로 학생의 요구, 학교 및 지역의 특성을 고려하여 학교의 재량으로 배정하되, 학생의 발달 단계를 고려하여 학교급별, 학년별로 활동 영역 및 내용을 선택하여 집중적으로 운영할 수 있는 것이다. 창의적 체험 활동 운영의 효율성

---

13) 교육과학기술부, 「초등학교 교육과정 총론」, 교육과학기술부 고시 제2012-41호, 2012, p.65.

을 높이기 위해 관련 교과 및 창의적 체험 활동의 하위 영역을 통합하여 편성·운영할 수도 있다. 배당된 시간은 기준 시간으로 학교의 필요에 따라 더 많은 시간을 운영할 수 있으며, 시간 운영은 통합, 집중 등 다양한 방식의 운영이 가능하다.

3. 내용 선정

교육적으로 효과를 기대할 수 있고 실천 가능성이 있는 내용, 지속적으로 지도할 수 있는 내용 등을 중심으로 내용을 선정하도록 한다.

아울러 시대의 변화에 능동적으로 대응하는 능력을 기르는 데 유용하고 학생들의 직접적 체험을 중시하는 내용인지를 검토하여 내용을 선정하도록 한다. 이 과정에서 선정된 내용을 지도할 인적 자원과 시설, 교재의 확보 문제 등은 반드시 고려해야 할 사항이다.

창의적 체험 활동의 교수·학습 자료는 학교에서 자체 제작하여 활용할 수도 있으며, 교육과학기술부 또는 시·도교육청에서 개발한 자료를 사용할 수 있다. 그런가 하면 기존의 교육 프로그램이나 기타 교육 방송 프로그램 등을 활용할 수도 있다. 창의적 체험 활동을 위해 교육 지원청 단위에서 CRM 자료를 개발하여 활용하는 곳이 많다. 이 자료는 해당 지역의 체험 활동 가능 장소 및 교육 내용을 집대성한 것이므로 활용 가치가 매우 높다.

창의적 체험 활동을 위한 인적 자원은 학급 담임 교사는 물론 외부 인사의 활용이 가능하다. 학교의 특색 사업을 위해서 별도의 내용을 구성할 수도 있으나 대체로는 범교과 학습 주제를 중심으로 하는 경우가 일반적이다. 이를 요약하면 다음과 같다.

〈표 6-12〉 창의적 체험 활동 운영의 제 변인

변인		하위 변인
상황변인	여건	지역 사회 및 학교의 실정과 여건
	요구	교원, 학생, 학부모의 요구
내용 변인	창의적 체험 활동	자율 활동, 동아리 활동, 봉사 활동, 진로 활동
방법 변인	시간 배당	균등 배당, 불균등 배당
	활동 내용	학생, 학습, 학년, 학교 및 지역사회의 특성에 맞게 학교에서 선택하여 융통성 있게 운영
	집단 편성	개인, 소집단, 학습, 학년, 학년 통합
	장소 설정	교내, 교외
	사용 교재	학교 자체 제작, 교육과학기술부 및 시·도교육청 자료, 기존의 교육 프로그램, 기타(교육방송 프로그램, 각종 기관 발행 자료 등)
	지도 교사	교과 담당교사, 담임교사 외부 강사(학부모, 지역 인사, 명예교사, 특기 자격증 소지자 등)

4. 내용 및 운영 방법

창의적 체험 활동의 영역별 구체적인 활동 내용은 학생, 학급, 학년, 학교 및 지역사회의 특성에 맞게 학교에서 선택하여 융통성 있게 운영하도록 한다.

〈표 6-13〉 창의적 체험 활동의 영역별 활동

영역	활동	활동별 내용 예시
자율 활동	적응 활동	○ 입학, 진급, 전학 등에 따른 적응 활동 등 ○ 예절, 질서 등의 기본생활 습관형성 활동, 축하, 친목, 사제동행 등 ○ 학습, 건강, 성격, 교우 등의 상담 활동 등
	자치 활동	○ 1인 1역, 학급회 및 학급 부서 활동 등 ○ 학생회 협의활동, 운영위원 활동, 모의 의회, 토론회 등
	행사 활동	○ 입학식, 졸업식, 종업식, 기념식, 경축일 등 ○ 전시회, 발표회, 학예회, 경연대회, 실기대회 등 ○ 학생건강 체력평가, 체격 및 체질 검사, 체육대회, 안전생활 훈련 등 ○ 현장학습, 수학여행, 해외문화체험 등

	창의적 특색활동	○ 학생 특색 활동, 학급 특색 활동, 학년 특색 활동, 학교 특색 활동 등 ○ 학교 전통 수립 활동, 학교 전통 계승 활동 등
동아리 활동	학술 활동	○ 외국어 회화, 과학 탐구, 사회 조사, 탐사, 다문화 탐구 등 ○ 컴퓨터, 인터넷, 신문 활용, 발명 등
	문화예술 활동	○ 문예, 창작, 회화, 조각, 서예, 전통예술, 현대예술 등 ○ 성악, 기악, 뮤지컬, 오페라 등 ○ 연극, 영화, 방송, 사진 등
	스포츠 활동	○ 구기운동, 육상, 수영, 체조, 배드민턴, 인라인스케이트, 하이킹, 야영 등 ○ 민속놀이, 씨름, 태권도, 택견, 무술 등
	실습 노작활동	○ 요리, 사육, 재배, 조경, 설계, 목공, 로봇제작 등
	청소년 단체 활동	○ 스카우트연맹, 걸스카우트연맹, 청소년연맹, 청소년적십자, 우주소년 단, 해양소년단 등
봉사 활동	교내 봉사 활동	○ 학습부진 친구, 장애인, 병약자, 다문화 가정 학생 돕기 등
	지역사회 봉사 활동	○ 복지시설, 공공시설, 병원, 농·어촌 등에서의 일손 돕기 등 ○ 불우이웃돕기, 고아원, 양로원, 병원, 군부대에서의 위문 활동 등 ○ 재해 구호, 국제 협력과 난민 구호 등
	자연환경 보호활동	○ 깨끗한 환경 만들기, 자연 보호, 식목 활동, 저탄소 생활 습관화 등 ○ 공공시설물, 문화재 보호 등
	캠페인 활동	○ 공공질서, 교통안전, 학교 주변 정화, 환경 보전, 헌혈, 각종 편견 극복 등에 대한 캠페인 활동 등
진로 활동	자기이해 활동	○ 자기 이해 및 심성 계발, 자기 정체성 탐구, 가치관 확립 활동, 각종 진로 검사 등
	진로정보 탐색활동	○ 학업 정보 탐색, 입시 정보 탐색, 학교 정보 탐색, 학교 방문 등 ○ 직업 정보 탐색, 자격 및 면허제도 탐색, 직장 방문, 직업 훈련, 취업 등
	진로계획 활동	○ 학업 및 직업에 대한 진로 설계, 진로 지도 및 상담 활동 등
	진로체험 활동	○ 학업 및 직업 세계의 이해, 직업 체험 활동 등

각 영역별 활동 내용은 다분히 예시적인 것이므로 학교에서는 학생의 발달 단계, 학교의 실정 및 지역의 특성 등을 고려하여 적합한 내용을 선정하여 운영할 수 있다.

5. 창의적 체험 활동 운영 사례[14]

□ **교육과정 재구성: 학생 흥미 중심의 프로젝트 학습**

가. 여건 형성 및 설계

1) 환경 조성
① 대구교육대학교와의 공동 연구 조직하기
② 교육과정 재구성과 프로젝트 학습 관련 교사 연수
③ 프로젝트 학습을 위한 물리적 환경 조성하기

2) 교육과정 재구성 방법 및 절차
교육과정 재구성 방법은 통합의 수준에 따라 다음과 같이 하였다.

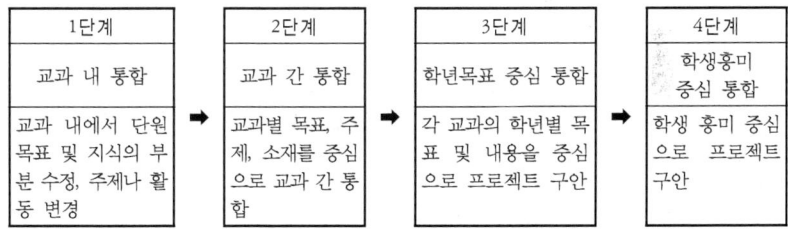

1단계	2단계	3단계	4단계
교과 내 통합	교과 간 통합	학년목표 중심 통합	학생흥미 중심 통합
교과 내에서 단원 목표 및 지식의 부분 수정, 주제나 활동 변경	교과별 목표, 주제, 소재를 중심으로 교과 간 통합	각 교과의 학년별 목표 및 내용을 중심으로 프로젝트 구안	학생 흥미 중심으로 프로젝트 구안

〈그림 6-3〉 교육과정 재구성 방법

프로젝트 학습을 위한 교육과정 재구성 절차를 ① 국가 수준 교육과정 이해, ② 학교 수준 교육과정 재구성, ③ 학생 수준의 교육과정

---

14) 남대구초등학교, 제1차 미래교육공동체포럼 발표 자료: '대도시 소규모의 학교 단위 주제 중심 창의적 체험 활동 운영 사례'에서 발췌 인용.

재구성 순으로 하였다.

학교 수준에서 1차 재구성된 교육과정은 학생의 관심 문제를 중심으로 2차로 재구성하였다.

1차 재구성					
학교 수준의 교육과정 재구성					
국가 수준의 교육과정 이해 및 분석	핵심 개념 찾기	주제 선정	핵심 개념을 중심으로 통합 가능한 과목 및 내용 찾기	예상 주제 망 작성	학생 관심 파악 및 프로젝트 계획
중심 교과의 목표 및 내용 분석	중심 교과의 공통적인 내용을 중심으로 핵심 개념 찾기	핵심 개념을 포괄하는 의미 찾기		소주제 유목화 및 활동 내용 선정	주제에 대한 관심 파악, 프로젝트 계획, 교과별 시수 조정

2차 재구성		
학생 수준의 교육과정 재구성		
새로운 지도 계획의 수립	관심 문제 해결 및 새로운 문제 생성	마무리 및 평가
학생의 관심사와 국가 수준의 목표 범위 안에서 내용 수정		러닝 페어(교사, 학생, 학부모) 활동 과정 평가(교사, 학생)

3) 학생의 관심 문제 파악을 위한 전략

전략	내용
질문 공책	학생들의 질문 공책을 활용하여 학생 개개인의 즉시적 관심사뿐 아니라, 지속적인 관심사를 파악할 수 있다.
질문 코너	궁금한 내용을 벽면에 게시된 질문 코너에 적게 함으로써 학생 간의 관심사를 알게 한다.
학생 저널 쓰기	학생 저널 쓰기를 통해 학생의 관심사와 프로젝트 진행에 대한 학생들의 탐구 과정 등을 파악할 수 있다.
녹취록	매시간마다 녹취를 하고 이를 전사하여 녹취록을 작성함으로써 프로젝트의 진행과정을 점검하고 학생들의 변화된 관심사를 파악할 수 있다.

4) 학년별 주제 선정

구분 / 학년	프로젝트 명	소주제	시수	통합 교과
1학년	학교야 반갑다	·	80	우리들은 1학년
	성장	자라는 우리	74	국어, 바른 생활, 슬기로운 생활, 즐거운 생활, 재량 활동
		정다운 우리	38	국어, 바른 생활, 슬기로운 생활
		나와 우리 집	20	국어, 바른 생활, 즐거운 생활
2학년	함께 하는 우리	함께 사는 이웃	40	국어, 바른 생활, 슬기로운 생활, 즐거운 생활
		더불어 여름나기	50	
3학년	언어활동 중심의 '동물의 한살이'	언어활동 중심의 '동물의 한살이'	64	국어, 과학, 미술, 체육, 재량 활동, 특별 활동
4학년	피라미드의 비밀	피라미드의 비밀	115	수학, 과학, 미술, 국어, 도덕, 재량 활동, 특별 활동
5학년	텃밭이 들려주는 이야기	텃밭이 들려주는 이야기	96	과학, 실과, 국어, 미술, 체육, 재량 활동, 특별 활동
6학년	신분 제도 탐험하기	신분 제도 탐험하기	87	사회, 국어, 수학, 도덕, 미술, 체육, 재량 활동, 특별 활동

나. 운영의 실제 및 적용

1) 활동 주제 선정

학생들의 관심 문제 파악하기
대구의 초등학교 수는 몇 개일까?
대구는 어디에 있을까?
대구는 무슨 뜻일까?
대구에는 무엇을 타고 갈까?
대구의 역사는 무엇일까?
대구의 날씨는 어떨까?
대구의 전통 축제는 뭐가 있을까?
대구의 인구는 몇 명일까?
대구의 수출, 수입, 예산은 얼마일까?

➡ 가장 먼저 해결할 질문 정하기

대구는 어디에 있나요?

➡ 활동 주제 정하기

대구 소개하기

2) 교사 질문 목록 작성

문제 중심 교육과정의 수업에서 교사의 발문은 수업의 흐름을 이끌어가는 데 있어서 매우 중요하다. 따라서 활동 주제가 정해지면 활동을 진행하는 데 필요한 질문들을 작성한다.

교사의 질문 목록

(1) 대구가 어디 있는지 다른 지역 어린이들에게 어떻게 설명할 것인가?
(2) 어떤 자료를 이용하면 다른 지역 어린이들이 더 잘 이해하겠는가?
(3) 대구를 설명할 때 여러분들이 이야기한 기준(방위 등) 외에 사용할 만한 다른 기준은 없는가?

---

3) 수업의 진행

주제와 관련하여 학생들이 궁금해하는 질문이나 문제, 교사의 질문 목록이 작성되면 이것을 바탕으로 학생의 관심 문제를 해결하는 과정으로서의 수업을 진행한다.

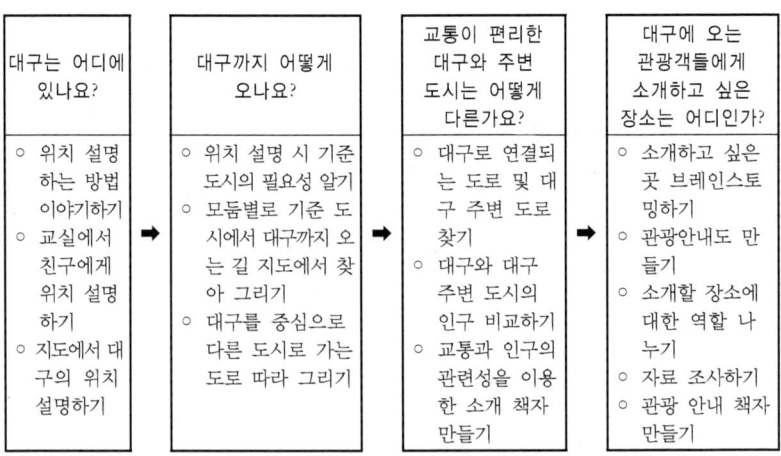

〈그림 6-4〉 '대구 소개하기' 프로젝트의 진행 과정

4) 실제안 작성

활동을 시작하기 전 사전 계획안을 작성하고, 활동을 마친 후에 사전 계획안을 수정·보완하여 다음과 같은 실제안을 작성하였다.

활동 주제: 교통과 인구를 중심으로 대구와 대구 주변 도시 비교하기	활동 시기: 4월 1주 관련 교과 및 시수: 사회(2), 재량(1)
활동 내용	활동 결과물
○ 대구로 모여드는 도로(지난 시간 작업 사진)를 보며 드는 생각 이야기하기 ○ 대구로 연결되는 도로 및 대구 주변의 도로 찾기 ○ 대구와 대구 주변 도시의 인구 비교하기 ○ 교통과 인구의 관련성을 이용한 소개하기 책자 만들기	

| 학생의 학습 내용 | ○ 대구의 교통과 인구의 관련성
- 교통이 모여드는 대구는 인구가 많다.
- 교통이 지나가는 대구 주변 도시는 인구가 적다.
- 대구보다 교통이 더욱 발달한 서울은 인구가 더 많다.
○ 교통이 발달하면 인구도 많고 다른 도시와 거래가 많을 것이다. | 차시 계획 | ○ 대구의 관광지 소개하기
- 교통이 편리하면 좋은 점 이야기하기
- 소개할 곳 정하기
- 관광안내도 만들기
- 소개할 곳에 대한 자료 조사하기
- 관광 안내 책자 만들기
- 관광 가이드가 되어 보기 |

〈그림 6-5〉 실제안 작성

Ⅷ. 운영 관련 기타 사항

1. 특별 보충 수업

국가 수준 교육과정은 각 교과의 기초적, 기본적 요소들이 체계적으로 학습되도록 계획하고, 정확한 국어사용 능력을 신장할 수 있도록 배려한다. 특히 기초적 국어사용 능력과 수리력이 부족한 학생들을 위해 별도의 프로그램을 편성·운영할 수 있도록 명시하고 있다.

각 교과목별 학습 목표를 모든 학생이 성취하도록 지도하고, 능력에 알맞은 성취가 가능하도록 다양한 학습의 기회와 방법을 제공하며, 이를 위한 계획적인 배려와 지도를 하여 학습 결손이 누적되거나 학습 의욕이 저하되지 않도록 노력한다.

공통 교육과정에서는 학생의 능력과 적성, 진로를 고려하여 교육 내용과 방법을 다양화한다. 특히 국어, 수학, 사회, 과학, 영어 교과에서는 수준별 수업을 권장하되, 수준별 수업 운영을 위한 학습 집단은 학교의 여건이나 학생의 특성에 따라 다양하게 편성할 수 있으며, 또한 학습 결손을 보충할 수 있도록 '특별 보충 수업'을 운영할 수 있도록 규정하고 있다. 이 경우 특별 보충 수업의 편성·운영에 관한 제반 사항은 학교가 자율적으로 결정한다.

일반적으로 학습부진 학생이라고 할 때는 잠재능력에 비해 학업 성취 수준이 뒤떨어진 상태의 학생을 말한다. 이와 달리 학습지진은 지적 능력(지능)의 저하로 학업 성취가 떨어진 것을 말한다. 따라서 학습부진 학생은 노력 여하에 따라서는 어느 정도 학업 성취의 효과가 있다.

학습부진 학생의 학습 결손 보충을 위한 '특별 보충 수업'은 방과 후 또는 방학 중에 설치·운영할 수 있으며, 대상 학생이 다른 학생들로부터 소외되지 않도록 유의해야 한다.

특별 보충 수업을 위해서는 학교에서 이를 위한 지도 계획을 수립하고, 행·재정적 지원을 하도록 해야 한다. 특별 보충 수업은 일반적으로 다음과 같은 절차를 거치게 된다.

○ 학습부진아 선별
  - 창의경영학교 사이트(http://creativeschool.kedi.re.kr), 한국교육
    개발원, 한국교육과정평가원 등의 자료를 활용할 수 있다.
○ 지도 교사 선정
  - 담임 책임지도, 동 학년 교사 협력 지도, 대학생 튜터 또는
    학부모, 외부 강사 등 별도 지도 교사를 활용할 수 있다.
  - 학습부진 학생 담당교사는 교육청, 연수 기관 등의 연수에
    적극 참여하도록 해야 한다.
○ 지도 카드 비치
  - 학습부진 용인을 규명하기 위한 소상한 자료가 되도록 한다.
○ 지도 자료
  - 학교에서 자체 개발한 자료, 시·도교육청 개발 자료, 한국
    교육개발원, 한국교육과정 평가원, 창의경영학교 사이트 등
    을 활용할 수 있다.
○ 가정과 연계 지도, 협력 프로그램 운영
  - 학습부진 학생은 가정의 도움을 못 받는 경우가 많다. 따라
    서 학부모의 상담, 가정 협력 프로그램 운영 등을 긴밀히
    하도록 해야 한다.
○ 지도 방법
  - 학습부진 학생 지도는 각 단원이 끝난 직후에 보충 지도를
    하는 것이 효율적이다. 이 경우는 전담교사 또는 담임교사
    의 지도가 가능하다.

2. 귀국 학생 및 다문화 가정 자녀 지원

국가 수준 교육과정은 다문화 학생을 위한 특별 학급을 설치·운영하는 경우 다문화 학생의 한국어 능력을 고려하여 이 교육과정을 조정·운영하거나, 한국어 교육과정 및 교수·학습 자료를 활용할 수 있도록 규정하고 있다.

이 경우 한국어 교육과정은 학교의 특성, 학생·교사·학부모의 요구 및 필요에 따라 주당 10시간 내외에서 운영할 수 있다.

학습부진아, 장애를 가진 학생, 귀국 학생, 다문화 가정 자녀 등이 학교에서 충실한 학습 경험을 누릴 수 있도록 특별한 배려와 지원을 하도록 한다.

귀국 학생의 경우 외국에서 태어났거나 외국 생활을 오래 했다면 우리 문화에 대해 모든 것이 서툴 수 있다. 그런가 하면 귀국 학생의 수가 극히 제한적이기 때문에 학교에서 '특별한 배려와 지원'을 하기가 다소 힘든 측면이 있다. 귀국 학생에 대해서는 교육 지원청에서 특별반을 구성해서 운영하는 경우가 많으므로 교육 지원청에 지원을 의뢰할 수 있다.

다문화 가정 자녀의 경우도 마찬가지이다. 다만 최근에는 다문화 가정이 지속적으로 증가되는 추세에 있으며, 학교마다 다문화 가정 자녀가 있는 편이다.

시·도교육청에서는 이러한 가정의 자녀들을 위해 다문화 가정 출신의 교사를 양성하고 있기도 하다. 어떻든 한국어반을 개설하는 경우 교육 지원청과 협력하여 인근 학교와 함께 운영하는 경우도 있을 것이며, 학교 자체로 다문화 가정 특별반을 개설 운영하는 방법도 있다.

그런가 하면 귀국자 및 다문화 교육 센터와 연계하여 운영할 수도 있다. 이 경우는 대체로 다음과 같다.

① 지역별 특성에 맞는 다양한 귀국자 및 다문화교육 사업 발굴, 지원

② 귀국자 및 다문화 가정 자녀 지원 자원봉사자 구성 운영

③ 귀국자 및 다문화 가정 자녀 지원 상담센터 운영

가. 추진 방법

① 귀국자 및 다문화 가정 자녀 대상 초·중학교 한국어반 중심학교 지정 운영

② 귀국자 및 다문화 가정 자녀와 일반 학생이 함께 하는 여름 캠프, 전통 체험 학습 등 운영

③ 귀국자 및 다문화 가정 자녀 대상 전통 음식 만들기 대회

④ 프로그램 및 지도자료 개발 및 보급

나. 운영 내용

① 교과 내용 연계: 귀국자 및 다문화 가정 이해하기
국제이해교육, 외국문화체험 학습, 글로벌시민교육

② 행사실시: 귀국자 및 다문화 가정을 대상으로 한 한국어·한국문화반 운영, 귀국자 및 다문화 가정 자녀와 일반학생이 함께 하는 캠프·전통체험 학습 운영

③ 귀국자 및 다문화 가정자녀에 대한 반 편견 교육활동

그 외에도 전·입학, 귀국 등에 따라 공통 교과를 이수하지 못한 학생들이 해당 교과를 이수할 수 있도록 다양한 기회를 마련해주고, 학생들이 지역 사회의 공공성 있는 사회 교육 시설을 통해 이수한 과정을 인정해주는 방안을 마련해주도록 한다.

3. 인적·물적 자원의 활용

교육활동은 교실에서만 이루어지는 것이 아니다. 창의적 체험 활동 뿐만 아니라 교과의 효율적인 운영을 위해서도 지역 사회의 인적·물적 자원을 계획적으로 활용하도록 해야 한다. 특히 최근에는 다양한 형태의 교육기부가 활성화되고 있으며, 창의적 체험 활동을 위해서 교육 지원청에서는 지역 자원 목록을 작성하여 학교에 제공하고 있어 교육의 장은 예전에 비해 훨씬 넓어졌다고 할 수 있다.

창의적 체험 활동은 교사의 지도를 원칙으로 하되, 일부 특수한 활동 주제와 관련된 분야는 해당 시간에 한하여 학부모, 지역 사회 인사의 도움을 받아 운영할 수 있다.

지역사회의 인적·물적 자원을 계획적으로 활용하여 학생의 개성, 취미, 흥미, 특기 등이 신장될 수 있도록 한다.

추진 방법 및 내용은 다음과 같다.

가. 학부모 자원 봉사대 활용
① 도서실 도서 정리 도우미, 책 읽어 주기 도우미
② 화단 관리 도우미
③ 방과 후 교실 강사

④ 학습 환경 구성 도우미

⑤ 학습 자료 제작 도우미

⑥ 교통안전 지킴이(녹색 어머니회) 활동

⑦ 학교 유해 환경 파수꾼

⑧ 교과 관련: '엄마 어린 시절 들려주기', '엄마랑 함께 하는 음
　식 만들기', '할아버지가 들려주시는 전쟁이야기' 등

나. 지역 사회 자원 활용

① '한의사'에게 직접 들어보는 직업의 세계/진로교육

② 지역사회 인사를 활용한 클럽 활동반 운영
　(노인회 회장－한자부 운영, 지역사회 어머니회 종이접기부 운
　영 등)

③ 작가 선생님께 직접 들어보는 책 밖의 이야기/국어교육

④ 지역 사회 시설을 활용한 체험 학습/수영, 박물관 등

⑤ 국악원 강사를 활용한 전통 음악 교실/문화예술교육

⑥ 지역 사회 시설을 활용한 체험 학습/수영, 박물관 등

⑦ 국악원 강사를 활용한 전통 음악 교실/문화예술교육

⑧ 지역 사회 체육관(강당)을 활용한 학예발표회

⑨ 지역 도서관을 활용한 독서 체험 활동/논술, 독서 교육

　교과, 창의적 체험 활동에 학부모 또는 지역 인사를 활용하는 내
용은 학교의 여건에 따라 다양하게 운영할 수 있다. 학기 초에 학부
모나 지역 인사를 대상으로 학교 교육활동에 봉사할 수 있는 영역을
조사하고 모집된 인사를 학년별, 내용별로 적절히 안배하여 효율적

으로 배치하여 활용할 수 있다. 인적·물적 자원 활용 계획이 학기 초 교육과정 연간 운영에 반영되어야 효율적으로 자원 활용이 가능하다.

교육과정 평가

국가 교육과정은 학교 교육과정 편성과 운영의 적합성, 타당성, 효과성을 자체 평가하여 문제점과 개선점을 추출하고, 다음 학년도의 교육과정 편성·운영에 그 결과를 반영하도록 규정하고 있다.[1] 이를 위해서 학업 성취도 평가, 교육과정 편성·운영 평가 등을 실시할 수 있다.

Ⅰ. 학업 성취도 평가

교과는 인간이 쌓아 온 지식 중 가장 중요한 것을 지식의 유형별로 학생들이 알기 쉽게 체계적으로 정리해놓은 것이다. 교과교육을 통해 학생들은 해당 지식 영역에서 가장 중요한 지식뿐만 아니라, 지식에 대한 흥미, 지식을 탐구하는 방법과 태도 등을 배운다. 학교 교육과정 가운데 교과 교육과정이 거의 대부분의 비중과 시간을 차지한다.

학교의 교육 목표는 학교 교육과정을 통하여 실현되며, 교육과정의 핵심은 교과 교육과정이기 때문에 학생 개개인이 교과 교육 목표를 얼마나 성취했는가를 평가하는 일은 매우 중요하다. 교과별 성취 목표에 대한 평가결과를 바탕으로 향후 학습의 수준이 결정되며, 이 과정을 통해 교과 교육과정이 재구성된다. 학교 교육은 이러한 평가 결과를 바탕으로 계속해서 수정·보완된다.

학교에서 실시하는 평가 활동은 다음과 같은 사항을 고려해서 이루어지도록 한다.

---

1) 교육과학기술부, 「초·중등 교육과정 총론」, 교육과학기술부 고시 제2012－14호, 2. 학교 급별 공통 사항 나 평가 활동 참조.

① 평가는 모든 학생들이 교육 목표를 성공적으로 달성하기 위한 교육의 과정으로 실시한다.

② 학교는 다양한 평가 도구와 방법으로 성취도를 평가하여 학생의 목표 도달도를 확인하고, 수업의 질 개선을 위한 자료로 활용한다.

③ 교과의 평가는 선택형 평가보다는, 서술형이나 논술형 평가 그리고 수행 평가의 비중을 늘려서 교과별 특성에 적합한 평가를 실시하도록 한다.

④ 실험·실습의 평가는 교과목의 성격을 고려하여 합리적인 세부 평가 기준을 마련하여 실시한다.

⑤ 정의적·기능적·창의적인 면이 특히 중시되는 교과의 평가는 타당한 평정 기준과 척도에 의거하여 실시한다.

⑥ 학교와 교사는 학교에서 가르친 내용과 기능을 평가하도록 한다. 학생이 학교에서 배울 기회를 마련해 주지 않고, 학교 밖의 교육 수단을 통해서 익힐 수밖에 없는 내용과 기능은 평가하지 않도록 유의한다.

⑦ 창의적 체험 활동에 대한 평가는 창의적 체험 활동의 내용과 특성을 감안하여 평가의 주안점을 학교에서 작성, 활용한다.

1. 평가의 교육적 적용

가. 학습의 진단과 치료

학생들의 학습 진보, 지체 상황 또는 균형 있는 성취도를 진단하고 그 장점을 신장·심화·발전시키는 동시에 결함·지체 등을 보충 치료하는 것은 매우 중요한 일이다. 이러한 일들은 교육자의 중요한 임무이며 평가는 이러한 일들을 하는 데 필요한 객관적 자료를 제공해준다.

나. 생활지도, 진로지도, 능력별 지도의 기초

학생 지도의 경우 어떤 분야나 학생들의 생득적 능력에 따라 개인차가 있다는 것을 기본 가정으로 삼고 있다. 이러한 개인차의 이해와 파악 없이 지도한다는 것은 극히 위험한 일이며 마치 의사가 진단 후 아무렇게나 투약하는 것과 같다고 볼 수 있다.

다. 교육과정, 학습지도의 반성과 개선

평가란 교육 목표 및 목적을 설정하고, 내용을 조직 및 배열한 후 학습 활동을 진행하는 전체적인 교육과정의 한 부분이다. 따라서 평가를 통하여 교육과정을 수정하는 계기를 마련할 수 있다.

2. 교과활동 평가

교과활동 평가는 학력 평가와 수행 평가를 중심으로 이루어진다.

학력 평가는 평가시기에 따라 총괄 평가, 단원 평가 등으로 구분되며, 수업마다 학습 목표 도달 정도 확인을 위한 형성 평가가 이루어진다. 이러한 평가들은 최근 선택형 평가 중심에서 서술형이나 논술형 평가 비중을 늘려가는 추세이다. 수행 평가 비중 역시 늘려 교과별 특성에 적합한 평가를 실시하도록 해야 한다.

가. 학력 평가

1) 총괄 평가

학력 평가는 학기별로 1~2회 정도 실시되고 있으며, 기간 동안에 이루어진 학습에 대해 평가를 실시한다. 대체로 초등학교의 경우 교과 비중이 높은 국어, 수학, 사회, 과학 등 4개 과목에 대해 평가가 이루어지며 다른 과목들은 수행 평가만 이루어지게 되는 것이 보통이다.

총괄 평가가 갖는 문제는 평가 문항 제작에 있다. 평가 문항은 대체로 선택형에 집중되어 있어 학생들의 고등정신능력을 측정하기에는 부족하다. 최근에는 서술형, 논술형 평가 방식이 점차 자리를 넓혀가고 있다.

지금까지는 교과서에 담겨 있는 절대적인 가치를 지닌 내용을 전달하고 암기하는 데 힘쓰면서 이론적으로는 자율성이나 탐구능력, 비판적 사고력 따위의 제대로 이해하기조차 힘든 고급스런 능력(지식)을 강조하는 이원적인 가치 부여 속에서 교사들이 갈등해 온 것도 사실이다.[2] 즉 이론이야 어떻든 학교에서는 질문하는 능력보다는 대답하는 능력을 기르는 데 치중해 왔다는 점에서 서술형, 논술형 평가의 폭이 넓어지고 있는 추세는 환영할 만한 일이다.

2) 단원 평가

단원 평가는 그야말로 교과별로 한 단원에 대한 학습이 끝나면 그

---

2) 강우철 편, 『달라져야 할 사회과 교육』, 서울: 교학사, 1991, pp.10~11; 한국교육과정연구회 추계학술대회, 『학교 교육과정 평가의 성격과 과제』, 2006, p.39.

단원을 어느 정도 이해하고 있는지에 대한 평가이다. 아마 학교에서 가장 활발하게 단원 평가가 이루어지는 교과는 대체로 수학과일 것이다. 수학과에서는 특별보충과정이라는 그야말로 특별한 과정이 운영되고 있는 탓이다.[3]

3) 형성 평가

형성 평가는 한 차시분의 수업에서 이루어지는 평가이다. 수업을 시작할 때 모든 교사들은 어떤 형태이든 그 시간에 해야 할 학습 목표를 제시한다. 형성 평가는 학습 목표를 학생들이 얼마나 도달했는지를 가늠하기 위한 것이다. 형성 평가 결과 수준에 미달되는 학생들에 대한 별도의 배려는 학습부진 요인을 제거하는 데 결정적인 역할을 한다.

나. 수행 평가

수행 평가는 과정을 중심으로 이루어지는 평가이다. 과정 평가란 과정을 가진 학습 과제가 있어야 한다. 일기를 예로 들면, 학생들이 매일매일 쓰는 일기를 보면서 그 학생의 하루 일과가 어떠했는지를 살피는 것은 별 의미가 없다. 일기를 통해서 생활지도를 할 수도 있으며, 맞춤법, 글짓기 등 다양한 피드백이 가능하다. 이 경우 일기는 하나의 훌륭한 수행 평가 도구가 되는 것이다. 현재 수행 평가는 모든 교과에서 이루어지고 있다. 그런데 문제는 모든 교과의 모든 영역에 대해 반드시 평가해야 하는 것으로 인식하고 있는 탓에 수행

---

[3] 물론 수학과에서만 특별보충과정이 이루어져야 한다는 것은 아니다. 수준별 교육과정이 운영되는 모든 교과에서 특별보충과정을 운영할 수 있다.

평가 문항은 거의 한 권의 책에 가깝다. 아마 그 모든 걸 다 평가하기 위해서는 수업 시간을 엄청나게 줄여야 할 판이다. 함께 생각해 볼 일이다. 수행 평가는 대체로 다음과 같은 점에서 이루어질 수 있다.

① 표현 및 태도와 관련한 관찰 평가가 조화롭게 이루어지도록 실시한다.
② 활동 상황, 진보의 정도, 특징 등을 계속적으로 누가 기록한다.
③ 구술시험, 찬·반 토론법, 실기 시험, 면접법, 관찰법, 포트폴리오 등 수행 평가의 다양한 기법들을 활용하여 창의성이나 문제 해결력 등을 파악하도록 해야 한다.

이 외에도 평가는 준거에 따라 규준 참조 평가(상대평가), 준거 참조 평가(절대평가)로 구분할 수 있으며, 평가 자료에 따라 양적 평가, 질적 평가 등으로 구분할 수도 있다.

3. 교과 활동 평가 문항 개발

교육활동의 궁극적 목적은 학력 향상이라 할 수 있다. 교육과정 운영으로 드러나는 학력 향상은 여러 차원, 여러 수준의 교육 목표가 성취되는 것을 뜻하기도 한다. 국가나 개인이나 학교가 교육 목표로 내걸고 있는, 예컨대 국가와 사회의 발전, 과학·기술의 발전, 창의력 개발, 도덕성 함양, 개인의 자아실현, 민주시민 양성 등을 비롯해서 덧셈 문제 풀기 등과 같은 것들을 성취하는 것은 곧 교육과정이 의도하는 방향의 학력 향상을 보여주는 것이다.

학력 향상이라는 이 궁극적인 목적을 잘 성취하고 있는가? 여기에 대한 대답이 곧 학교 교육의 성공, 실패와 그 정도를 말해주는 셈이다. 이것을 좀 더 세분해보면 각 교과, 각 단원, 그리고 한 시간의 수업 시간에서도 동일하게 적용되며, 이를 확인하기 위한 것이 평가이다.

평가는 교과 목표를 중심으로 하게 된다. 교과 목표는 하위 목표로 단원목표가 있고 차시목표가 있다. 평가란 이러한 목표에 대한 도달 정도를 가늠하고 다음 학습 활동에 도움을 주기 위한 것이다.

이 목표는 국가 수준의 성취기준에 부합되는 것이어야 한다. 목표에 대한 검토가 이루어지게 되면 자연스럽게 그 목표 도달 정도를 확인하는 방법적인 문제가 뒤따르게 된다. 재생적 지식을 평가할 것인가, 이해의 수준을 평가할 것인가, 아니면 사고력 수준을 평가할 것인가 등등이 그에 해당한다.

평가 문항을 제작하기 위해서는 몇 가지 절차가 요구된다. 아무런 계획 없는 즉흥적인 출제와 평가는 도달 목표나 평가 유형, 평가 방법 등이 사전에 충분히 고려되지 않아 의도적인 평가가 이루어지기 어렵다.

따라서 평가 문항의 제작에는 다음 몇 가지 절차를 거쳐야만 바람직한 문항으로 의도한 성취 수준을 정확히 파악할 수 있다.

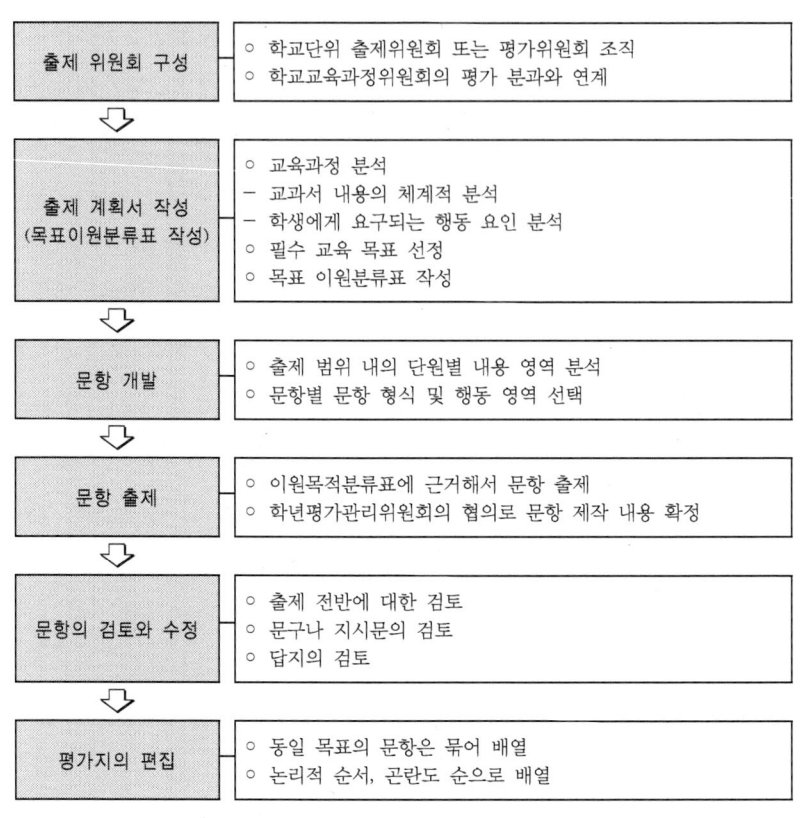

출제 위원회 구성	○ 학교단위 출제위원회 또는 평가위원회 조직 ○ 학교교육과정위원회의 평가 분과와 연계
출제 계획서 작성 (목표이원분류표 작성)	○ 교육과정 분석 – 교과서 내용의 체계적 분석 – 학생에게 요구되는 행동 요인 분석 ○ 필수 교육 목표 선정 ○ 목표 이원분류표 작성
문항 개발	○ 출제 범위 내의 단원별 내용 영역 분석 ○ 문항별 문항 형식 및 행동 영역 선택
문항 출제	○ 이원목적분류표에 근거해서 문항 출제 ○ 학년평가관리위원회의 협의로 문항 제작 내용 확정
문항의 검토와 수정	○ 출제 전반에 대한 검토 ○ 문구나 지시문의 검토 ○ 답지의 검토
평가지의 편집	○ 동일 목표의 문항은 묶어 배열 ○ 논리적 순서, 곤란도 순으로 배열

〈그림 7-1〉 평가 문항 개발 절차

가. 출제 위원회 구성

평가 문항의 제작을 위해서는 학년, 학기 단위의 출제위원회나 평가위원회를 조직 운영하는 것이 바람직하다.

나. 출제 계획서 작성

출제를 위한 목표이원분류표를 작성하는 임무에 해당된다.

1) 교육과정 분석

(1) 내용 구조와 행동 요인으로 분석한다.

(2) 평가할 내용을 명확하고 자세하며 타당성 있게 분석한다.
① 내용 구조의 분석이란 학습자가 학습할 때 소재, 즉 교과서 내용의 체계적인 분석을 말한다.
② 행동요인 분석은 학습 과제의 지도 과정에서 학생들에게 요구되는 행동 요인, 즉 학생들에게 최종적으로 요구하는 행동 요인(지식, 이해, 적용, 분석, 종합, 평가)을 말한다. Bloom 등[4]의 지적 행동 영역의 6단계 분류체계에 대해 Gronlund(1970)가 설명하고 예시하는 것을 소개하면 다음과 같다.
㉠ 지식: 사실, 개념, 원리 등을 기억할 수 있는 능력으로 찾아내는, 정의하는, 열거하는, 짝 지우는, 이름 대는, 재생하는, 가려내는 등의 능력을 말한다.
㉡ 이해력: 주어진 내용(자료)의 의미를 파악하고 해석하고 추론하는 능력으로 기술하는, 설명하는, 시범을 보이는, 구별하는, 일반화하는, 추론하는, 전화하는, 예측하는 등의 능력을 말한다.
㉢ 적용력: 개념, 원리, 법칙 등을 새로운 문제사태에 활용하는 능력으로 관계 짓는, 발견하는, 예측하는, 푸는, 작성하는 등의 능력을 말한다.
㉣ 분석력: 주어진 자료, 문제 속의 구성 요소, 조직, 구조 등을 분

---

4) Bloom 등(1950)의 "교육 목표 분류학: 지적영역", krathwohl 등(1964)의 "교육 목표 분류학: 정의적 영역", Harrow(1972)의 "심동적 영역의 분류학: 행동적 목표 작성을 위한 지침" 등을 말함.

석하는 능력으로 세분하는, 조직화하는, 추론하는, 약술하는, 가려내는, 변별하는, 예증하는 등의 능력을 말한다.

ⓜ 종합력: 주어진 자료, 문제 사태 속의 구성요소, 원리 등을 새로이 창의적으로 정리하고 조직하는 능력으로 분류하는, 구성하는, 고안하는, 설계하는, 조직하는, 계획하는, 재구성하는, 설명하는, 변용하는 등의 능력을 말한다.

ⓗ 평가력: 가치판단을 하는 능력으로 감정하는, 비교하는, 결론짓는, 입증하는, 해석하는, 서술하는, 주장하는 등의 능력을 말한다.

대체로 목표이원분류표를 작성할 때 이 여섯 가지를 일일이 열거하는 대신, 지식, 이해, 적용으로 구별하여 활용한다. 이 경우 적용은 적용력, 분석력, 종합력, 평가력을 포괄하는 의미로 사용한다.

2) 필수 교육 목표[5]

가) 필수 교육 목표 선정
① 교과 성격, 특성에 따라 필수 목표의 중요성이 판정된다.
② 교육과정의 내용 분석을 통해 필수 교육 목표를 선정한다.
③ 필수 교육 목표는 행동과 내용 두 측면이 모두 포함되어야 한다.
④ 필수 교육 목표의 진술은 학생의 종합적 행동 용어로 진술한다.
⑤ 변화된 행동을 인지할 수 있도록 세분화, 명료화되어야 한다.
⑥ 세분화된 목표 수에 따라 문항 수를 같게 한다.

---

[5] 각 교과별 단원목표가 바로 필수 교육 목표라고 보면 된다.

나) 필수 교육 목표 진술 양식

① <u>문단의 요지</u>를 <u>파악한다.</u>

    (내용)   (행동)

② <u>현미경의 구조</u>를 알고, 현미경을 <u>조작할 수 있다.</u>

    (내용)   (행동)

다) 목표이원분류표

다음은 목표이원분류표 작성을 위한 예이다.

〈표 7-1〉 목표이원분류표 예시 자료

행동＼내용	수	연산	도형	통계	계
지식	1	2	2	2	7
이해	3	2	3	3	11
적용6)	1	3	1	2	7
계	5	7	6	7	25

다. 문항 개발

교과 내용을 분석하고 필수 교육 목표의 선정을 통한 평가 목표 선정이 끝나면 이에 따라 평가 문항을 개발한다.

---

6) '적용'은 앞에서 살핀 바와 같이 적용, 분석, 종합, 평가를 포괄함을 의미한다.

1) 평가 문항의 유형 및 특성

가) 평가 문항 유형의 분류

문항의 유형은 일반적으로 채점방법에 따라 주관형(Subjective)과 객관형(Objective)으로, 학생들의 반응에 따라 선택형과 서답형으로 분류하고 있다. 선택형과 서답형은 다음과 같이 분류할 수 있다.

〈표 7-2〉 평가 문항의 분류

구분		문항 유형
선택형	선다형	최선답형, 정답형, 다답형, 미완성 문장형, 불완전 답지형, 대입형, 합답형, 부정형
	진위형	진위형, 수정형, 군집형
	배합형	단순 배합형, 복배합형
서답형	단답형	
	완성형	불완전 문장형, 불완전 도표형, 제한 완성형
	논문형	제한 반응형, 확대 반응형

나) 이원목적분류표 작성

교과에는 교과목표가 있다. 이를 세분해보면 하위 목표로 단원목표가 있고 차시목표가 있다. 평가란 이러한 목표에 대한 도달 정도를 가늠하고 다음 학습 활동에 도움을 주기 위한 것이다.

물론 이 목표는 국가 수준의 성취기준에 부합되는 것이어야 함은 말할 필요가 없다. 목표에 대한 검토가 이루어지게 되면 자연스럽게 그 목표 도달 정도를 확인하는 방법적인 문제가 뒤따르게 된다. 재생적 지식을 평가할 것인가, 이해의 수준을 평가할 것인가, 아니면 사고력 수준을 평가할 것인가 등등이 그에 해당한다. 우리는 흔히 평가를 재생적 지식을 측정하기 위해 사용하는 경우가 많다. 그것이 암기식 교육을 가져왔다. 이론적으로는 탐구학습을 이야기해도 우리들의 교실 수업은 여전히 암기식 학습 방법이 주류를 이룬다. 사회과의 역사 영역을 예로 들어보자. 교수-학습 활동은 주로 큰 사건이 일어난 시기를 암기하고, 사건이 일어난 배경이 무엇이고, 결과는 어떻게 되었는가에 초점이 맞추어진다. 그러나 사회과를 관통하는 핵심 과제는 사고력 신장이다. 사건이 일어난 배경을 암기하는 것이 아니라 다양한 역사적인 사실들을 자료로 제시하고 그 배경을 찾아가는 수업이 되어야 하는 것이다.

평가를 위해 일반적으로 다음과 같은 이원목적분류표가 사용된다. 평가 전에 반드시 이원목적분류표를 작성하고 이를 면밀히 검토하도록 해야 한다.

〈표 7-3〉 평가문항 개발을 위한 이원목적분류표

구분 영역	내용 ①	문항 형식 ②	행동 ③			선택 ④
			지식	이해	적용	
수	두 자릿수의 덧셈을 할 수 있다.	부정형, 단답형		○	○	○
연산						
도형	삼각형의 넓이를 계산할 수 있다.					×
통계						
계						

위 표에서 ①은 단원목표이며, ②는 문항 형식이며, ③은 어떤 형태로 평가할 것인가를 결정하기 위한 것이다. 그리고 ④는 최종적으로 확정한 문항 형식이다. 이러한 분류표는 사실 수업 시간마다 형성 평가 자료로 활용하면 좋다. 이 경우 하나의 목표 아래 다양한 형식의 문항을 구상해볼 수 있다.

즉 위 표에서 보면 '두 자릿수의 덧셈을 할 수 있다'라는 목표를 확인하기 위한 평가 문항은 선택형 문항으로 개발하겠다는 것이다.

2) 유형의 분류에 따른 문항 예시

(1) 선택형

① 선다형 문항

㉠ 최선답형: 여러 가지 답지 중에서 '가장 타당한' 또는 '가장 적절한' 최선의 답을 찾게 하는 형태

<예시문> 경민이는 민수의 의견을 반대하였습니다. 그 이유로 가장 적절한 것은 어느 것입니까?————————————(   )
① 떡볶이를 만들 시간이 부족하기 때문에
② 떡볶이를 안 좋아하는 사람도 있어서
③ 한 번도 떡볶이를 만들어 본 적이 없어서
④ 떡볶이 만들기보다 놀이가 하고 싶어서

㉡ 정답형: 여러 개의 답지 중에서 1개만이 정답인 형태

<예시문> 지구가 한 바퀴 자전하는 데 걸리는 시간은 몇 시간입니까?
————————————————————(   )
① 6시간   ② 10시간   ③ 12시간   ④ 24시간

㉢ 다답형: 답지에 정답이 여러 개인 형태로 응답자로 하여금 여러 개의 답을 골라야 함을 알리는 지시에 밑줄을 그어 표시하도록 한다.

<예시문> <보기>의 고조선의 여덟 개의 법(8조법)중 전해오는 세 가지의 법을 통해 알 수 있는 사실을 세 가지 고르시오.- (, ,)

─────────── <보기> ───────────

· 사람을 죽인 자는 사형에 처한다.
· 남을 다치게 한 자는 곡식으로 갚아야 한다.
· 도둑질 한 자는 데려다 노비로 삼는다. 만일 도둑질한 사람이 죄를 벗으려면 많은 돈을 내야 한다.

---

① 사회 질서가 매우 엄격했다.　　② 신분의 차이가 있었다.
③ 농사를 짓는 사회였다.　　　　 ④ 개인의 재산은 없었다.

㉣ 미완성 문장형: 문제의 진술문이 직접 질문이 아니고 일부분이
　 비어 있는 불완전 문장 형태로 직접 표시하는 방법 및 정답을
　 답지에서 찾는 방법 등이 있다.

<예시문> 다음은 표정을 보며 경험담을 들은 경우입니다. 빈 칸에 들어갈 말로 알맞은 것은 어느 것입니까?───────────── ( )

친구가 교통 사고 당한 일을 말할 때, _____ 표정으로 말하는 것을 보고, 친구가 많이 놀랐고 아팠다는 것을 알 수 있었습니다.

① 웃는　　② 찡그린　　③ 온화한　　④ 익살스러운

㉤ 불완전 답지형: 답지를 언어로 표시하면 곧 정답의 단서를 줄
　 위험이 있을 때, 그 위험을 막기 위해 답지를 생략된 기호나
　 부호로 표시하는 방법

〈예시문〉 밑줄 친 부분 중 옳은 표현은 무엇입니까?———— (　　)

> 선생님께
> 요즈음 ㉠우리가 많이 말썽을 부리지요? ㉡선생님에게 ㉢하고 싶은 말씀이 있어요.
> 앞으로 우리가 떠들거나 선생님을 힘들게 하면 그 때마다 ㉣알려주시길 바라요.
> 고치려고 노력할게요.
> ㉤길동 씀

① ㉠　② ㉡　③ ㉢　④ ㉣

㉥ 대입형: 잘된 시나 문장의 일부(즉 단어, 어구, 철자법, 문법, 구두점, 문장 표현 등)를 개악시켜 놓고, 그것을 대치할 알맞은 것을 고르도록 하는 형태로 표현력을 간접적으로 측정할 수 있어 언어 과목에 유용한 형태

〈예시문〉 다음 시에서 밑줄 친 부분을 바르게 고친 것은 무엇입니까?
———————————————————— (　　)

> 서러운 서른 살, 나이 이마에
> 불현듯 아버지의 서느런 옷자락을 느끼는 것은,
>
> 눈 속에 따오신 산수유 붉은 알알이
> 이따금 내 혈액 속에 녹아 흐르는 까닭이다.

① 지금도　② 아직도　③ 이제사　④ 어느새

㉦ 부정형: 여러 개의 답지 중에서 1개의 틀린 항목을 주고 그것을 고르게 하는 형태. 이때는 반드시 아닌, 틀린 등의 부정적 표현의 어구에 밑줄을 긋거나 다른 방법으로 주의를 환기시켜 주도록 한다.

〈예시문〉 다음 중 통일 신라의 불교 문화재가 **아닌** 것을 고르시오.
────────────────────────────── (   )
① 석가탑   ② 다보탑   ③ 안압지   ④ 천마도

◎ 합답형: 여러 개의 답지 중에서 2개의 정답이나 그 이상의 정
   답이 합해서 정답이 되는 형태

〈예시문〉 같은 방법으로 씨앗을 퍼뜨리는 식물을 바르게 고른 것의 번
호를 고르시오.────────────────────── (   )

(ㄱ) 민들레 (ㄴ) 도깨비바늘 (ㄷ) 봉숭아
(ㄹ) 감   (ㅁ) 도꼬마리

① (ㄱ), (ㄴ)   ② (ㄱ), (ㄷ), (ㅁ)
③ ㄴ), (ㅁ)   ④ (ㄴ), (ㄷ), (ㄹ)

② 진위형 문항
㉠ 단순진위형: 1개의 진술을 주고 그 진술문의 진위 또는 정오를
   판별토록 하는 문항 형태

〈예시문〉 설명이 옳으면 ○표, 틀리면 ×표를 하시오.
 (1)방위는 동, 서, 남, 북의 4방위만 표현 할 수 있다.(   )
 (2)우리 지역의 위치와 영역은 지도를 통해 살펴 볼 수 있다.(   )

㉡ 수정형: 틀린 곳을 수정해서 옳게 하는 문항 형태

〈예시문〉 보기의 문장을 높임법에 맞게 바르게 고쳐보세요.

〈보 기〉
할아버지, 생일 축하해요.

(   )

ⓒ 군집형: 한 가지 아이디어를 가진 문제에 대해 여러 각도의 진
위형 진술문을 주고 각각 진위로 판단하게 하는 문항 형태

〈예시문〉 드라마의 특성에 대하여 바르게 설명한 것은 ○,틀리게 설명
한 것은 X표를 하시오.
(1) 시간과 분량에 제약이 없다.   (   )
(2) 단막극, 연속극 등 다양한 유형이 있다.   (   )
(3) 연출가, 작가, 배우 등 여러 사람이 함께 만든다.   (   )
(4) 무대라는 장소의 제한이 있다.   (   )

---

③ 배합형 문항

㉠ 단순 배합형: 전제와 답지가 한 세트로 되어 있는 경우이며 가
장 보편적인 문항 형태

〈예시문〉 우리 지역의 생활 모습을 인구, 산업, 교통으로 나누어 조사
하려고 할 때 필요한 자료끼리 선으로 이으시오.
① 지역의 인구와 분포 ·   · ㉠ 직업 분포도
② 지역의 산업   ·   · ㉡ 교통도
③ 지역의 교통   ·   · ㉢ 인구 분포도

㉡ 복배합형: 1개의 전제에 대해 2개 이상의 답지가 관련되도록
배합시키는 문항 형태

〈예시문〉 다음 시대와 관계있는 것을 보기에서 고르시오.

보기	㉠	㉡	㉢
	뗀석기	빗살무늬 토기	동굴
	간석기	민무늬 토기	움집

	㉠	㉡	㉢
가. 구석기 -	( ) -	( ) -	( )
나. 신석기 -	( ) -	( ) -	( )

---

(2) 서답형 문항

학생들이 대답에 필요한 정보를 단어, 구, 한자, 기타 기호로 나타내야 하는 방법

① 단답형: 간단한 단어, 구, 문장, 한자, 그림 등 제한된 형태로 응답

〈예시문〉 다음은 눈이 많이 내리는 울릉도에서 지었던 투막집이다. 사진과 같은 독특한 구조를 무엇이라고 하는지 쓰시오.

(   )

② 완성형: 한 군데 또는 몇 군데를 비워 놓고 그곳에 알맞은 내용을 넣도록 하는 문항 형태

㉠ 불완전 문장형: 진술문을 불완전하게 제시하여 완전 진술문으로 만들게 하는 문항 형태

〈예시문〉 인천은 밀물과 썰물 때 바닷물의 높이 차가 크다. 썰물 때에는 바닷물이 낮아져 큰 배가 항구에 들어오기 어렵다. 그래서 인천항을 (   )(으)로 만들어 큰 배가 드나들기 편하게 하였다.

ⓒ 불완전 도표형: 도표를 불완전하게 제시하여 완전한 진술문으로 만들게 하는 문항 형태

〈예시문〉 흐르는 물의 작용을 유수대로 실험한 것입니다. 다음 표에서 빈곳에 바르게 기록하시오.

유수대	물의 빠르기	흐르는 물의 작용
위쪽	빠름	①
가운데	중간	운반 작용
아래쪽	②	퇴적 작용

ⓒ 제한 완결형: 불완전한 진술문을 주고 그곳에 들어갈 낱말을 순서 없이 혼합해서 답지로 제시한 후 골라 써 넣게 하는 문항 형태

〈예시문〉 높임말을 사용하는 방법을 생각하며 〈보기〉에서 알맞은 말을 골라 (   )안에 써 넣어 봅시다.

〈보기〉 다른, 어려운, 다,시, 습니다, 없다

상대를 높이는 뜻이 있는 (   ) 낱말을 사용하는 방법
'-(   )-'을(를) 넣어서 상대를 높이는 방법
문장을 '-(   )'(으)로 끝내서 상대를 높이는 방법

(3) 논문형 문항

암기 위주의 단순한 지식의 단계를 넘어 지식에 대한 적용 능력, 비판 능력, 감상 능력, 창의력, 종합적 판단 능력, 그리고 문장 표현 능력 등과 같은 고등정신 능력을 측정하기 위한 문항 형태

① 제한 반응형: 문장 표현력을 제외한 학업성취도를 측정하기 위한 것으로 포괄적인 주제로 합당한 결론에 도달하는 것을 요구하는 문항 형태

<예시문> 다음 글에 나타난 글쓴이의 주장을 쓰시오.

> 명확한 목적이 있는 사람은 험난한 길에서도 앞으로 나아간다. 하지만, 아무런 목적이 없는 사람은 순탄한 길에서조차 앞으로 나아가지 못한다. 목적지를 뚜렷하게 세우고, 미래를 위하여 지금 무엇을 해야 할지 정하자. 그에 따라 체계적으로 준비하고 노력하는 사람에게 행복한 삶을 살 자격이 주어진다.

② 확대 반응형: 응답자 마음대로 표현하되 조직, 평가, 분석, 명확한 표현, 창의성 발휘 등 자신의 능력 특성을 반응에 나타나게 하는 형태의 문항

<예시문> 방송의 사회 공익적 기능을 논하시오.

> ※ 문제 : 내가 읽은 이야기에서 기억에 남는 인물과 기억에 남는 까닭을 쓰고, **이야기 속 인물과 나를 관련지어** 나를 소개하는 글을 써 보시오.

라. 문항의 검토와 수정

개발된 문항은 수차에 걸쳐 검토·수정·보완되어야 하고, 문항의 검토는 학생들의 입장에서 되어야 하며, 문항에 대한 여러 가지 문제 제기에 대한 방어적인 태도가 아닌 수용적 자세가 필요하다.

1) 출제 전반에 대한 검토

① 교육과정 목표에 부합되고 있는가?

② 출제 계획표에 의거 출제되었는가?

③ 시중 문제지와 똑같은 문항은 아닌가?

④ 지나치게 세부적이고 특정 지식을 묻고 있지는 않은가?

⑤ 지나치게 쉽거나 어렵지 않은가?

2) 문두나 지시문의 검토

① 정답 시비가 없도록 조건이 충분히 표현되었는가?

② 문두에 정답의 단서가 있지 않은가?

③ 문두에 문항과 관계없는 군말이 없는가?

④ 부정문보다는 긍정문으로 서술되었는가?

3) 답지의 검토

① 정답이 교육과정에 준거하고 있는가?

② 무답이거나 2개 이상의 정답이 있지는 않은가?

③ 답지가 질문의 내용과 모두 직접적인 관련이 있는가?

④ 정답에 대한 시비가 뒤따르지 않는가?

⑤ 답지의 길이는 비슷한가?

⑥ 답지의 배열이 논리적인가?

⑦ 정답의 위치가 특정 답지에 편중되지는 않았는가?

⑧ 매력적인 오답으로 구성되었는가?

마. 평가지의 편집

문항 검토의 수정이 끝나 문항으로서 확정이 되면 평가지를 편집한다.

① 동일한 목표영역이 2개 이상이면 한 곳으로 묶어 배열하고, 논리적 순서가 있으면 그 순서대로 하되 곤란도 순으로 배열한다.

② 주관식, 객관식 혼합의 경우 논리적인 순서가 없을 시에는 객

관식, 주관식의 순으로 배열한다.

③ 한 검사 문항이 평가지의 쪽을 달리하면 시각적 사고의 단절을 가져올 수 있으므로 같은 문항은 같은 쪽에 배열한다.

바. 좋은 평가 문항의 조건

1) 객관식 문항

문항을 제작하는 일, 특히 좋은 문항, 타당한 문항을 제작하는 일은 문항 제작에 관한 이론과 지식도 폭넓게 필요로 하지만, 그에 못지않게 오랜 동안의 경험에서 얻어진 감수성이 상당히 요구된다. 그러나 이보다 더 중요한 것은 평가하려는 교과목, 학습과제, 교수목표에 관한 분명하고 명확한 이해와 이것을 문항으로 변환, 번역하는 능력의 소유 여부에 달려 있다.

좋은 문항을 작성하기 위한 일반적인 절차는 다음과 같다.

① 평가가 주요한 학습 방법임을 분명히 하고 문항을 제작하여야 한다

평가 문항의 해결 과정은 학습자가 가장 주의 집중이 잘되는 상황이므로 교육적인 효과가 매우 높다는 것을 감안하여 평가 문항의 타당도나 신뢰도에 크게 영향을 주지 않는 범위 내에서 학습시킬 주요 내용을 설명으로 포함시키는 것이 좋다.

② 평가 목표와 문항 내용은 일치되어야 한다

평가 목표와 문항 내용이 일치해야 하나 그렇다고 하여 교재(특히

교과서) 내용 또는 학습한 내용을 그대로 문항으로 만들어서는 곤란하다. 교재에서 따온 문장이나 학습한 내용을 그대로 출제하면 기계적 암기를 목적으로 하는 평가가 될 가능성이 크기 때문이다.

③ 출제자의 출제 의도가 학생들에게 정확히 전달되어야 한다

㉠ 문항은 쉬운 용어로 간결하고 분명하게 서술한다.

㉡ 문항 작성에서 복잡한 어구의 배열은 피한다(특히 종속절, 조건이 많이 붙은 복합문이나 긴 문장은 사용하지 말 것).

㉢ 형용사, 부사 등의 사용은 가급적 억제하고 정확한 의미를 가진 단어를 사용한다.

㉣ 문항 작성에서 가능한 한 부정 문장의 사용을 피한다.

④ 답지 중 정답은 분명하고, 오답은 매력적으로 작성한다

㉠ 객관식 문항 제작의 가장 중요한 기술은 답지의 틀을 짜는 기술이다. 답지 가운데 정답은 누가 보아도 분명하고 논쟁이 없어야 할 정도로 명확해야 하며, 오답은 그 대신 자신이 없는 학생에게는 그럴듯하게 만들어야 한다.

㉡ 매력적인 오답은 정답에 대한 단서를 주지 않는 것이다. 만약 모든 학생이 정답의 단서에 의해 정답을 찾았다면 그 문항은 아무런 변별력을 갖지 못한 문항이 된다. 정답의 단서가 되는 요인에는 여러 가지 형태가 있다.

ⓐ 언어적 연상 때문에 주는 단서

ⓑ 문법적 구조 때문에 주는 단서: '－이', '－가'라는 토씨는 앞에 나오는 명사의 받침에 의해 결정된다.

ⓒ 오답과 정답의 길이를 비슷하게 작성한다. 대개 정답의 길이는 길고 자세하며, 오답은 짧게 되는 경향이 있다.

ⓓ 정답의 위치가 고정적인 경향 때문에 주는 단서

ⓔ 문항 간에 공통된 요소가 있을 때 단서를 준다.

ⓕ 정답이 아닌 것만 현실 생활과 동떨어져 있는 표현을 사용한 경우이다.

⑤ 문항 내용 중 가능한 반복되는 어구가 없도록 하여 답지는 간결하게 한다

묻는 말이나 답지에 반복되는 어구가 있다는 것은 문항이 간결하지 못하다는 것을 의미하며, 그것은 학습자가 문항의 내용을 이해하는 데 혼란을 일으킬 가능성이 커진다는 것을 의미한다. 따라서 답지마다에 반복되는 어구가 있으면 그것을 문두에 삽입시켜 표현함으로써 답지를 간결하게 하는 것이 좋으며, 묻는 말 속에는 직접 물어보려는 내용과 꼭 관련되어 있는 것만을 간결하게 표현하는 것이 좋다.

⑥ 가능한 문두는 자세히 표현하고 답지는 간결하게 줄인다

⑦ 문항은 될 수 있는 대로 도표, 통계 등 구체적이고 실제적인 자료를 이용하는 것이 바람직하다. 문항은 이미 설정해놓은 평가 목표를 충실하게 측정하기 위해 제작된다. 문항의 대부분을 언어로 표현하게 되면 평가 의도나 목표와는 달리 문장 독해력이나 어휘력을 평가하는 문항이 되기 쉽다. 지필 검사에 가

장 크게 영향을 주는 언어적 요소를 가능한 한 배제시키고 평가하려고 하는 목표만을 평가해내는 것은 바로 그 문항의 타당도를 높이기 위한 노력의 일부라고 할 수 있다. 도표와 통계 등 구체적 자료를 활용하여 문항을 작성하게 되면 언어로 학습한 것을 실제 문제에 얼마나 적용할 수 있는가 하는 분석력 및 종합적 판단력 등 고등정신 능력 분석에 보다 효과적일 수 있다.

⑧ 문항은 쉬운 것에서부터 어려운 것으로 제시되어야 한다

이것은 꼭 지켜야 할 원칙은 아니지만 학생들의 동기 유발이나 심리적 상태를 안정시키기 위해서는 쉬운 문항부터 차례로 문항이 제시되어야 한다.

⑨ 논란의 여지가 없는 문항을 출제한다

급격한 지식의 팽창과 함께 쉽게 변화되기 쉬운 내용이나 시대적 낙후성이 있는 낡은 지식을 출제하지 않도록 하기 위해 평가 목표의 선정에서부터 평가 내용, 출제 방식에 이르기까지 세심한 주의를 하여야 한다.

⑩ 답지 작성에 있어서 중첩은 피해야 한다

예를 들어, 답지가 "① 5-10, ② 10-15, ③ 15-20, ④ 20-25" 같은 경우를 말한다. 이는 답지의 정확성이나 정밀성이 결여되어 있다고 볼 수 있다.

⑪ 단답형 문항 작성에 있어서 답을 쓸 수 있는 여백을 적절하게

마련해야 한다

답을 채울 여백이 너무 작거나 큰 것은 좋지 않다. 왜냐하면 여백의 크기가 정답의 단서가 될 수도 있기 때문이다.

2) 주관식 문항

(1) 학생의 입장에서 문항이 제시되어야 한다
① 문항은 쉬운 것부터 차례로 배열한다.
② 문항 수를 학생의 능력에 맞게 적절히 조절한다.

(2) 지식보다는 고등정신능력을 측정하도록 한다
주관식 평가 문항은 다른 문항 형식에서는 측정하기 어려운 사고력, 추리력, 종합력, 비판력, 분석력, 응용력, 표현력, 창의력과 같은 고등정신 기능의 측정이 용이하다는 장점이 있다. 주관식의 이러한 장점을 살리기 위해서는 이원목적분류표의 진술에 따라서 그 의미를 분명히 재음미하고, 그에 적절한 문항을 제작해야 한다. 따라서 '－을 설명하라'는 식으로 짧게 기술하는 것보다는 문제 상태가 될 만한 충분한 자료를 제시하는 것이 좋다.

(3) 질문이 명확해야 한다
평가 문항이 무엇을 묻고 있는지, 어떤 근거에서 답을 해야 하는지에 대한 한계를 명료하게 제시하여야 한다. 그렇지 않은 경우 학생들은 무엇을 어떻게 응답하여야 할지 모르게 되어 평가자의 의도와 기호를 추측해서 점수를 얻어야 하는 퀴즈 게임이 되는 셈이다.

(4) 객관적인 채점을 고려하여 제작되어야 한다

① 채점 기준, 배점 등을 미리 제시한다.

② 평가 문항의 객관성 유지를 위해 문항 제작과 동시에 모범 답안지를 작성한다.

3) 각 유형이 요구하는 사항

(1) 선택형 문항이 요구되는 사항

① 평가받을 학생 수가 많다거나 동일한 평가문항을 다시 사용할 가능성이 있을 때

② 보다 신뢰할 수 있는 평가문항을 원할 때

③ 평가의 공정성과 객관성 및 다른 불필요한 요인이 평가 결과에 영향을 미칠 가능성을 가능한 제거하고자 할 때

④ 비판적으로 답안지를 채점할 능력이 부족한 대신 객관적 평가 문항을 제작하는 데 더 자신이 있다고 생각될 때

(2) 서답형 문항이 요구되는 사항

① 평가 대상 학생 수가 적고 또한 같은 평가 문항을 다시 사용할 필요가 없을 때

② 학생들의 문장 구성력이나 표현 능력을 아울러 평가해 보고자 할 때

③ 학업성취보다도 학생들의 태도나 의견에 더 많은 관심이 있을 때

④ 채점자가 답안지를 비판적으로 채점하는 데에 더 자신이 있다고 생각되는 경우

⑤ 답안지를 채점할 시간보다는 평가문항을 작성할 시간적 여유
   가 없을 때

4. 창의적 체험 활동 평가

창의적 체험 활동은 학교마다 그 내용이 다르게 운영된다. 따라서
교사들이 금과옥조로 여기는 교과서도 없다. 모든 것들이 학교의 자
율에 맡겨져 있다. 창의적 체험 활동은 체험 활동 중심으로 수업이
이루어지므로 평가도 창의적 체험 활동의 내용과 특성을 감안하여
자율 활동, 동아리 활동, 봉사 활동, 진로 활동 등 4개 영역을 중심
으로 수행 평가가 이루어지도록 한다.

평가는 학생들의 질적 진보 정도, 행동 변화, 특기 사항 등이 잘
나타나도록 해야 하며, 각 영역별로 참여도, 협력도, 열성도, 활동 실
적 등이 골고루 반영된 평가 척도를 제작하여 활용하도록 한다.

평가 방법은 관찰, 실적, 질문지, 자기 평가, 상호 평가, 관찰 및
활동 기록, 질문지, 작품 분석, 포트폴리오 등 다양한 평가 방법 활
용이 활용될 수 있으며, 평가 결과는 활동 실적, 진보의 정도, 행동의
변화, 특기 사항 등을 종합하여 문장으로, 계속적·누가적으로 기록하
며, 학생들의 발달 정도를 가늠하는 평가이므로 총괄 평가처럼 특정 기
간이 아니라 수시로 평가하고 최종적으로 종합 처리하는 방법이 좋다.

Ⅱ. 학교 교육과정 평가

1. 계획 단계

가. 학년 초 학교 교육과정 자체 평가 준비

학교 교육과정이 학교 특성에 맞게 최적의 수준으로 편성되고 계획에 따라 제대로 운영되고 있는지 점검하기 위하여 다음과 같은 절차에 따라 단계별 세부 추진 계획을 수립하여 평가한다.

〈표 7-4〉 평가 단계별 세부 추진 현황

평가 단계	세부 추진 내용	시기	담당
계획	(1) 자체 평가 계획 수립	3월	기획·조정분과
	(2) 평가 내용 및 평가 일정 공지		
	(3) 평가위원 구성 및 평가 실시 방법 연수		
실행	(1) 자체 평가 실시 및 평가 자료의 수집	7월·12월 초	평가·분석분과
	(2) 수집된 평가 자료의 분석 및 종합	7월·12월 중순	
	(3) 준거별 장점 및 문제점 추출		
	(4) 개선 방안 수립 및 자체 평가 보고서 작성		
활용	(1) 자체 평가 보고서 공지	7월	기획·조정분과
	(2) 보고서를 활용한 자체 연수 실시	1월	
	(3) 홍보자료로 활용	7월·12월	
	(4) 학교 교육과정 운영의 개선에 반영	8월·1월	
	(5) 학교 발전 중장기 계획에 반영	1월	
	(6) 학교교육 계획의 수정·보완	1~2월	

자체 평가를 위한 평가 계획을 수립하여 구체적인 평가 일정과 영역을 확정하고, 교사들이 충분히 준비할 수 있도록 사전에 연수를 실시하도록 한다.

나. 학교교육과정위원회가 중심이 되어 자체 평가 준비

학교교육과정위원회는 일반적으로 학교 구성원 모두가 참여하는 형태로 운영되는 경우가 많다. 따라서 평가의 효율성을 기하기 위해 학교교육과정위원회의 기획·조정분과와 평가·분석 분과 등을 중심으로 별도의 자체 평가위원회를 구성·운영하면 좋다.

평가·분석 분과에서는 시·도교육청 초등학교 교육과정 편성·운영 지침을 분석하고 단위 학교의 특성에 맞는 평가 영역, 평가 준거, 평가 지표를 설정하게 된다.

국가 및 지역 수준 교육과정 분석
⇩
학교 수준 교육과정 분석
⇩
분석 결과에 따라 영역별 평가 준거 설정
⇩
영역별 평가 준거에 따른 평가 지표 설정
⇩
평가 지표에 따른 평가 내용 설정

〈그림 7-2〉 자체 평가 지표에 따른 내용 설정 과정

학교 교육 계획서에 다음과 같은 교육과정 자체 평가 실시 계획을 포함하도록 한다.

① 학교 교육과정 자체 평가 목적
② 학교 교육과정 자체 평가 방법
③ 학교 교육과정 자체 평가 결과 보고서 작성

학교 교육과정 자체 평가 계획을 수립할 때의 유의사항은 다음과 같다.

① 학교 교육과정에 대한 요구분석 실시: 현재 학교에서 이루어지고 있는 요구분석은 대부분 교사, 학생, 학부모에 대한 간단한 설문 분석으로 운영하나, 다각적인 검토사항을 적절히 반영하여야 만족스런 평가가 가능하다.

② 학교 교육과정 편성 시 요구분석은 교육과정 수혜자인 학부모나 학생, 공급자인 교사 외에 교육과정을 실현할 수 있는 학교의 제반 시설과 여건에 대한 분석을 동시에 실시하여 반영하도록 해야 한다.

③ 설문지에 의존한 정량적 기법에서 벗어나 구성원들 간의 워크숍, 면담 등의 정성적 기법도 병행하도록 한다.

학교의 모든 교원이 학교 교육과정 편성의 주체이므로 계획 단계에서 일부 교원(교장이나 교감 또는 부장 교사)만이 참여하는 것은 학교 교육과정에 대한 학교 구성원들의 공감과 이해를 구하지 못하고 출발하는 것이며, 결국은 교육과정 수행조차 어렵게 만드는 근본 원인이 된다.

교육과정 평가는 외적인 평가보다는 교사들의 내적인 평가가 중요하다. 즉, 교육과정 평가는 교사가 학교 교육과정의 내용과 조직에 대해서 신뢰하며 타당한 가치를 부여할 수 있게 하고, 자신들이 참여하여 만든 교육과정을 통한 교육 목표의 성취에 자신감을 갖도록 하는 데 목적을 두어야 한다.

2. 실행 단계

학교 교육과정 편성·운영에 대한 평가는 다음 학년도 학교 교육
계획 수립을 위하여 실시하는 학교의 교육활동 전반에 대한 평가의
한 부분으로 실시된다. 학교 교육과정 편성·운영 평가는 자체 평가
에 의해 이루어지며, 그 영역과 대상은 <표 7-5>와 같다.

〈표 7-5〉 학교 교육과정 편성·운영 자체 평가 영역 및 대상

대상 영역	교원	학생	학부모
1. 학교 교육과정 연구와 개발	○	○	○
2. 학교 교육과정 기본 계획	○	○	○
3. 교과 교육과정 및 학습 지도	○	○	○
4. 창의적 체험 활동 계획 및 운영	○	○	○
5. 학교 교육과정 지원 체제	○	○	○

학교 교육과정 편성·운영의 영역별, 대상자별 자체 평가 문항 작
성은 필요한 경우 학교 교육 계획 수립을 위한 평가와 별도로 실시
하는 경우도 있다. 어떻든 영역, 대상자별 문항은 학교의 특수성을
반영하여 다양하게 작성하여 활용하면 된다.

어떻게 하든 평가의 목적은 학교 교육과정 편성·운영을 위한 개
선에 있으므로 각 영역별로 장단점 및 문제점을 구체적으로 파악하
여 개선책을 강구하도록 한다. 이 과정에서 필요에 따라 외부의 전
문가들로부터 자문을 받는 것도 좋은 방법이다.

3. 활용 단계

영역별, 대상별로 실시한 자체 평가 결과에 대해서는 보고서를 작성하도록 한다.

보고서는 자체 평가가 종료되는 즉시 작성하는 것이 좋으며, 영역별, 대상별 평가 결과 만족스럽게 운영되고 있는 영역과 그렇지 않은 영역 등을 포함하여 가급적 자세히 작성하도록 한다. 자체 평가 결과는 교직원 연수, 워크숍, 교무회의 등을 통해 자유롭게 토론, 특히 만족스럽게 운영되지 못하고 있는 영역의 원인 및 해결 방안을 중점적으로 논의하는 기회를 갖도록 하는 것이 좋다.

이러한 과정을 거친 평가 결과는 다음 교육과정 편성·운영에 적극 반영되도록 해야 한다.

학교 교육과정 편성·운영 평가를 반드시 학기 말에 제한적으로 실시할 필요는 없다. 오히려 교육과정 운영 평가는 특정 교육활동이 종료된 시점에서 실시하는 것이 가장 바람직하다.

평가 역시 설문조사, 학생·학부모 면담, 협의회, 교직원 연수 등 다양한 방법이 활용될 수 있으므로 평가 시점, 내용 등을 고려하여 학교에서 정하면 된다.

Ⅲ. 학교 교육과정 평가 영역별 내용

1. 학교 교육과정 계획

가. 학교 교육과정 연구 · 개발

일반적으로 학교교육과정위원회는 교무회의와 같이 학교 구성원이 모두 참여한다. 특별한 경우 부장회의 등으로 구성되기도 하나 이는 지극히 예외적이다. 학교교육과정위원회는 업무의 효율을 기하기 위하여 하위 조직을 운영하게 되는데 자체 평가와 관련해서는 주로 기획 · 조정 분과와 평가 · 분석 분과 등에서 담당하게 된다. 자체 평가는 학교 구성원의 다양한 의견을 담도록 해야 한다. 직급, 학년, 전담 등을 고려하여 전문성이 있는 교원이 고루 참여하도록 하는 것이 좋다.

학교 교육과정 계획 단계에서는 학교 교육과정의 정당성 확보를 위한 노력이 평가되어야 한다.

국가 수준 교육과정 분석, 시 · 도교육청 초등학교 교육과정 편성 · 운영 지침 및 사례 분석, 시 · 도교육청의 교육 시책, 주요 지표 및 정책 방향 분석 등이 여기에 해당한다.

나. 기초 조사

학교 교육과정 편성 · 운영 계획 수립을 위해 동원된 기초 조사에 대한 평가이다. 평가 관점은 기초 조사 자료에 대한 평가와 기초 조사 분석 내용을 어떻게 반영하였는지 등이 주된 내용이다.

학교 교육 여건 분석 및 시사점 추출을 위해 교직원 현황, 학교 여건, 학생과 학부모 실태 및 요구, 지역 사회의 특성을 조사하고 분석하였으며, 이를 적극 반영하였는지를 평가할 수 있다.

전년도 교육과정 운영 실태 평가를 위해서는 ① 교육과정 개선을 위한 위원회 활동, 협의회 운영 실태 분석 여부, ② 교과(군), 창의적 체험 활동 영역의 전년도 교육과정 운영 실태 분석 여부 등을 분석할 수 있다.

교원, 학생, 학부모 등을 대상으로 현황 분석, 실태 분석, 의견 수렴 등을 통해 교육과정의 실현 가능성을 평가할 수 있다. 그리고 이러한 의견 수렴을 통한 평가 결과 분석이 가장 일반적으로 활용되고 있다.

2. 학교 교육과정 기본계획

학교 교육과정 기본 계획 수립에 대한 평가는 대체로 다음과 같은 점들을 중심으로 할 수 있다.

가. 학교 교육과정 기본 계획 수립의 적절성

1) '학교 교육과정 연구와 개발' 내용의 반영 여부
① 학교별 교육 여건 분석, 학생 및 학부모 실태 분석, 전년도 교육과정 운영 실태 분석 등의 반영 여부
② 교육과정 기준과 관련 지침 내용의 반영 여부

2) 학교 교육 목표 설정의 적합성

① 학교의 교육 여건 및 특성에 따른 교육 목표 설정 여부

② 학교 교육 목표의 실현 가능성

3) 학교 교육과정 기본 계획 수립 과정의 적절성

① 학교 구성원의 의견 수렴 과정

② 학교 중장기 발전 계획과의 연계성

③ 학교 구성원의 의견 수렴 및 구체화된 학교 교육과정 기본 계획 수립으로 학교 교육 목표의 실현 가능성 확보

나. 학교 교육과정 편성의 타당성

1) 시·도교육청 초등학교 교육과정 편성·운영 지침에 근거한 교육과정 편성

① 교과(군), 창의적 체험 활동 영역의 편성 기준 준수

② 초등학교 교육과정 시간배당 기준과 수업 시수 확보 및 요일·학기 간 균형성

2) 학교 교육 여건을 반영한 교육과정 편성

① 특색 사업 또는 역점 사업의 적절성

② 교과 영역 편성의 적절성

③ 창의적 체험 활동 등 교과 외 활동 계획의 적절성

④ 교육과정 지침 등 관련 규정과 학교별 교육 여건을 반영한 학교 교육과정 편성으로 교육 수요자의 교육만족도 제고

다. 학교 교육과정 편성·운영의 적합성

1) 학교 교육 목표 및 교육활동 중점 사항 반영
① 교과(군), 창의적 체험 활동의 편성
② 학교 특색 프로그램의 편성·운영 노력

2) 학교 교육과정 편성·운영의 일치성
① 교과목의 교과(군)별·학년군별 균형 편성의 적절성
② 학기 말, 학년 말 교육과정 운영의 충실도

라. 학교 교육과정 편성의 타당성

1) 시·도교육청 초등학교 교육과정 편성·운영 지침에 근거한
   교육과정 편성
① 교과(군), 창의적 체험 활동 영역의 편성 기준 준수
② 초등학교 교육과정 시간배당 기준과 수업 시수 확보 및 요일·
   학기 간 균형성

2) 학교 교육 여건을 반영한 교육과정 편성
① 특색 사업 또는 역점 사업의 적절성
② 교과 영역 편성의 적절성
③ 창의적 체험 활동 등 교과 외 활동 계획의 적절성
④ 교육과정 지침 등 관련 규정과 학교별 교육 여건을 반영한 학
   교 교육과정 편성으로 교육 수요자의 교육만족도 제고

마. 학교 교육과정 편성·운영의 적합성

1) 학교 교육 목표 및 교육활동 중점 사항 반영
① 교과(군), 창의적 체험 활동의 편성
② 학교 특색 프로그램의 편성·운영 노력

2) 학교 교육과정 편성·운영의 일치성
① 교과목의 교과(군)별·학년군별 균형 편성의 적절성
② 학기 말, 학년 말 교육과정 운영의 충실도

3. 교과 교육과정 및 학습지도

가. 교과 교육과정 계획의 충실성

1) 계획 수립 과정의 적절성
① 교과 교육과정 계획 수립 시 학교 교육 목적 반영 여부
② 교과 교육과정 운영 및 교수 활동을 평가한 결과의 반영 여부
③ 교과(군)별 협의회 및 학년교육과정위원회의 구성과 운영의 활
  성화 정도
④ 학교 교육과정 및 교과(군) 교육과정 연수 계획의 충실성

2) 학교 특성에 적합한 교육과정 운영 계획
① 학교의 교과별 성취 목표 및 기준 설정 여부
② 주 5일 수업제 등을 반영한 국가 수준 교과 교육과정의 재구성 여부

③ 학생의 수준 및 요구 조사, 지역 특성과 학교의 교육 여건 반영 정도

④ 교과별 학습 목표의 구체화와 명료화 정도, 효과적 수업지도 계획의 수립 여부

⑤ 교과 시수 운영 및 집중이수제 운영 여부

3) 교수·학습 지도 방법과 자료의 활용 계획

ICT 등 다양한 교수·학습 자료의 활용 계획 유무, 교과별 교수·학습 내용에 적합한 교수·학습 지도

나. 교수·학습 지도의 충실성

1) 교수·학습 지도의 적절성

① 주요 학습 내용 및 학습 내용에 따른 시간 배정, 학생의 수준과 흥미에 따른 학습량 조절 여부, 학습 과제의 적절성 등

② 다양한 교수·학습 방법의 적용(교과 특성에 따른 교수·학습 활동 적용), ICT 등의 수업 매체 및 기자재 활용, 실기·실험 실습의 빈도 등

2) 교수·학습 자료의 선정 및 활용의 충실성

① 학생 수준에 맞춘 교수·학습 자료의 작성 및 다양한 자료의 확보 노력

② 교수·학습 활동개선을 위한 자료 개발 노력

3) 교수·학습 활동 평가를 통한 수업 개선 노력

① 수업에 대한 학생의 만족도 조사 여부

② 자율장학(동료 장학 등)의 실시 횟수

③ 다양한 평가를 통한 수업의 문제점 파악 및 수업 방법 개선 노력

④ 효과적인 교수·학습 활동에 요구되는 수업 방법 개선과 교수·
  학습 자료의 개발을 통해 학교교육 목표를 달성하려는 노력 요구

다. 교과별 평가의 적절성 및 활용

1) 학교 내 각종 평가의 적정성

교과(수행 평가 포함), 창의적 체험 활동의 평가 계획 수립 여부

2) 평가 관리의 공정성

① 각종 평가(학업성취도평가 및 수행 평가 등)에 관한 사항의 사
  전 고지, 평가 문항의 보안 유지 등

② 평가 절차의 객관성과 공정성, 평가 기준에 대한 교사 협의 과
  정, 출제·채점의 공정한 업무 분담 여부

3) 평가 결과의 활용

① 평가 결과 문항 분석표 작성 및 활용 여부

② 평가 결과 분석을 통한 수업 내용과 방법의 개선 여부

③ 학습부진 대상 특별보충학습 지도 계획 수립 및 실시 현황

④ 평가의 공정성과 신뢰성 확보, 평가 결과의 활용을 위한 교사
  간의 협의 등의 방법을 통해 평가에 대한 교사, 학생, 학부모

의 만족도 제고를 위한 노력 요구

4. 창의적 체험 활동 계획 및 운영

가. 학교 교육과정에 따른 창의적 체험 활동 계획의 충실성

1) 학교 여건 및 학교 구성원의 요구를 반영한 계획 수립 여부
① 창의적 체험 활동 4개 영역 편성(자율·봉사·동아리·진로 활동)
② 1학년 학생 대상 입학 초기 적응 교육을 위한 입학 초기 적응 프로그램 편성·운영
③ 교사와 학부모 의견 수렴 및 학생의 희망을 반영한 계획 수립 여부
④ 지역사회와 연계·협력한 계획 수립 여부

2) 4개 영역별 세부 추진 계획의 충실성
① 영역별 특성에 따른 세부 계획의 적절성
② 학교에서 중점 편성·운영 영역 설정 및 운영 계획 수립 여부
③ 창의적 체험 활동에 배당된 시간(단위) 수는 학생의 요구, 지역 및 학교의 특성을 고려하여 학교의 재량으로 배정하되, 학년별, 학급별로 활동영역 및 내용을 선택하여 집중적으로 운영 가능.

나. 창의적 체험 활동 운영 및 평가의 적합성

1) 창의적 체험 활동 운영의 적합성
① 교과(군)와 연계한 창의적 체험 활동 운영 여부

② 목표, 관련 규정, 학생의 발달단계 등을 고려한 창의적 체험 활동 운영 여부

2) 창의적 체험 활동 평가의 적합성
① 영역별 평가 세부 계획의 수립 여부
② 영역별 평정 척도, 평가 관점의 작성 활용 여부

그 외에도 창의적 체험활동 활동 계획 및 운영 평가는 다음과 같은 점을 고려해야 한다.
① 창의적 체험활동 평가 시 학생이 참여한 활동 영역과 활동 상황을 고려하여 담임 또는 담당교사가 수시로 평가해야 한다.
② 창의적 체험활동 평가 시 지식이나 기능뿐만 아니라 참여도, 협력도, 열성도 및 특별한 활동 실적 등 다양하게 반영하도록 한다.
③ 창의적 체험활동 운영 시 지역사회에서 제공하는 프로그램을 채택할 경우, 프로그램의 내용, 강사의 자격, 수익자가 부담해야 할 비용 등을 검토하여 학교운영위원회의 심의를 받아 운영하도록 한다.
④ 창의적 체험활동 평가는 프로그램에 대한 평가와 함께 실시하며, 프로그램 평가에는 운영 계획의 현실성, 활동 내용의 타당성, 운영 결과 등이 포함된다.
⑤ 평가 결과는 학교 또는 학급의 차후 창의적 체험활동 계획 수립 및 운영 개선에 활용한다.

5. 학교 교육과정 지원체제

가. 학교 교육과정 운영에 대한 학교장의 열의와 지도성

1) 교육과정 중심 학교 운영을 위한 학교장의 열의와 관심

학교 교육과정을 운영하는 데 대하여 학교장이 관심과 열의를 보이는지의 여부

2) 학교장의 지도성

① 교육과정 운영 관련 의사결정 시 민주적 운영 여부

② 학교장은 학교 교육과정 운영에 관심을 두되 그 운영에 있어서 민주적 절차와 방법 준수

나. 교사의 수업 전문성 향상을 위한 지원의 충실성

1) 자율연수, 자율장학, 연구수업 권장 및 지원 여부

자율연수 지원, 계획에 입각한 체계적인 자율장학, 연구수업 시행 여부

2) 교사의 자기개발 활동 지원 정도

① 자기개발 활동 풍토 조성 및 지원 여부

② 교사의 수업전문성 향상을 위하여 연수 및 장학 등에 관심을 기울이는 한편 자기개발 활동 또한 적극 지원

다. 행·재정 및 시설·설비 지원의 적절성

1) 행정 지원의 적절성
① 교육과정 운영 및 관리 전담조직 운영 여부
② 해당 조직의 실질적, 효과적 활동 여부

2) 재정 운영의 합리성
① 학교예산 편성 시 학교 교육과정 위주의 편성·운영 여부
② 예산의 합리적 집행 여부

3) 시설·설비 확보 및 운영의 적절성
① 교육과정 운영에 필요한 설비의 확보 정도
② 교사와 학생의 복지를 위한 시설 및 설비의 확충을 위한 노력
③ 안전사고 예방을 위한 노력
④ 교육과정 위주의 행정 지원, 합리적인 재정 운영, 시설·설비
   의 충분한 확보를 통한 학교 교육력 제고

라. 대외 홍보의 적극성

1) 학교 홈페이지 등을 통한 활발한 대외 홍보 활동 여부

2) 학부모를 위한 정보 제공의 충실성
① 자녀의 학업 및 인성지도에 필요한 정보 제공의 적절성 및 적
   극성
② 가정통신문, SMS 서비스, NEIS "내 자녀 바로 알기" 서비스

등의 적극적 활용 여부

<표 7-6> 학교 교육과정 평가 문항 예시 자료-교사용

영역	평가 항목	평점					평가 의견
		5	4	3	2	1	
학교 교육 과정 연구와 개발	(1) 학교 교육과정 개발을 위한 조직은 직급, 교과, 학년 등을 고려하여 균형 있게 구성되어 있는가?						
	(2) 학교 교육과정 개발을 위한 조직은 민주적으로 운영 되고 있는가?						
	(3) 시·도교육청 초등학교 교육과정 편성·운영 지침을 충실하게 분석하였는가?						
	(4) 시·도교육청의 교육 시책, 주요 지표 및 정책방향 등을 충실하게 분석하였는가?						
학교 교육 과정 연구와 개발	(5) 교직원 현황, 학생과 학부모 실태 및 요구, 지역 사회 의 특성 등을 충실하게 분석하였는가?						
	(6) 전년도 교육과정 운영 및 관련 위원회 운영 실태를 충실하게 분석하였는가?						
학교 교육 과정 기본 계획	(1) 학교 교육과정 기본계획 수립 및 교육과정 편성 시 '학교 교육과정 연구와 개발' 단계의 자료를 반영하 고 있는가?						
	(2) 학교의 교육 여건 및 특성에 따른 교육 목표가 설정 되었는가?						
	(3) 학교 교육과정 기본계획 수립에 학교 구성원 전원이 참여(의견 수렴)하였는가?						
	(4) 학교 교육과정 기본계획은 학교 중장기 발전계획을 반영하여 수립되었는가?						
	(5) 학교 교육과정 편성 시 지역적 요구, 학생·학부모 요구 사항 등을 적절하게 반영하였는가?						
	(6) 시·도교육청 초등학교 교육과정 편성·운영 지침에 준거하여 교육과정이 편성되었는가?						
	(7) 학교 교육과정 편성 시 학교의 교육 여건을 반영하였 는가?						
	(8) 학교 교육과정 편성 시 학생의 희망을 반영하여 계획 하였는가?						
	(9) 학교 교육과정에서 교과 영역을 균형 있게 편성·운 영하였는가?						
	(10) 학교의 특색 있는 교육 프로그램을 적절하게 편성· 운영하였는가?						

구분	평가 항목					
	(11) 학기 말, 학년 말 교육과정 운영 및 지도는 적절하게 이루어지고 있는가?					
	(12) 학교 구성원의 학교 교육과정 편성에 대한 만족도 수준은 어떠한가?					
	(13) 학교 구성원의 학교 교육과정 운영에 대한 만족도 수준은 어떠한가?					
교과 교육 과정 및 학습 지도	(1) 교과 교육과정 계획을 위한 교사 간의 협의가 원활하게 이루어졌는가?					
	(2) 교과 교육과정 계획에 학생의 수준과 학교의 제반 여건이 반영되었는가?					
	(3) 학생 수준과 학교의 교육 여건에 적합한 교수·학습 방법이 계획되었는가?					
	(4) 교과 교육과정 계획에 따라 교과 수업이 진행되었는가?					
	(5) 교수·학습 방법을 개선하기 위하여 노력하였는가?					
	(6) 교수·학습 자료의 선택은 적절하였는가?					
	(7) 교사의 교수 활동에 대한 평가는 적절하게 이루어졌는가?					
	(8) 교과 평가 활동은 공정하고 신뢰도 높게 이루어졌는가?					
	(9) 교과 평가 활동의 결과에 대한 분석과 대책의 수립은 적절하였는가?					
	(10) 대부분의 학생들이 교과의 계획된 목표를 달성하였는가?					
창의적 체험 활동 계획 및 운영	(1) 학교의 교육여건 및 학교 구성원의 요구 사항을 반영한 창의적 체험 활동 계획을 수립하였는가?					
	(2) 창의적 체험 활동의 영역 편성과 시간 배당이 균형 있게 이루어지도록 노력하였는가?					
	(3) 4개 영역(자율·봉사·동아리·진로 활동)별 특성에 따른 세부 운영 계획이 수립되었는가?					
	(4) 교과, 진로 등과 연계하여 창의적 체험 활동 영역이 편성·운영되었는가?					
	(5) 창의적 체험 활동 학생 평가 시 영역별 평가 계획을 적절하게 수립·시행하였는가?					
	(6) 창의적 체험 활동 평가 시 영역별 프로그램에 대한 평가를 실시하였는가?					
	(7) 학교 구성원의 창의적 체험 활동에 대한 만족도 수준은 어떠한가?					

학교 교육 과정 지원 체제	(1) 학교장은 학교 교육과정 실행 과정에서 파생되는 문제를 해결하는 데 있어서 민주적 절차와 방법을 따르고 있는가?					
	(2) 학교운영위원회가 내실 있게 운영되고 있는가?					
	(3) 학교는 자율장학 및 연구수업 제도를 교사의 수업 전문성 향상에 도움이 되는 방향으로 운영하는가?					
	(4) 학교는 교사의 자기개발 활동을 적극 지원하는가?					
	(5) 학교교육과정위원회는 문서관리, 실태 파악, 개선 방안 제안 등 본연의 과업을 충실하게 수행하고 있는가?					
	(6) 학교 교육과정의 운영 및 개선을 위한 학교예산은 합리적으로 계획, 집행되고 있는가?					
	(7) 교육과정 운영에 필요한 시설 및 설비는 충분히 확보되어 있는가?					
	(8) 교사와 학생을 위한 복지시설 및 설비 확충을 위하여 노력하고 있는가?					
	(9) 자녀의 학업 및 인성지도에 필요한 정보를 학부모에게 적절하게 제공하고 있는가?					
	(10) 학교 교육활동에 대한 대외 홍보가 잘 이루어지고 있는가?					

Ⅳ. 학년(군)·학급 교육과정 평가

초등학교의 경우 학년 단위로 교육과정을 편성하고 운영하는 경우가 많다. 2009 개정 교육과정에서는 학년군을 운영하도록 하고 있으므로 앞으로는 학년 교육과정이 아니라 학년군 단위로 교육과정 편성·운영이 필요하다.

학년군 교육과정 운영 계획에 수립되어 있는 경우 학년군 교육과정 평가는 학년군 실행 과제의 목표 달성도를 측정하는 것으로, 해당 학년군의 구성원들이 자기 평가를 실시하고 학년부장 또는 학년군을 대표하는 부장이 이를 수합·종합 분석하여 학년군 경영에 반영하도록 한다.

미비점이나 보완할 사항이 있을 경우 그 성격에 따라 즉시 학년 또는 학년군 협의회를 거쳐 수정·보완하도록 하며, 다음 학년군 교육과정 편성·운영 계획 수립에 도움이 되도록 한다.

학급교육과정은 학급 담임 스스로가 학급경영을 수시로 체크하여 피드백할 수 있는 평가로 따로 항목을 정하기보다는 학급 교육과정 책자나 파일에 수시로 첨삭하면서 수정·보완하는 것이 활용의 편의를 위해서 훨씬 좋다.

평가 결과는 다음 학년도 학년 교육과정 운영 계획 수립의 기초 자료로 활용할 뿐 아니라 당해 연도 학년·학급 운영의 효율화를 꾀할 수 있는 자료로 활용하도록 한다.

학년군이나 학급교육과정 평가는 교육활동 내용이 서로 학년군 또는 학급마다 상이할 수 있으므로 앞의 학교 교육과정 평가를 준용하여 활용하면 된다. 특히 학급교육과정의 경우는 실행과제를 중심으로 세세한 교육활동 내용에 대해 꼼꼼히 분석하여야 한다. 학년군 또는 학급교육과정 평가는 결국 교사의 교육활동에 대한 관심, 열의, 헌신 등에 대한 평가이므로 더욱 솔직하고 자세해야 한다. 평가가 세밀할수록 교사의 자기 평가가 철저히 이루어지는 셈이 되며, 이러한 과정을 통해서 교사 스스로가 전문성을 더해가는 것이다.

<표 7-7> 학년 교육과정 평가 예시 자료

학년실행과제	중점 추진 내용	평가 관점 (세부 추진 내용)	평 점				
			5	4	3	2	1
1. 서로 협력할 줄 아는 건전한 인성 함양	(1) 기본 생활 습관 정착	○ 기본이 바르게 된 어린이 지도 ○ 사랑의 대화, 토론 시간 운영 ○ ○○어린이 생활본의 효율적 활용					
	(2) 서로 존중하는 건전한 생활	○ 사랑의 편지쓰기운동 전개 ○ 다양한 역할놀이의 실시 ○ 서로 칭찬하기의 실천					
	(3) 건강한 심신 단련	○ 보건 및 성교육 강화 ○ 수련활동을 통한 심신 단련 ○ 줄넘기 급수제 운영					
	(4) 집단 활동을 통한 협동심 함양	○ 소집단활동의 강화 ○ 학급에서의 맡은 역할 잘하기 ○ 다양한 현장체험학습의 강화					
2. 수준별 교육과정에 의한 학생의 자기주도적 학습 능력 배양	(1) 수준에 따른 자기주도적 학습 환경 마련	○ 심화·보충 학습의 자료 개발 ○ 학습 자료 개발 및 활용 ○ 다양한 수업 모델 적용 ○ 학급 교육과정 수립 및 효율적 활용 ○ 아침자습 시간을 활용한 학년 특색 사업 추진					
	(2) 독서교육 강화	○ 학교 도서실, 학년 스스로 배움터, 학급 문고를 활용한 지속적인 독서 지도 ○ 다양한 독서교육 프로그램 운영 ○ 각 학년 필독서 및 권장 도서 추천 ○ 자율 독서 시간 운영					
3. 효율적이고 다양한 평가를 통한 잠재능력 계발	(1) 수업단계별 수행 평가 실시	○ 수업단계에 따른 다양한 평가 실시 ○ 평가도구의 다양화 ○ 수행 평가 결과의 효율적 활용 ○ 평가의 공정성 확보 ○ 평가에 관한 동 학년 협의 및 연수 실시					
	(2) 개성을 살릴 수 있는 다양한 평가 실시	○ 인지적, 정의적, 심동적 영역 종합 평가 ○ 개성, 소질 계발을 위한 다양한 시상제 운영					

4. 수업의 질적 향상을 위한 생활환경의 조성	(1) 교사의 수업 연구 철저	○ 동 학년 동료 장학, 자기 장학 활성화 ○ 1인 1연구 자율 추진 ○ 교과연구회의 자발적 참여 ○ 동 학년 협의회 운영의 내실화 ○ 1교사 1교과 중점 연구				
	(2) 교육의 효율 성을 높이는 공간 조성	○ 효율적 학습을 위한 유연한 환경 구성 ○ 특별실의 효율적 활용 ○ 학년 스스로 배움터의 효율적 활용 ○ 학습형태에 따른 다양한 책상 배열 ○ 학생 사물함의 활용 ○ 학년 연구실의 효율적 활용				
5. 즐거운 학교 생활을 위한 여건조성	(1) 자율적 활동 강화	○ 학생회 운영의 활성화 ○ 창의적 체험 활동의 적극적 참여 ○ 소그룹활동의 강화 ○ 1인 1역의 자율적 참여 ○ 학생 협의에 의한 학급 내 규칙 마련 ○ 교실 내 폭력 추방				
	(2) 민주적인 생활실천	○ 학생, 학부모의 의견 반영 ○ 긍정적 사고 갖기의 여건 조성 ○ 올바른 토론 문화 형성 지도 ○ 상담이 필요한 학생의 지속적 지도 ○ 문제해결의 다양한 방법 지도 ○ 협조적 분위기 조성				

V. 교육과정 지원 평가

학교 교육 목표에 따른 교육 중점 실천 과제를 부서별로 실천 과제, 추진 내용 계획을 중심으로 평가한다.

추진과제를 부서별로 운영하여 추진한 결과 및 실적을 평가 문항으로 설정하고, 각 문항을 평가하여 수정·보완할 점을 다음 학년도 부서업무계획에 반영하도록 한다.

〈표 7-8〉 교육과정 지원 자체 평가(중점 과제별) 예시 자료

중점 과제명						
자체 평가일				평가 담당자		

평가 관점	평 점					우수 사례 또는
	5	4	3	2	1	개선·보완해야 할 점
(1) 계획이 구체적으로 잘 수립되었는가?						
(2) 계획대로 추진되었는가?						
(3) 실시 시기와 장소는 적절했는가?						
(4) 준비과정은 잘 진행되었는가?						
(5) 프로그램 내용 선정이 적절하며 학생들의 흥미를 끌었는가?						
(6) 예산 지원은 적절한가?						
(7) 실행결과에 수정·보완해야 할 사항은?						
(8) 다음 학년도의 교육활동 계획에 포함시켜야 할 사항은?						
(9) 다음 담당자에게 인계해 주어야 할 사항은?						

교육과정 컨설팅의 실제

Ⅰ. 들어가는 말

2009 개정 교육과정은 학년군 및 교과(군) 운영, 교과 시수 증감, 집중이수제 운영, 블록타임제 운영 등에 대해 과거에 볼 수 없었던 교육방법 면에서 상당한 변화를 가져왔으며, 학교의 자율권 역시 대폭 신장되었다. 이러한 변화된 운영 방식은 과거의 교육과정 운영에 대한 관행적 인식으로는 접근에 어려움을 겪을 수 있다. 따라서 2009 개정 교육과정에 대한 철저한 이해가 필요하며, 더구나 단위 학교의 여건을 고려한 맞춤형 교육과정으로 구체화하기 위해서는 상당한 고민이 필요하다.

이러한 고민을 해소하기 위해 필요한 것이 학교 교육과정 컨설팅이라 할 수 있다. 교육과정 컨설팅은 대상 학교와 교육과정 컨설턴트와의 상호 소통으로 교육과정의 편성 및 운영에 관해 교육과정 실천과 관련된 문제 해결을 하는 맞춤형 자문 활동이다.

즉 교육과정 컨설팅은 국가 교육과정에 근거하여 지역의 특수성과 해당 학교의 여건, 학생 및 학부모의 필요와 요구에 적합한 교육 목표와 내용, 방법, 평가에 관한 단위학교의 교육 계획 및 실천과 관련된 문제를 진단하고 해결 방안을 제안하는 전문적 조언 활동으로, 궁극적 목적은 학교의 교육과정 실천을 위한 자생적 능력을 제고하여 학교 교육과정의 질을 높이는 데 있다. 2009 개정 교육과정은 이를 위해서 시·도교육청 수준에서 교육과정 컨설팅 지원단 등과 같은 지원 기구를 조직하여 운영하도록 하고 있다.

그러나 아직은 교육과정 컨설팅이라는 것이 일선 학교에서는 생소하여 사례 또한 별로 없기 때문에 학교에서는 교육과정 컨설팅의 중요성을 간과하기 쉽다. 따라서 이에 대한 이해와 활용 등에 대한 상세한 정보 제공이 필요한 시점이다.

Ⅱ. 교육과정 컨설팅의 등장 배경 및 개념

1. 교육과정 컨설팅의 등장 배경

가. 학교 교육과정 자율화

학교 교육과정은 당해 학교 교육의 내용과 방법을 규정한다. 이는 국가 수준의 교육과정과 시·도교육청의 지침에 대한 학교 나름의 교육활동 청사진인 것이다. 단위 학교는 학교가 위치한 지역에 따라 교육에 영향을 미치는 요인이 다를 수밖에 없다. 학교의 인적·물적 자원은 물론 지역사회의 요구나 지역사회의 학습장화 측면에서도 그렇다. 따라서 단위 학교는 이러한 제반 여건을 학교 교육에 수렴하기 위해서는 그 학교 구성원들의 교육과정 자율 의지가 요구될 수밖에 없다. 이런 점에서 학교 교육과정 자율화는 학교 교육을 보다 풍요롭게 하기 위한 최소한의 장치라고도 할 수 있다.

교육과정 자율화란 학교장이 국가 수준의 교육과정과 관련 정책 방안 등을 토대로 학교 구성원들의 의견을 수렴하여 해당 학교의 여건과 실정에 알맞게 학교 교육과정을 자율적으로 편성·운영하는 것을 말한다.[1]

따라서 교육과정 자율화는 다음과 같은 기본방향을 설정하여 추진되고 있다.

---

[1] 교육과학기술부, 「교육과정 자율화 보완자료」, 2009.

① 학교는 다양하고 창의적인 인재를 길러내기 위하여 학생의 능력, 적성, 진로를 고려하여 교육 내용과 방법을 다양화할 수 있는 교육과정을 편성·운영한다.

② 학교는 학교 교육의 방향과 중점을 부각시킬 수 있는 특색 있는 교육과정을 추구하고, 학교 구성원들이 교육과정의 비전과 목표를 공유하고 이를 실천해 나가도록 한다.

③ 학교는 '교육과정의 적극적 재구성'이라는 관점에서 현행 교육과정 및 자율화 방안을 최대한 활용하여 적극적이고 창의적인 운영 방안을 모색한다.

④ 학교는 학생과 학부모의 교육적 요구를 수렴하고, '학교교육과정위원회', '학교운영위원회' 등의 협의 및 심의를 거쳐 학교 교육과정 자율화를 추진한다.

나. 교사의 전문성 제고

학교 교육과정이 그 학교 교육활동의 틀을 규정하는 것이라면 학생들의 직접적인 교육활동은 학급 교육과정에 의해 규정된다고 할 수 있다. 왜냐하면 학교 교육과정은 학급 교육과정의 지침의 역할을 함께하기 때문이다.

우리는 학교 교육과정 또는 학년 교육과정이라는 이름으로 학교 또는 학년의 교육활동이 이루어지는 것을 거의 관행으로 여겨 왔다. 그러나 같은 학년이라도 반별로 교과 수준에 차이가 날 수 있으며, 학습능력이 떨어지는 학생의 수나 질에서도 마찬가지다. 그런가 하면 특정 교과에서 학습 장애를 겪는 경우도 서로 다를 수 있다. 바로 학급 교육과정이 긴요하게 요구되는 이유이다. 학급 교육과정이야말로 교사의 전문성을 드러낼 수 있는 가장 핵심적인 요인이기도 하다. 학년의 모든 학급이 동일한 교육과정을 운영한다는 것은 업무의 편리성은 기할 수 있을지 모르나 특정 학급의 학생들을 위한 교육과정 운영이라고 보기는 힘들다. 말하자면 맞춤형 교육과정 운영이라는 것은 학급 교육과정 운영이라는 말과 거의 동의어이다. 그런가하면 학년 교육과정 운영 체제에서는 전담교사의 교육과정 편성·운영은 자주 무시된다. 이러한 행위는 결국 교사의 전문성을 스스로 무너뜨리는 것과 다를 바 없다. 우리 반 아이들의 학력을 향상시키는 일, 창의성과 인성을 함양시키는 일은 분명히 동일 학년의 다른 학급과는 상호 배타적이다.

창의·인성 교육과 관련해서 최근에 회자되는 것 중의 하나가 '집어넣는 교육에서 끄집어내는 교육'으로의 전환이다. 끄집어내는 교육은 기존의 강의식, 설명식 일변도의 수업 방법의 틀을 벗어나는 것으로부터 시작된다. 이러한 일련의 변화는 교사에게 고도의 전문성을 요구하고 있다.

다. 국가 수준 교육과정

교육과정 컨설팅과 관련된 규정이 국가 수준 교육과정에 포함된 것은 2009 개정 교육과정이 처음이다.

"교육과정 컨설팅은 학년군, 교과군 도입을 통한 단위학교 교육과정 자율 편성과 창의적 체험 활동의 효율적인 운영을 위한 교육과정 컨설팅 등 지원 기구를 조직하여 교육과정 편성·운영을 위한 각종 자료를 연구, 개발하여 보급한다"[2]라고 규정하고 있다. 즉 단위학교 교육과정의 자율 편성을 돕고, 창의적 체험 활동의 효율적인 운영을 위해 교육과정 컨설팅을 조직 운영하도록 하고 있는 것이다. 여기서는 교육과정 편성·운영을 위한 각종 자료를 연구, 개발하여 보급하는 일도 함께 이루어지게 된다. 이러한 점은 학교의 특수성을 반영한 것으로 일반적인 컨설팅과 다소 차이가 나는 부분이라고 할 수 있다.

2. 교육과정 컨설팅의 개념

컨설팅은 경영, 법률, 회계, 건축, 금융, 부동산, 보험 등 매우 다양한 분야에서 활용되고 있다. 다양한 분야에서 활용되는 만큼 그 의미 역시 다양하나 대체로 컨설팅은 '의뢰인의 자발적 요구에 따른 컨설턴트의 전문적 지원활동'이라고 할 수 있다.[3]

이를 교육과정 컨설팅으로 범위를 좁혀 보면, 교육과정 컨설팅은 단위 학교 교육과정의 자율적인 편성과 효율적인 운영을 돕기 위한 지원활동으로 정의할 수 있다.

따라서 교육과정 컨설턴트는 교육과정에 대한 전문적 경험과 지식을 가진 사람이어야 하며, 교육과정 편성·운영에 관한 진단 계획, 편성, 운영, 평가 및 피드백 등 다각적 측면에 관하여 전문적 자문을 할 수 있는 사람이어야 한다.

교육과정위원회가 시·도교육청 또는 교육 지원청의 교육과정에 관한 업무 전반에 걸쳐 자문하도록 하고 있다면, 교육과정 컨설팅은 단위 학교의 교육과정 편성·운영 또는 교육 지원청의 일반적인 교육과정 편성·운영을 위한 자료 개발 및 보급을 지원하는 역할을 한

---

2) 위의 책, 교육청 지원 사항 참조.
3) 홍창남, 「학교 컨설팅의 이론과 실제」, 2008, 2008학년도 제2차 초등교장 자격연수, p.307.

다고 할 수 있다.

즉 교육과정 컨설턴트는 교육과정 과업 수행 촉진 및 교육과정 문제의 진단 및 해결에 도움을 주는 활동을 주로 하게 된다. 이러한 전문적 활동이 요구되는 것은 단위 학교의 지역적 특성이나 학부모의 요구 및 인적·물적 요건이 다를 것이므로 학교 교육과정 편성 및 운영은 규격화된 모델이 있을 수 없다는 데 있다. 이런 점에서 특정 학교의 교육과정 컨설팅은 그 학교의 특성에 맞는 교육과정 편성 운영에 한정된다고 할 수 있다. 기준 시수 이수, 특별한 사업의 구현 계획 등은 교육 지원청 차원의 사업 위주가 아니라 단위 학교의 교육 목표 구현을 위한 그 학교의 물적, 인적 자원을 최대한 활용한 교육과정 편성·운영과 관련이 있는 것이다.

3. 교육과정 컨설팅의 개념적 구도

교육과정 컨설팅은 학교 현장에서 다소 낯선 만큼 그 접근을 명확히 하는 것이 필요하다. 다음은 교육과정 컨설팅의 구체적인 목적, 내용, 시기, 관련인사, 수준, 방법 등을 중심으로 정리한 것이다.[4]

〈표 8-1〉 교육과정 컨설팅의 개념적 구도

구분		해당 사안
무엇을	목적	○ 교육과정 과업 수행 촉진 ○ 교육과정 문제해결 지원 ○ 교육과정 전문성과 역량 지원
	내용	○ 교육과정 실천 과업 수행 관련 ○ 교육과정 문제 진단과 해결 관련 ○ 교육과정 전문성 및 역량 형성

---

4) 조덕주, 「교육과정 컨설팅」, 2011, 2009 개정 교육과정 컨설팅 요원 양성과정, 교육과학기술연수원, p.26.

어떻게	시기	○ 수시 ○ 정시(특정 시기 설정) 또는 주기
	관련 인사	○ 의뢰인: 교사, 학교, 교육 지원청 등 ○ 컨설턴트: 장학사, 교사, 교육과정 전문가 등
	수준	○ 단위 학교 또는 학교군 ○ 교육 지원청 ○ 시·도교육청
	방법	○ 현장 방문 − 의뢰인과 컨설턴트의 직접적인 대면 접촉을 통한 컨설팅 − 상호신뢰성, 문제해결의 정확성, 책임성이 뛰어남. − 신속성, 접근성 취약 ○ 온라인 − 인터넷 등의 통신 매체를 활용한 컨설팅 − 접근성, 신속성 − 대면활동에 의한 보완 필요

Ⅲ. 사례를 통해 본 교육과정 컨설팅의 절차와 적용

1. 교육과정 컨설팅 의뢰

여기서는 학교 교육과정 컨설팅이 실제로 어떻게 이루어지는지를 파악하기 위하여 A라는 학교를 대상으로 한 가상의 사례를 중심으로 학교 교육과정 컨설팅의 절차와 적용에 대해 설명해 보기로 한다.[5]

사실 교육과정 컨설팅은 장기간에 걸쳐 이루어지게 되나 현실적인 여건을 고려할 때 대체로 1~2일 정도로 짧게 이루어질 가능성이 크다. 따라서 여기서도 이러한 점에 초점을 맞추었다.

---

5) 이하에 나타나는 사례들은 아직도 교육과정 컨설팅에 관련한 자료가 일천하기 때문에 대부분 가상의 사례임을 밝혀둔다.

가. 교육과정 컨설팅 의뢰서 작성

A학교에서는 지난해부터 2년간 2009 개정 교육과정 연구시범학교를 운영해오고 있었다. 첫해부터 홀수 학년을 대상으로 학년군을 적용하였으며, 예술(음악/미술) 교과군에서 집중이수제를 운영하였다. 전 교과를 대상으로 교과 시수 20% 증감 운영을 하였으며, 2학기부터는 블록타임제를 도입하여 운영하였다. 그리고 전 학년을 대상으로 창의적 체험 활동을 운영하였다.

시범 운영 1차년도 평가 결과 교과 시수 20% 증감에 대한 교과의 제한과 교과별 시수 증감의 적정 범위 산출이 어렵다는 문제제기가 있었다. 특히 A학교는 학력 중점 학교로 지정이 되어 국어, 수학, 영어 등의 교과의 기초학습 미달 학생의 구제에도 신경을 써야 하는 상황이었다. 학교장은 학력 향상을 위하여 국어, 수학, 영어 등의 교과 시수를 증배할 것을 바라고 있었으며, 교사들은 이들 교과를 위해 사회, 과학 교과의 시수를 감축 운영해야 하나 해당 교과의 학습량을 보면 시수 감축은 다소 무리라는 주장이었다.

아울러 블록타임제 도입은 창의·인성 교육에 유효할 것이라는 교사들의 긍정적 인식에도 불구하고 교육과정 재구성 문제, 시수 관리 문제, 동 학년 협력 문제 등 상당한 문제가 존재한다는 데 대체적으로 의견을 같이하고 있었다.

그런가 하면 주 5일 수업제 전면 실시에 따른 교육과정 편성·운영에 대한 인식 전환이 무엇보다 필요하다는 데는 쉽게 동의를 하였다. 문제는 A학교가 교육환경이 매우 열악한 학교인 탓에 전 학년 6교시 수업을 운영하기를 바라는 학부모들의 요구가 매우 강하여 이를 어떻게 수용할 것인가 하는 점은 상당한 내부 논의가 있었다.

수차의 교무협의 및 동 학년 협의를 통해서도 이러한 문제들에 대한 적절한 방안을 마련하지 못하였다. 우선 2009 개정 교육과정 운영 사례가 그리 많지 않아 참고할 만한 자료가 별로 없었다. 그리고 무엇보다도 학교의 강점과 약점을 파악하는 일과 이를 교육과정 편성·운영에 적절히 적용하는 방법이 매우 서툴렀다는 점에 공감하였다.

결국 논의 결과 A학교는 교육 지원청에 이와 관련한 문제를 해소하기 위한 컨설팅을 의뢰하기로 하였다. 교육과정 컨설팅 의뢰서는 교육 지원청의 양식을 활용할 수 있으나, A학교가 속한 교육 지원청에는 특정한 양식이 없어 학교 나름으로 희망하는 컨설턴트, 교육과정 컨설팅 요청 과제, 교육과정 컨설팅 요청 과제의 구체적 내용, 제공 가능한 교육과정 관련 자료, 기타 요청사항 등을 구체적으로 제시하였다. 의뢰 주제는 다음과 같다.

의뢰 주제	○ 교과 시수 20% 증감 운영 시 교과별 증감 시수의 적정 범위
	○ 주 5일 수업제를 적용한 효율적인 교육과정 편성·운영 방안

나. 초등학교 교육과정과 관련한 컨설팅 의뢰 사례

물론 A초등학교와 같은 문제를 가지고 있는 경우도 있으나, 초등학교의 경우 2009 개정 교육과정과 관련해서는 다음과 같은 문제들이 대부분의 학교에서 겪고 있는 어려움으로 보인다.

① 주 5일 수업제 적용을 위한 효율적인 교육과정 편성·운영 방안

② 학년군, 교과(군)을 활용한 자율적인 교육과정 편성·운영 방안

③ 시수 증감 시 증배 교과에 대한 프로그램 운영 방안

④ 교과별 기준 시수 20% 증감 운영

⑤ 창의적 체험 활동의 효율적인 편성·운영 방안

⑥ 입학 초기 적응활동 운영 방안 및 적응 프로그램의 자율적 운영 방안

⑦ 초등학교에서의 예능 교과군 중심의 집중이수 문제

⑧ 기초·기본 학습 결손 예방을 위한 프로그램 운영 등

2. 교육과정 컨설팅 절차

교육과정 컨설팅은 대체로 학교에서 교육 지원청으로 요청을 함으로써 이루어지게 된다. 물론 전문 연구기관에 의뢰할 수도 있으나 이는 학교의 여건이나 예산 확보 등을 고려할 때 연구학교와 같은 특정한 경우가 아니면 힘든 측면이 있다.

교육과정 컨설팅은 대상 학교의 교육과정 편성·운영 진단과 문제해결을 위한 다소의 기간이 소요되나 컨설팅에 참여하는 전문가들이 대체적으로 장학사와 일선 학교의 교원들일 것이므로 이러한 현실적 여건을 감안하면 학교 방문 및 협의는 대체로 1~2일 정도의 기간으로 이루어질 가능성이 크다. 앞에서 밝힌 바와 같이 여기서는 2회에 걸쳐 교육과정 컨설팅이 이루어진다는 가정을 하기로 한다.

학교에서 교육 지원청으로 교육과정 컨설팅을 의뢰하게 되면 대체로 다음과 같은 절차로 교육과정 컨설팅이 이루어지게 된다.[6]

---

[6] 여기에 제시한 교육과정 컨설팅 절차는 앞에서 논의한 학자들의 모델을 최대한 단순화시킨 것이다. 왜냐하면 실제로 컨설팅이 이루어질 경우 짧은 시간에 이루어질 가능성이 높기 때문이다.

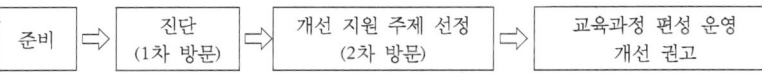

〈그림 8-1〉 교육과정 컨설팅의 절차

준비 단계에서는 교육 지원청은 해당 학교의 컨설팅 의뢰 내용을 검토해 컨설팅 주제로 적합하며 지원이 필요하다고 판단되는 경우 해당 학교에 컨설팅을 하게 된다. 이를 위해서 교육과정 컨설팅 팀을 조직하고 사전 협의를 거쳐 개략적인 범위와 내용을 정하게 된다.

진단 단계에서는 대상 학교에 대한 다양한 정보를 수집하는 활동이 이루어지게 되며, 이 경우 각 시·도교육청 내부 통신망 또는 e-mail 등을 활용한 사전 조사와 함께 대상 학교를 직접 방문하여 문제 제기된 내용을 중심으로 심층적인 면담을 실시하게 된다.

면담 및 심층 진단이 이루어지고 나면 이를 토대로 개선 지원 주제를 선정하고 학교 내·외부 개선팀 활동을 통하여 지원 주제를 대상으로 해결 방안을 모색하게 된다.

그리고 마지막으로 활동 결과에 대한 분석 및 평가를 거친 후 대상 학교에 교육과정 편성 운영에 대한 개선 사항을 권고하게 되는 절차를 거치게 된다.

가. 교육과정 컨설팅 실행 준비

1) 교육과정 컨설팅 팀 구성
학교로부터 교육과정 컨설팅 의뢰서를 접수하게 되면 교육 지원청에서는 교육과정 컨설팅 지원단을 중심으로 교육과정 컨설팅 팀을 구성하게 된다. 교육과정 컨설팅 팀에서는 대상 학교의 컨설팅 의뢰 내용을 검토하고 이를 해결하기 위한 컨설팅 시행 계획서를 작성하게 된다. 계획서에는 컨설팅 시행 기간, 컨설팅 팀원 인적사항, 컨설팅 영역(내용), 추진 계획 등을 포함한다.

교육 지원청에 교육과정 컨설팅 지원단 등이 구성되어 있지 않을 경우 다음과 같은 일정 자격 요건을 갖춘 교원을 대상으로 교육 지원청에서 위촉하여 컨설팅 팀을 구성할 수도 있다.

① 탁월한 학교 교육과정 운영 능력을 소유한 교원
② 학교·학년 교육과정에 대한 전문성을 갖춘 교원
③ 학교 현장 경험이 풍부하고 학교에 대한 총체적 인식을 할 수 있는 교원
④ 외부 교육과정 전문가 등

그러나 아직은 현실적으로 2009 개정 교육과정기에 들어서 처음으로 교육과정 컨설팅이 이루어지고 있으므로 위에 적합한 전문성이 있는 컨설턴트 확보가 용이하지는 않다는 점이 현재 각 교육 지원청이 안고 있는 딜레마일 것이다.

2) 사전 컨설턴트 협의

교육과정 컨설팅 팀이 구성되면 먼저 대상 학교를 방문하기 전에 컨설턴트 간의 사전 협의를 하게 된다. 협의는 컨설팅 대상 학교의 특징을 전체적으로 파악하고, 대상 학교의 교육과정 운영상의 어려움을 파악할 때 어떤 질문을 하는 것이 바람직한가에 대한 논의가 중심이 된다.

앞의 A학교를 중심으로 논의하면 다음과 같다.

컨설턴트들은 A학교의 의뢰 내용을 중심으로 다음과 같은 질문 목록을 작성하였다. 질문은 사전 온라인 인터뷰로 진행하기로 하고 시·도교육청 내부 통신망으로 질문 내용을 A학교 연구부장과 교감 선생님께 전달하였다.

① 교육과정 운영을 통해 실현하고자 하는 교육 목표
② 교육 목표에 따른 중점 실천 과제
③ 교육과정 편성 및 운영과 관련한 학교의 분위기 또는 풍토
④ 교과 교육활동에서 강조점을 두고 있는 것들
⑤ 학력 중점 학교 운영과 관련한 학교의 노력
⑥ 교육과정 재구성에 대한 인식 및 경험
⑦ 교과 시수 증감 운영 내용
⑧ 교과 시수 증감 운영에 대한 교사의 인식
⑨ 교과 시수 증감 운영에 대한 학부모의 반응
⑩ 블록타임제 운영과 관련한 학급 교육과정 편성과 운영의 어려움
⑪ 교육과정 편성 및 운영을 지원하기 위한 인적, 물적 자원 활용 실태
⑫ 활용 가능한 지역사회 시설
⑬ 학교의 교육활동에 대한 학부모의 요구 등

이 외의 내용에 대해서는 A학교 방문 시에 추가적으로 질문을 하기로 하였다.

나. 학교 교육과정 실태 진단 활동

1) 교육과정 컨설팅 대상 학교(A학교) 방문 협의

교육과정 컨설팅 팀은 컨설팅 대상 학교의 교육과정 운영 실태 자료에 대한 분석 및 협의 과정을 거쳐 대항 학교에서 의뢰한 주제를 중심으로 문제점을 정확히 파악하고 이를 공유하게 된다. 이 기간은 팀원 간의 사전 조율에 따라 일주일 전후가 소요된다.

사전 준비가 끝나면 교육과정 컨설팅 팀이 대상 학교를 방문하여 기초적인 학교 자료 수집과 함께 문제 해결을 위한 보다 심층적 자료 수집을 위해 관련 교사들과 대면활동을 하게 된다.

교육과정 컨설팅 팀이 정확한 학교 실태 진단을 위해 필요로 하는 기초적인 학교 소개 자료는 대체로 다음과 같은 것들이다.

① 일반 현황: 학교 연혁, 학생 현황, 교직원 현황 등
② 학교 실태: 학생 및 교직원 실태, 교구 및 시설 실태, 학부모 실태, 지역 사회 실태 등

다음은 A학교에 대한 가상의 사례이다.

〈표 8-2〉 설문 조사 결과 및 반영

구분	요구 분석 및 반영
학부모 공개수업	◦ 2011학년도에도 1, 2학기 각 1회씩 실시 ◦ 업무분석 결과 토요일 실시 의견이 다수로 이를 반영함. - 아버지의 학교 교육활동 참여 기대 - 운영: 2교시(1, 2학년군), 3교시(3, 4학년군 및 5, 6학년군) - 학부모 연수: 당일은 생략하며 별도의 계획으로 추진

담임 연임제 운영	○ 교사의 경우 다소 부정적 의견이 있었으나 불가피한 경우에는 담임을 교체하는 조건으로 수용하기로 함. ○ 학부모는 대체로 담임 연임제에 긍정적 반응을 보임. ○ 전입교사 및 전담교사가 담임을 원할 경우 홀수 학년에 배정하여 담임 연임을 가능하도록 함.
집중이수제 운영	○ 집중이수제 운영은 2년에 걸쳐 시행되는 것이므로 2011년에도 예술(음악/미술) 교과군에서 시행함. ○ 사회/도덕 및 과학/실과 교과군에서는 교육과정 재구성을 통해 운영 시기 조정 ○ 체육의 경우 체육 행사를 중심으로 집중 배치를 고려함.
교과 시수 증배 운영	○ 가급적 시수 감축보다는 시수 증배를 염두에 두고 운영 ○ 현재 주당 평균 2시간씩 기초학습 부진학생을 위해 추가 지도하는 것을 모든 학생으로 확대하여 시수 증배 운영

또한 심층적 자료 수집을 위해 A학교에서 의뢰한 컨설팅 내용과 사전에 시·도교육청 내부 통신망을 통해 수집한 내용을 중심으로 업무 담당교사들과 다음과 같은 점에 유의하여 면담을 실시하였다.

① 지속적으로 나타나는 문제의 정리

② 최근에 대두되고 있는 문제점에 대한 현안 파악

③ 컨설팅의 수위의 적절성 판단

④ A학교의 적극적인 참여와 요구 유도

방문 협의는 학교의 교육활동을 둘러싼 제반 환경을 직접적으로 확인하고, 담당자와의 대면을 통해 신뢰감을 형성하고 문제를 좀 더 심층적으로 파악하기 위해서 이루어지는 것이기 때문에 대상 학교의 학교 교육과정 운영의 문제점을 지적하는 것이 아니라 앞에 예시한 내용들을 중심으로 현재 학교 교육과정과 관련하여 겪고 있는 어려움이 무엇이며, 이와 연계하여 도움을 주어야 할 내용이 무엇인지, 도움을 주는 방법이 어떠해야 하는지 등을 파악하기 위해 이루어진다는 점을 대상 학교의 구성원들에게 먼저 인식시키는 것이 중요하다. 방문 협의는 학교의 관심과 희망 사항을 적극 반영하게 되므로 대면을 통한 심층적 파악이 매우 중요하다. 의뢰 주제와 관련해 다음과 같은 질문들을 가정해볼 수 있다.

〈표 8-3〉 의뢰 주제와 관련된 질문의 예

대상자	질문 예시	비고
교장·교감	○ 귀교의 교육과정 운영을 통해 실현하고자 하는 의뢰과제가 무엇입니까? ○ 주 5일 수업제에 적합한 교육과정의 편성·운영을 수행하려면 교육과정 컨설팅이 필요한 사항은 무엇이라고 보십니까? ○ 교육과정 편성·운영을 수행하려면 관리자는 어떤 해결방안으로 지원을 해야 한다고 보십니까? ○ 토요 교육 프로그램을 운영하려면 학교는 수요자의 요구를 어떻게 받아들여야 한다고 보십니까? ○ 앞으로 학교 연간교육활동에서 정한 날을 일정대로 추진해도 되겠습니까?	
부장교사	○ 전년도 학교 교육과정 계획·실태·성과 분석 결과와 신학년도 교육과정 수립에 반영한 부분은 무엇입니까? ○ 학교 특성과 교육과정 운영에 대한 학생의 요구는 어떠하며 이를 교과, 창의적 체험 활동에 어떻게 반영하였습니까? ○ 교과별 목표 및 내용에 적합한 평가는 어떻게 실시하고 계십니까? ○ 창의적 체험 활동 계획과 실제 운영에 대해 말씀해 주십시오. ○ 학교 교육과정 운영을 위해 학부모, 지역 인사 등과는 어떠한 협조 체제를 유지하고 있습니까?	
학부모	○ 학교생활에 부적응하거나 수업을 따라가지 못하는 학생들에 대해 학교에서 취하는 조치에는 어떤 것들이 있나요? ○ 학교에서 실시하고 있는 평가(중간, 기말, 수행 평가 등) 방법의 적절성에 대하여 어떻게 생각하나요? ○ 학교에서는 학생들의 학교생활에 대하여 어떠한 영역에 어떤 방법으로 정보를 제공해주고 있나요? ○ 학생들이 가진 소질과 특기의 계발을 위해 어떤 지도를 하고 계신가요? ○ 학교에서 실시하는 다양한 체험 활동의 시기, 횟수, 장소 등의 적절성에 대하여 어떻게 생각하나요?	

2) 대상 학교의 교육과정 편성·운영 실태 파악

교육과정 컨설팅 팀은 사전 협의된 내용을 중심으로 대상 학교 교원과의 대면을 통하여 확인하고 추가적인 질문을 하게 된다. 그리고 보다 심층적인 학교 교육과정 실태를 파악하기 위하여 컨설팅 내용을 보다 초점화하여 가게 된다.

이 과정은 매우 중요하다. 말하자면 컨설턴트는 대상 학교의 각종 자료를 통해서 그 학교의 교육과정 편성·운영 내용을 심층적으로 이해하고 이를 통한 개선점의 최적안을 권고할 수 있어야 하기 때문이다. 여기서 대상학교만의 맞춤형 교육과정이 탄생하게 되는 것이다.

앞의 가상의 A학교에서 이루어진 방문 협의 내용은 다음과 같이 압축되었다.

(1) A학교의 중요 교육 목표

A학교는 학교장의 경영관이 매우 뚜렷하였으며, 모든 교육활동이 학교의 교육 목표와 연관되도록 하고, 이를 본관 현관에 명문화하여 게시하여 모든 사람들이 늘 볼 수 있도록 하고 있다.

A학교의 교육 목표와 특색사업에 대한 면담 결과 사례를 제시하면 다음과 같다.

〈표 8-4〉 면담 결과 사례

항목	우수한 점	개선할 점
교육 목표	2009 개정교육과정에서 추구하는 인간상에 맞도록 설정됨.	
구현 중점	교육 목표에 따른 구현 중점이 잘 정리됨.	○ 구현 중점 내용에 창의성교육 내용이 좀 더 구체적으로 부각되어야 함. ○ 주 5일 수업제와 관련한 계획의 구체성 보완 필요
학급 교육과정 중점 실천 과제	학급별로 잘 정리됨.	○ 주 5일 수업제와 연계하여 내용 보충 ○ 학급별 탄력적인 시수 운영 ○ 향상 계획 보완 필요성 제시

목표 구현을 위한 추진사업	구현 중점 및 내용, 대상, 시기, 관련 영역이 체계적으로 잘 정리됨.	○ 주 5일 수업제 시행 시 스포츠 강사 배치에 따른 스포츠클럽(체육 동아리) 활성화 내용 제시
교육과정 운영 중점 지도 사항	교육과정 운영 중점 지도 사항이 체계적임.	○ 교과 시수 20% 증배 운영 – 학력향상형 창의경영학교 운영 – 기초학력 제고를 위한 노력 필요 ○ 창의적 체험 활동: 주 5일 수업제 시행에 따른 동아리 활동 강화

(2) A학교 교육과정 편성 특징

① 학년군을 운영하고 있으나 다만 학급담임 연임제에 한정하고 있으며, 학년군 내 특정 교과 시수의 탄력적인 적용은 교과서가 1, 2학기로 되어 있어 학기의 범위를 넘지 않도록 하고 있다.

② 예술(음악/미술) 교과군을 중심으로 집중이수제를 운영하고 있으며, 학기 말에는 예술교과군에 대해 종합적인 수형평가를 발표회 형식으로 운영하고 있다.

〈표 8-5〉 시간 배당 기준 (예시)

구분	학년	1, 2학년 기준	1학년 배당	2학년 배당	3, 4학년 기준	3학년 배당	4학년 배당	5, 6학년 기준	5학년 배당	6학년 배당
교과	국어	448	국어 210	238	408	204	204	408	204	204
	사회/도덕				272	102/34	102/34	272	102/34	102/34
	수학	256	수학 120	136	272	136	136	272	136	136
	과학/실과	128	바른 생활 60	68	204	102	102	340	102/68	102/68
	체육		슬기로운 생활		204	102(2)	102(2)	204	102(2)	102(2)
	예술 (음악/미술)	192	90	102	272	68/68(2)	68/68(2)	272	68/68(2)	68/68(2)
		384	즐거운 생활 180	204						
	영어				136	68	68	204	102	102
창의적 체험 활동		272	170	102	204	102	102	204	102	102
연간 수업 시간 수		1,680	830	850	1972	986(4)	986(4)	2,176	1,088(4)	1,088(4)
증배 가능 시간			24~68	20~68		31~68	31~68		42~68	42~68

③ 교과 시수는 증배를 중심으로 주당 평균 3시간 추가로 편성하고 있었다.

다음은 시수 증배와 관련한 A학교의 교육과정 편성 내용이다.

(3) A학교 교육과정 운영의 기본 원칙
① 학년군 적용: 홀수 학년은 2개 학년 분 교육과정 편성 운영
② 교과(군) 적용
㉠ 예술(음악/미술) 교과군의 집중이수제 운영
㉡ 예술(음악/미술) 교과군의 학기별 수행평가발표회 개최
㉢ 사회/도덕 및 과학/실과 교과군은 교육과정 재구성을 통한 분기별 집중이수제 실시
㉣ 체육 교과는 체육행사를 전후하여 계절별 집중이수제 실시
③ 블록타임제 운영: 시정 시간표의 합리적인 운영
④ 수준별 수업 운영
㉠ 교과 교육과정 시수 증배 운영
㉡ 예산의 범위 안에서 시수 증배를 흡수

(4) A학교의 시수 운영
① 교과 내에서의 학기 간 또는 학년 간 시수 증감은 용이치 않음.
② 시수 증감 적용 시 학기 내에서 함.
③ 창의적 체험 활동의 시수 증배(행사 활동 등)

(5) 주 5일 수업제를 위한 A학교의 주당 평균 수업 시수 배당

① 주당 평균 수업 시수는 22~29시간으로 함.

② 주 5일 수업제 전면 실시

㉠ 수업 일수: 193일로 함.

㉡ 3, 4학년은 국어과 34시간 감축: 교육과정 재구성 운영 필요

㉢ 창의적 체험 활동은 주당 평균 3시간으로 편성하여 영어 시수
　증가분 흡수

③ 학년별, 요일별 평균 수업 시수는 다음을 기준으로 함.

〈표 8-6〉 요일별 수업 시수 배당 사례

학년＼요일	월	화	수	목	금	계	비고
1	4	5	4	5	4	22	○ 3월 1~2주는 1일 3시간 창의적 체험 활동의 자율 활동(입학 초 적응활동) ○ 3월 3~4주는 1일 4시간으로 함.
2	4	5	4(1)	5	4	22(1)	월 1회 수요일 5교시
3	6	5	4(2)	5	5	25(2)	월 2회 수요일 5교시
4	6	5	4(2)	5	5	25(2)	
5	6	6	4(2)	6	6	28(2)	
6	6	6	4(2)	6	6	28(2)	

(6) A학교 교육과정 운영 특징

주당 평균 2시간 시수를 증배하여 운영하고 있다.

<표 8-7> 학년군별 수업 시수 배당 예시

요일 학년군	월	화	수	목	금	토	계
1~2	4	4	4	4(5)	4	4	24(25)
3~4	6	5	4	5	5	4	29
5~6	6	6	4	6	6	4	32
비고	* 이 기준을 중심으로 학급별로 필요한 요일에 증배 시간 운영						

① 증배된 시수는 철저히 학급 단위로 운영되었으며, 따라서 동 학년 간에도 수업 종료 시점이 서로 다르게 운영된다.

② 전 교과를 대상으로 블록타임제를 운영하고 있으며, 운영 방식 이나 시수 관리는 학급별로 자율적으로 이루어지고 있다.

③ 학기별 동 학년 단위의 수업연구도 블록타임제로 운영하고 있다.

④ 블록타임제 운영 사례를 자체 장학 자료로 발간하여 활용하고 있다.

(7) 기타

① 2009 개정 교육과정 운영은 참고자료가 별로 없다는 점에서 교사들이 상당한 부담을 느끼고 있다.

② A학교는 지역 여건상 교사들의 전보 기피 학교인 탓에 교사들 의 열의가 낮았으나 점차 하고자 하는 의욕이 살아나고 있다.

③ 교사들은 학력향상형 창의경영학교 운영과 교과 시수 증배를 연결 짓는 것은 다소 무리라는 입장을 보이고 있다.

A학교의 진단 및 분석 결과를 예시하면 다음과 같다.

<표 8-8> 진단 및 분석 결과 예시 자료

항목	우수한 점	개선할 점
교과 운영 기본 방침	○ 전 학년 2009 개정 교육과정 적용(연구학교 운영) ○ 교과 교육과정 운영의 방향을 구체적으로 제시함.	주 5일 수업제 수업 관련 내용 추가
교과 목표 및 학년 목표	각 교과별로 모두 교과 목표가 제시되어 있음.	1~2학년 국어과 교과목표에서 2009년 개정 교육과정에 맞게 용어 수정
기초 조사 분석 내용	각 교과별로 학교(학년) 실태 분석 결과를 적절히 제시함.	학급별 상세한 실태 분석 및 이를 통한 학급 교육과정 편성 필요
지도 방향 및 중점	교과목표에 근거한 교과별 지도 방향 및 지도 중점을 체계적으로 제시함.	블록타임제 운영
교육 내용 재구성	교과별로 지역적 특성을 반영한 지역화 내용을 적절히 제시함.	- 주 5일 수업제 수업 실시에 따라 교과별 교육 내용을 보다 유연하게 재구성할 필요가 있음. - 사회/도덕 교과군, 과학/실과 교과군의 경우 교재 재구성을 통해 탄력적인 운영
교육 내용과 방법의 다양화	교과별 특성에 따른 교육 내용과 교육방법을 바르게 선정하여 제시함.	교과 시수 20% 증배 운영을 위한 교과별 교수·학습 프로그램이 제시될 필요가 있음.

3) 학교 교육과정 진단 보고서 작성

교육과정 컨설팅 팀은 방문 협의 후 방문 협의된 내용을 중심으로 가진 내부 협의를 통해 대상 학교의 교육과정 진단 보고서를 작성하게 된다. 진단 보고서는 컨설턴트들이 학교의 교육 시설, 여건, 학부모 요구, 교육과정 편성 및 운영 상황 등을 세세히 들여다보고 이를 토대로 요약하는 형태가 된다. 그 속에서 대상 학교의 의뢰 주제와 연관하여 어떤 문제점이 있는지를 추출해내는 과정이다. 이 보고서는 최종의 것이 아니라 실제 대상학교의 교육과정 편성 운영과 관련한 개선 방향을 제시하기 위한 사전 단계가 된다.

A학교의 경우 진단보고서는 컨설팅 의뢰 주제를 중심으로 학교 현황 분석 자료, 교육과정 편성 특징 분석, 교육과정 운영 특징 분석, 학교 교육과정 진단에 따른 평가, 총평과 제언 등의 내용을 담았다. 다음은 A학교의 예시 사례이다.

(1) 학교의 일반적 현황
① 학생 약 900여 명, 학급 수 35학급으로 교사 43명 근무
② 전용 도서실 1실, 과학실 2실, 영어실 2실, 미술실 1실, 음악실 2실, 강당 겸용 다목적실 1실 및 학년협의실 6실 등 부대시설
③ 학교 시설이 노후화되어 2009년 리모델링을 함.
④ 축구부가 활발하게 활동하고 있으며, 운동장에 인조잔디를 깔아서 체육활동을 쾌적하게 할 수 있음.
⑤ 목재단지 주변 학교로 학부모 소득 수준이 낮은 편이며, 외국인 노동자들이 상당수 거주하고 있어 생활지도에 주의가 요망되는 편임.
⑥ 전반적으로 학력 수준이 낮아 2009년 6학년 학업성취도평가 결과 기초학습 미도달자가 교과별로 평균 5%를 상회하였음.

(2) 교육과정 편성의 특성
① 2009 개정 교육과정 연구시범학교 운영을 위해 학년군, 교과(군), 집중이수제, 블록타임제 등 운영
② 학력 향상 중점학교로 교과 시수는 증배를 중심으로 하고 있음.
③ 학년군 운영을 위해 학급 담임 연임제 운영
④ 예술(음악/미술) 교과군의 교육과정 재구성을 통한 학기별 집

중이수제 운영

⑤ 사회/도덕 및 과학/실과 교과군은 교육과정 재구성을 통해 계절
   별 또는 월별 집중이수제 운영(두 교과를 동시에 학습하지 않음)
⑥ 예술(음악/미술) 교과군 및 체육을 제외한 교과는 학기 간 시수
   불균형 운영은 하지 않음.

(3) 교육과정 운영의 특징
① 전담 교과를 제외한 교과는 학급별로 교과 교육과정 운영
② 학급별 증배 시간 운영의 자율화: 주당 평균 3시간 증배 운영

(4) 교육과정 평가의 특징
① 예술 교과(군): 학기별 수행평가발표회 개최
② 국어, 수학, 사회, 과학, 영어 교과는 지필 평가와 수행 평가 병행
③ 지필 평가의 학교 홈페이지를 활용한 문제은행식 평가
④ 수행 평가는 전 학년을 계열화하여 운영

(5) 학교 교육과정 진단에 따른 평가
학기별로 학교 교육과정 진단을 위한 평가 실시 후 이를 다음 학
기에 반영한다.

(6) 총평과 제언
이와 같은 진단 활동 과정을 요약하면 다음과 같다.

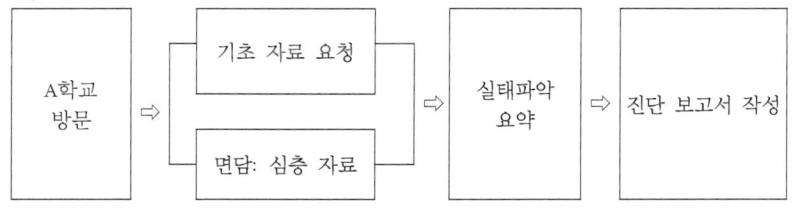

<그림 8-2> 진단 활동 과정

4) 교육과정 개선 지원 주제 선정

(1) 진단 결과 심층 분석

교육과정 컨설팅 팀은 사전 질문지에 대한 분석, 방문 협의 등을 통해 초점화된 주제를 중심으로 선도 학교 또는 다른 학교의 연구시범학교 연구 보고서 등을 검토하여 컨설팅 주제를 중심으로 진단 보고서를 검토한다. 진단 보고서 검토는 필요한 경우 외부의 전문가를 위촉하여 함께 검토할 수도 있다.

심층 분석은 진단 보고서의 각 항목에 대해 일일이 의견을 제시함으로써 학교에서 구체적으로 무엇을 어떻게 해야 하는지가 확연히 드러나도록 한다.

심층 분석 내용은 다시 대상 학교에 통보되고 그것이 얼마나 반영이 되며 만약 반영이 어렵다면 왜 그런지를 명확히 하기 위해 학교를 방문하여 면담을 수행하게 된다. 대상 학교와의 면담 결과를 수정된 보고서에 포함시킨다. A학교의 가상 예를 들면 다음과 같다.

<표 8-9> 진단 결과 분석 예시

내용	검토 의견
전 교과에서 시수 증배만 허용	○ 교과 시수 증배를 위한 구체적인 프로그램이 없으며, 그저 국어 몇 시간 증배하는 식임. ○ 학력 향상 중점 학교여서 국어, 수학 등의 교과 시수 증배는 이해되나, 그 외 교과의 경우 증배 의도가 명확히 설명되어야 함. ○ 교과 시수 증배 운영에 대한 교과별 교육과정 재구성 노력 필요
전 교과에서 시수 증배만 허용	○ 학급 교육과정 운영으로 학급별 교과 시수 차이가 발생할 경우 이를 극복할 수 있는 방안 모색 필요함. ○ 체육 및 예술(음악/미술) 교과군의 시수 증배는 일률적 2시간이어서 시수 증배 효과가 의문시됨.
학력 향상 중점 학교 운영	○ 학력 중점 학교의 경우 기초학력 미도달 학생의 구제에 초점이 맞추어져야 함에도 모든 학생을 대상으로 교과 시수를 증배 운영하는 것이 의미가 있는지에 대한 설명이 필요함.
1, 2학년군에서의 시수 증배 운영	○ 1학년의 경우 아직 학교생활이 익숙지 않음에도 일률적으로 시수 증배가 바람직한지에 대한 내부 합의 필요 ○ 전 학년 6교시 운영 방침에 따라 1, 2학년의 수업 시수 증가분에 대한 별도의 교육 프로그램 운영 필요함.

(2) 교육과정 개선 지원 주제 선정

이 단계에서는 앞에서 이루어진 활동 결과, 즉 교육과정 연구 시범학교 운영 보고서, 관련 내용 면담 등을 통하여 대상 학교의 개선 지원 주제를 보다 명확하게 한다. 앞의 예에서 보아 온 A학교의 교육과정 개선 지원 주제 선정 사례는 다음과 같다.

① 교과 시수 20% 증감 운영을 위한 교육과정 재구성 방안 제시

② 학년별 성취 기준 중심의 교육과정 재구성 방안 제시

③ 학력 향상을 위한 기초 교육 충실을 통한 교과 증배 시수 적정화 제시

㉠ 해당 교과의 단원별 시수 증배 요인 분석

㉡ 인턴제, 기초학력 미도달 학생의 특별 관리 등

④ 주 5일 수업제를 위한 교육과정 편성·운영 방안

⑤ 연간 수업 일수 조정: 193일

㉠ 전 학년 6교시 운영: 학부모 명예교사제로 교사 요원 확보

㉡ 독서 교육 강화

㉢ 휴식 시간 조정으로 블록타임 수업 시간 확보

㉣ 2, 3교시 휴식 시간 확대로 독서 및 자료 수집 활동

㉤ 학급 교육과정 편성 운영

(3) 학교 내·외부 개선 팀 협의

명료화된 주제는 학교 내부 개선 팀과의 협의를 통하여 실제적인 교육과정 개선이 이루어질 수 있게 한다.

A학교를 예로 들면 교무회의를 통하여 교육과정 컨설팅 의뢰 주제와 관련되는 업무담당자를 중심으로 내부 개선팀을 구성하였다. 즉 교감을 팀장으로 하고, 교무부장, 연구부장과 각 학년부장으로 내부 개선 팀을 구성하였다. 학교 내·외 개선 팀은 다음과 같다.

외부 개선팀	교육 지원청의 교육과정 컨설팅 팀
내부 개선팀	교감, 교무부장, 연구부장, 학년부장

이들 내·외부 개선 팀은 개선 지원 주제에 대해 보다 심층적인 접근 및 협의를 통하여 대상 학교의 교육과정에 대한 컨설팅 내용들이 잘 받아들여지도록 상호 협력하게 된다. 만약 아무리 좋은 개선 안을 만들었다고 하더라도 그 학교의 구성원들이 받아들이기 어렵다면 그건 공염불에 불과할 수도 있다. 따라서 내·외부 개선 팀은 지금까지의 진단 결과를 토대로 만들어진 보고서가 받아들여질 만

한지를 검토하고 만약 그렇지 않을 경우 그 상황을 살피고 대안을 모색할 필요가 발생한다.

앞의 사례의 경우는 이미 개선 지원 주제가 선정되고 그 내용이 학교에 제공되는 단계에서 학교와 협의가 있었으므로 별도의 협의 필요성은 별로 없다고 할 수 있다. 이 단계를 요약하면 다음과 같다.

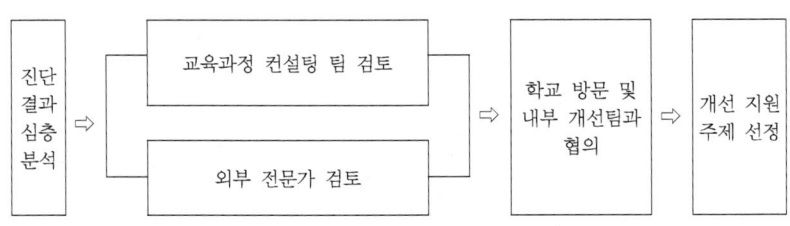

〈그림 8-3〉 교육과정 개선 지원 주제 단계

5) 대상 학교 교육과정 편성·운영 개선 권고

교육과정 컨설팅 활동이 종료되면 결과 보고서를 작성하게 된다. 결과 보고서는 교육과정 컨설팅 영역을 구체적으로 명기하고, 지금까지의 컨설팅 활동 내용을 요약하여 기술하게 되며, 보고서 내용을 대상 학교에 통보하여 교육과정 편성·운영 개선 자료로 활용되도록 한다.

〈그림 8-4〉 교육과정 개선 권고 단계

이러한 권고에 대해 대상 학교에서는 교육과정 편성·운영 계획을 수정하는 과정을 거치게 된다.

앞의 A학교의 예를 들면 다음과 같이 학교 교육과정에 반영할 수 있게 된다.

"교과 시수 증감 운영 및 블록타임제 적용을 위하여 교육과정 컨설팅 팀의 개선 지원 내용을 적극 수용하여 교육과정 운영 전반을 재검토하고 이를 2학기에 반영하기로 하였다."

즉 교육과정 컨설팅을 통하여 A학교의 교사들은 교과 시수 증감 운영의 문제점들이 왜 발생을 하였는지, 운영상의 어려움이 어디에 있었는지를 정확히 알게 되었고, 그에 대한 대응 방안 마련을 구체화할 수 있었던 것이다.

차후 관련 내용에 또 다른 문제가 제기될 경우 추가적인 교육과정 컨설팅을 의뢰할 수 있으며, 대응 방안을 교육과정 편성·운영 계획 수립에 반영하게 된다.

IV. 교육과정 컨설팅으로 제기될 수 있는 문제들

1. 학교에서 제기될 수 있는 문제들

학교 현장에서는 교육과정 컨설팅이라는 용어 자체가 다소 생소하다. 교사 집단이 매우 보수적이라는 측면에서 보면 생소한 용어가 주는 심리적 압박감은 매우 크다. 왜냐하면 그것은 학교에 또 다른 일거리를 만들어줄 것이라는 심증이 크게 작용할 수 있다는 것이다. 그런가 하면 교육과정 컨설팅과 과거의 상급기관의 장학과 무엇이

다른가에 대한 의구심도 크다. 이러한 학교 또는 교사들의 인식 전환을 위한 다양한 접근이 필요하다.

당연하게도 교육과정 컨설팅은 학교 현장의 요구에 의해 성립되는 행위이므로 학교 또는 교사의 무관심은 그 행위 자체를 무력하게 만든다. 사실 지금까지 학교의 교육활동은 관행에 의존하거나 우수 학교의 교육활동을 모방하는 경우가 많았다. 연간 수업 일수 및 연간 최소 수업 시수는 학교 표준으로 정해지고, 수업은 그와 별도로 교과서에 전적으로 의존하여 이루어진다. 따라서 극단적으로는 학교 교육과정이나 학급 교육과정이 없어도 수업을 하는 데는 하등 지장이 없다는 생각도 가능하다.

그런가 하면 학교 교육 전반에 대한 전문가를 구하기도 쉽지 않다. 이러다 보니 교육과정 컨설턴트 역시 학교의 교장, 교감 또는 경험이 있는 교사 중에서 선별되어 운영이 될 공산이 크다. 그것도 현실적인 여러 제약으로 인해 일회성 행사처럼 운영이 되고 있는 실정이다. 현실이 이러하다 보니 교육과정 컨설팅이라는 이름에도 불구하고 그 구체적인 행위 내용은 과거의 장학지도와 별반 다를 게 없게 되는 것이다. 현장의 교장, 교감, 교사 등을 대상으로 컨설턴트를 구성하더라도 교육과정 컨설팅 시 교과 교육과정, 시간표, NEIS 운영, 창의적 체험 활동 편성 방안 등 교육활동 전반을 지원할 수 있도록 컨설턴트를 대상으로 한 철저한 사전 연수가 요구된다.

한편 교육과정 컨설팅은 학교의 여건을 충분히 고려하여 이루어져야 한다. 학교 여건이 고려되지 않는 보편적인 원칙을 제시하는 수준의 컨설팅이라면 학교 교사들로부터 외면을 당할 수도 있다.

교육과정 컨설팅은 단위 학교의 특색 있는 교육과정 운영에 초점이 맞추어질 것이나 사실 단위학교의 경우 이러한 특색 있는 교육과정 운영을 위한 학교의 재원이나 시설, 인력 등이 크게 부족한 실정이어서 교육과정 컨설팅이 효과를 기대하기 어려운 측면도 있으며, 교사들의 과중한 업무 부담이 교육과정 컨설팅의 장애 요인이 될 수도 있다. 교육과정 운영을 특색 있게 하려면 그만큼 노력이 필요하나 업무 부담이 크면 그러한 노력도 주마간산 격이 될 수도 있다.

2. 컨설턴트 입장에서 제기될 수 있는 문제들

교육과정 컨설팅은 컨설턴트의 자질에 의해 좌우된다. 즉 컨설턴트는 교육과정 컨설팅에 대한 개념을 명확히 할 것이 무엇보다 필요하며, 학교 교육과정 편성 운영의 전반적인 문제를 잘 이해하는 것이 필요하다. 특히 2011년부터 순차적으로 적용되는 2009 개정 교육과정은 그 적용이 쉽지 않은 만큼 철저한 이해가 필요하다.

대체로 컨설턴트와 관련되어 제기되는 문제들은 다음과 같은 것들을 생각해볼 수 있다.

① 학교에서 요구하는 특정한 문제에 대해 조언할 수 있을 정도의 실력을 갖추고 있는가?

② 대상 학교의 교육과정 편성 및 운영에 대한 충분한 조언을 할 만큼 시간 확보가 가능한가? 형식적 협의 수준의 컨설팅이 되지 않을까?

③ 학교가 충분히 수용할 만한 조언을 할 역량이 있는가?

그 외에도 장학사의 업무 측면에서도 교육과정 컨설팅 문제를 제기할 수 있다. 즉 장학사들이 업무 과중을 이유로 과거 담임 장학과 같이 교육과정 컨설팅을 형식화할 가능성에 대한 문제나 요청 계획 이나 진단, 처방 등 컨설팅과 관련한 일련의 자료들이 메일을 통하여 담당 장학사의 실적 쌓기 용도로 전락할 위험성에 관한 문제 같은 것들을 제기할 수 있다.

〈참고문헌〉

경기도교육연구원,『주관식평가의 이론과 실제』, 경기도: 세창문화사, 1991.
교육과학기술부,『교육과정 자율화 보완자료』, 2009.
_____,「2009 개정 교육과정: 초·중등 교육과정 총론」, 교육과학
　　　기술부 고시 제2009-41호, 2009.
_____,『초등학교 교육과정 해설(Ⅰ)』, 서울: 한솔사, 2008.
_____,『초·중·고 창의적 체험 활동 교육과정 해설』, 경기: 시각
　　　장애인연합회, 2010.
교육부,『초등학교 교육과정 해설(Ⅰ): 총론, 재량 활동』, 서울: 서울인쇄공업
　　　협동조합, 1998.
교육과학기술연수원,『학교컨설팅 장학 사례 모음』, 2011.
곽병선,『교육과정』, 서울: 배영사, 1997.
국립교육평가원,『학력 평가를 위한 문항개발의 방법과 절차』, 일반간행물
　　　'92-16, 1992.
김경배 외,『교육과정과 교육평가』, 서울: 학지사, 2007.
김동원 편,『학교 교육과정 길라잡이』, 서울: 신정, 2011.
김수천,『교육과정과 교과』, 서울: 교육과학사, 2004.
김용선·강만철,『교육과정과 교육평가』, 서울: 동문사, 1987.
김인식 역,『교육과정: 원리·과제·전망』, 서울: 교육과학사, 1992.
김인식 외 2인 공역,『교육과정 이론과 분석』, 서울: 교육과학사, 1996.
김학수,『교육측정 및 평가』, 서울: 학문사, 1984.
양미경,『교육과정 및 교수방법』, 서울: 교육과학사, 2004.
이영덕,『교육의 과정』, 서울: 배영사, 1994.
이원회 외,『교육과정과 수업』, 서울: 교육과학사, 2006.
이홍우,『교육과정 탐구』, 서울: 배영사, 1983.

인천시교육청, 『초등학교 교육과정 편성·운영 매뉴얼』, 2010.

인천광역시교육과학연구원, 『교육평가의 이론과 실제』, 1998.

인천광역시남부교육청, 사고력 평가 문항의 실제』, 장학자료 1997-5호, 1997.

조난심, 「학교 교육과정 자율화 정착을 위한 교육과정 편성 운영 컨설팅 체제 구축 방안」, 교육과학기술연수원, 2009 개정 교육과정 컨설팅 요원 양성과정, 2011.

조덕주, 「교육과정 컨설팅」, 교육과학기술연수원, 2009 개정 교육과정 컨설팅 요원 양성과정, 2011.

진영은, 『교육과정-이론과 실제』, 서울: 학지사, 2005

한국교육학회·교육과정연구회, 『교육과정 연구』, 서울: 배영사, 1988.

한국교육과정학회 편, 『교육과정: 이론과 실제』, 서울: 교육과학사, 2004.

홍창남, 「학교 컨설팅의 이론과 실제」, 한국교원대학교, 2008학년도 제2차 초등 교장 자격연수, 2008.

함수곤 외 3인, 『교육과정 개발의 이론과 실제』, 서울: 교육과학사, 2003.

윤성한 ──

　경인교육대학교 졸업
　인하대학교 교육대학원 졸업
　전) 인천광역시 강화교육청, 인천광역시교육청 장학사
　　　인천청학초등학교·인천석정초등학교 교감
　　　인천석남서초등학교 교장
　　　교육과학기술연수원 강사(교장·전문직·장학위원 등)
　　　직무연수(교장·교감·전문직·수석교사·교사), 자격연수(교장·교감·교사)
　　　강사(교육과정, 수업 장학, 학력평가 등)
　　　전국예술교육강사 직무연수 강사
　　　2009 개정 교육과정 T/F위원(교육과학기술부)
　현) 인천용현초등학교 교장
　　　한국초등교육과정연구회 회원
　　　인천초등교육과정연구회·초등교육과정포럼 회장

『학교교육과정 편성·운영 매뉴얼』(인천시교육청)
『초등학교 교육과정 컨설팅 길라잡이』(전라북도교육청)
『창의적 체험활동 컨설팅』(인천남부교육 지원청)

hdsol@dreamwiz.com

교육과정
패러다임
쉬프트

초판발행 2013년 7월 12일
초판 4쇄 2019년 1월 11일

지은이 윤성한
펴낸이 채종준

펴낸곳 한국학술정보(주)
주소 경기도 파주시 회동길 230 (문발동)
전화 031 908 3181(대표)
팩스 031 908 3189
홈페이지 http://ebook.kstudy.com
E-mail 출판사업부 publish@kstudy.com
등록 제일산−115호(2000. 6. 19)

ISBN 978-89-268-4362-8 03370 (Paper Book)
      978-89-268-4363-5 05370 (e-Book)